中國学術思想

研究輯刊

二　編

林　慶　彰　主編

第 **10** 冊

帛書《黃帝書》研究（下）

林　靜　茉　著

花木蘭文化出版社

國家圖書館出版品預行編目資料

帛書《黃帝書》研究(下)／林靜茉 著 — 初版 — 台北縣永和市：
花木蘭文化出版社，2008〔民97〕
180 面：19×26 公分
（中國學術思想研究輯刊 二編：第 10 冊）
ISBN：978-986-6528-11-8（精裝）
1. 黃帝書 2. 帛書 3. 研究考訂
121.397   97016489

ISBN - 978-986-6528-11-8

9 789866 528118

中國學術思想研究輯刊
二 編 第 十 冊   ISBN：978-986-6528-11-8

帛書《黃帝書》研究（下）

作　　者　林靜茉
主　　編　林慶彰
總 編 輯　杜潔祥
出　　版　花木蘭文化出版社
發 行 所　花木蘭文化出版社
發 行 人　高小娟
聯絡地址　台北縣永和市中正路五九五號七樓之三
　　　　　電話：02-2923-1455／傳眞：02-2923-1452
網　　址　http://www.huamulan.tw 信箱 sut81518@ms59.hinet.net
印　　刷　普羅文化出版廣告事業
封面設計　劉開工作室
初　　版　2008 年 9 月
定　　價　二編 28 冊（精裝）新台幣 46,000 元

帛書《黃帝書》研究（下）

林靜茉　著

附錄一：帛書《黃帝書》原文

（抄本名《老子乙本卷前古佚書》）

說明：版本以 1980 年文物出版社之《馬王堆漢墓帛書・壹》爲準（符號同，唯篇名改爲單引號〈　〉）。

爲檢索方便，分行依原帛書次序，「^」「v」表示上行、下行，標示於行首。

1^　道生法。法者，引得失以繩，而明曲直者殹（也）。故執道者，生法而弗敢犯殹（也），法立而弗敢廢

1v　【也】。□能自引以繩，然后見知天下而不惑矣。虛无刑（形），其裻冥冥，萬物之所從生。生有害，曰

2^　欲，曰不知足。生必動，動有害，曰不時，曰時而□。動有事，事有害，曰逆，曰不稱，不知所爲用。事

2v　必有言，言有害，曰不信，曰不知畏人，曰自誣，曰虛夸，以不足爲有餘。故同出冥冥，或以死，

3^　或以生；或以敗，或以成。禍福同道，莫知其所從生。見知之道，唯虛无有。虛无有，秋稿（毫）成之，必有

3v　刑（形）名。刑（形）名立，則黑白之分已。故執道者之觀於天下殹（也），无執殹（也），无處也，无爲殹（也），无私殹（也）。是

4^　故天下有事，无不自爲刑（形）名聲號矣。刑（形）名已立，聲號已建，則无所逃迹匿正矣。公者明，至

4v　明者有功。至正者靜，至靜者耶（聖）。无私者知（智），至知（智）者爲天下稽。稱以權衡，參以天當，

5^　天下有事，必有巧驗。事如直木，多如倉粟。斗石已具，尺寸已陳，

---225---

則无所逃其神。故曰：度

5v 量已具，則治而制之矣。絕而復屬，亡而復存，孰知其神。死而復生，
以禍爲福，孰知

6^ 其極。反索之无刑（形），故知禍福之所從生。應化之道，平衡而止。
輕重不稱，是胃（謂）失道。天地

6v 有恒常，萬民有恒事，貴賤有恒立（位），畜臣有恒道，使民有恒度。
天地之恒常，四

7^ 時、晦明、生殺，輮（柔）剛。萬民之恒事，男農、女工。貴賤之恒
立（位），賢不宵（肖）不相放（妨）。畜臣之恒

7v 道，任能毋過其所長。使民之恒度，去私而立公。變恒過度。以奇相
御。正奇有立（位）。而

8^ 名□弗去。凡事无小大，物自爲舍。逆順死生，物自爲名。名刑（形）
已定，物自爲正。故唯執【道】

8v 者能上明於天之反，而中達君臣之半，富密察於萬物之所終始，而弗
爲主。故能

9^ 至素至精，悎（浩）彌无刑（形），然后可以爲天下正。 〈道法〉 國
失其次，則社稷大匡。奪

9v 而无予，國不遂亡。不盡天極，衰者復昌。誅禁不當，反受其央（殃）。
禁伐當罪當亡，

10^ 必虛（墟）其國。兼之而勿擅，是胃（謂）天功。天地无私，四時不
息。天地立（位），耴（聖）人故載。過極失【當】，

10^ 天將降央（殃）。人強朕（勝）天，愼辟（避）勿當。天反朕（勝）
人，因與俱行。先屈後信（伸），必盡天極，而

11^ 毋擅天功。兼人之國。脩其國郭，處其郎（廊）廟，聽其鐘鼓，利其
齎（資）財，妻其子女，○是胃（謂）□

11v 逆以芒（荒），國危破亡。故唯耴（聖）人能盡天極，能用天當。天
地之道，不過三功。功成而不止，身

12^ 危又（有）央（殃）。故耴（聖）人之伐殹（也），兼人之國，隋（墮）
其郭城，棼（焚）其鐘鼓，布其齎（資）財，散其子女，列（裂）其
地土，以

12v 封賢者，是胃（謂）天功。功成不廢，後不奉（逢）央（殃）。毋陽

竊，亡陰竊，毋土敝，毋故執，毋黨別。

13^ 陽竊者天奪【其光】，【陰竊】者土地芒（荒），土敝者天加之以兵，人執者流之四方，黨別【者】

13v □內相功（攻）。陽竊者疾，陰竊者几（飢），土敝者亡地，人執者失民，黨別者亂，此胃（謂）

14^ 五逆。五逆皆成，□□□□□地之剛（綱），變故亂常，擅制更爽，心欲是行，身危有【殃】，【是】

14v 胃（謂）過極失當。　〈國次〉■　一年從其俗，二年用其德，三年而民有得，四年而發號

15^ 令，【五年而以刑正】，【六年而】民畏敬，七年而可以正（征）。一年從其俗，則知民則。二年用【其德】，

15v 民則力。三年无賦斂，則民有得。四年發號令，則民畏敬。五年以刑正，則民不幸（倖）。

16^ 六年□□□□□□□。【七】年而可以正（征），則朕（勝）強適（敵）。俗者順民心殹（也）。德者愛勉之【也。有】

16v 得者，發禁拕（弛）關市之正（征）殹（也）。號令者，連爲什伍，巽（選）練賢不宵（肖）有別殹（也）。以刑正者，罪殺不

17^ 赦殹（也）。□□□□□□□殹（也）。可以正（征）者，民死節殹（也）。若號令發，必廄而上九，壹道同心，【上】

17v 下不赾（斥），民无它志，然后可以守單（戰）矣。號令發必行，俗也。男女勸勉，愛也。動之靜之，民无不

18^ 聽，時也。受賞无德，受罪无怨，當也。貴賤有別，賢不宵（肖）衰（差）也。衣備（服）不相綸（逾），貴賤等也。

18v 國无盜賊，詐僞不生，民无邪心，衣食足而刑伐（罰）必也。以有餘守，不可拔也。以不足功（攻），反自伐也。

19^ 天有死生之時，國有死生之正（政）。因天之生也以養生，胃（謂）之文，因天之殺也以伐死，胃（謂）之武。

19v 【文】武並行，則天下從矣。人之本在地，地之本在宜，宜之生在時，時之用在民，民之用在力，力之用

20^ 在節。知地宜，須時而樹，節民力以使，則財生。賦斂有度，則民富，民富則有佴（恥），有佴（恥）則號令成

20v 俗而刑伐（罰）不犯，號令成俗而刑伐（罰）不犯則守固單（戰）朕
（勝）之道也。法度者，正之至也。而以法度治者，不可亂也。

21^ 而生法度者，不可亂也。精公无私而賞罰信，所以治也。苟事，節賦
斂，毋奪民時，治之

21v 安。无父之行，不得子之用。无母之德，不能盡民之力。父母之行備，
則天地之德也。

22^ 三者備則事得矣。能收天下豪桀（傑）票（驃）雄，則守御（禦）之
備具矣。審於行文武之道，則天下賓

22v 矣。號令闔（合）於民心，則民聽令。兼愛无私，則民親上。　〈君
正〉■　觀國者觀主，觀

23^ 家觀父，能爲國則能爲主，能爲家則能爲父。凡觀國，有六逆：其子
父，其臣主，雖強大

23v 不王。其〇謀臣在外立（位）者，其國不安，其主不晉（悟）則社稷
殘。其主失立（位）則國无本，臣不

24^ 失處則下有根，【國】憂而存。主失立（位）則國芒（荒），臣失處則
令不行，此之胃（謂）頸（頹）國。主兩則失

24v 其明，男女掙（爭）威，國有亂兵，此胃（謂）亡國。適（嫡）子父，
命曰上曠，群臣离（離）志；大臣主，命曰雍（壅）

25^ 塞；在強國削，在中國破，在小國亡。謀臣【在】外立（位）者，命
曰逆成，國將不寧；在強國危，在

25v 中國削，在小國破。主失立（位），臣不失處，命曰外根，將與禍閵
（鄰）；在強國憂，在中國危，

26^ 在小國削。主失立（位），臣失處，命曰无本，上下无根，國將大損；
在強國破，在中國亡，在小國

26v 威（滅）。主暴臣亂，命曰大芒（荒），外戎內戎，天將降央（殃）；
國无小大，又（有）者威（滅）亡。主兩，男女分威，命

27^ 曰大麋（迷），國中有師；在強國破，在中國亡，在小國威（滅）。凡
觀國，有大〈六〉順：主不失其立（位）則國

27v 【有本】，【臣】失其處則下无根，國憂而存。主惠臣忠者，其國安。
主主臣臣，上下不赿者，其

28^ 國強，主執度，臣循理者，其國鞘（霸）昌。主得【位】臣楅（輻）

屬者，王。六順六逆□存亡【興壞】

28v 之分也。主上者執六分以生殺，以賞□，以必伐。天下大（太）平，
正以明德，參之於天地，

29^ 而兼復（覆）載而无私也，故王天，王天下者之道，有天焉，有人焉，
又（有）地焉。參（三）者參用之，□□

29v 而有天下矣。爲人主，南面而立。臣肅敬，不敢敝（蔽）其主。下比
順，不敢敝（蔽）其上。萬民

30^ 和輯而樂爲其主上用，地廣人眾兵強，天下无適（敵）。文德廐（究）
於輕細，武刃於□□，

30v 王之本也。然而不知王述（術），不王天下。知王【術】者，驅騁馳
獵而不禽芒（荒），飲食喜樂而

31^ 不面（湎）康，玩好嬛好而不惑心，俱與天下用兵，費少而有功，□
□□□□□□

31v □則國富而民□□□□□其□【不】知王述（術）者，驅騁馳獵則
禽芒（荒），飲食

32^ 喜樂則面（湎）康，玩好嬛好則或（惑）心；俱與天下用兵，費多而
无功，戰朕（勝）而令不□□

32v □失□□□□□□空□與天□□則國貧而民芒（荒）。□耴（聖）
之人弗留，天下

33^ 弗與。如此而有（又）不能重士而師有道，則國人之國已（矣）。王
天下者有玄德，有□□

33v 獨知□□□□王天下而天下莫知其所以。王天下者，輕縣國而重士，
故國

34^ 重而身安；賤財而貴有知（智），故功得而財生；賤身而貴有道，故
身貴而令行。□□

34v 天下□天下則之。朝（霸）主積甲士而正（征）不備（服），誅禁當
罪而不私其利，故令行天

35^ 下而莫敢不聽，自此以下，兵單（戰）力掙（爭），危亡无日，而莫
知其所從來。夫言朝（霸）王，其□

35v □□唯王者能兼復（覆）載天下，物曲成焉。　　〈六分〉■　君臣易
立（位）胃（謂）之逆，賢不宵（肖）

36^　並立胃（謂）之亂，動靜不時胃（謂）之逆，生殺不當胃（謂）之暴。
　　逆則失本，亂則失職，逆則失天，【暴】

36v　則失人。失本則□，失職則侵，失天則几（飢），失人則疾。周諰（邊）
　　動作，天爲之稽。天道不遠，

37^　入與處，出與反。君臣當立（位）胃（謂）之靜，賢不宵（肖）當立
　　（位）胃（謂）之正，動靜參於天地胃（謂）之文。誅

37v　□時當胃（謂）之武。靜則安，正治，文則【明】，武則強。安得本，
　　治則得人，明則得天，強

38^　則威行。參於天地，闔（合）於民心，文武並立，命之曰上同。審知
　　四度，可以定天下，可安一國。

38v　順治其內，逆用於外，功成而傷。逆治其內，順用其外，功成而亡。
　　內外皆逆，是胃（謂）

39^　重央（殃），身危爲僇（戮），國危破亡。內外皆順，命曰天當，功成
　　而不廢，後不奉（逢）央（殃）。Ｏ聲華

39v　□□者用也。順者，動也。正者，事之根也。執道循理，必從本始，
　　順爲經紀，禁伐

40^　當罪，必中天理。怀（倍）約則窘（窘），達刑則傷。怀（倍）逆合
　　當，爲若又（有）事，雖Ｏ无成功，亦无天央（殃）。毋□

40v　□□□，毋御死以生，毋爲虛聲。聲洫（溢）於實，是胃（謂）威（滅）
　　名。極陽以殺，極陰以生，是

41^　胃（謂）逆陰陽之命。極陽殺於外，極陰生於內。已逆陰陽，有（又）
　　逆其立（位）。大則國亡，小則身受

41v　其央（殃）。□□□□□□□建生。當者有□。極而反，盛而衰，
　　天地之道也，人之李（理）也。逆順同道

42^　而異理，審知逆順，是胃（謂）道紀。以強下弱，以何國不克。以貴
　　下賤，何人不得。以賢下不宵（肖），

42v　□□不□。規之內曰員（圓），柜（矩）之內曰【方】，【縣】之下曰
　　正，水之曰平。尺寸之度曰小大短長，權

43^　衡之稱曰輕重不爽，斗石之量曰小（少）多有數。八度者，用之稽也。
　　日月星辰之期，四時之

43v　度，【動靜】之立（位），外內之處，天之稽也。高【下】不敝（蔽）

其刑（形），美亞（惡）不匿其請（情），地之稽也。君臣不失

44^ 其立（位），士不失其處，任能毋過其所長，去私而立公，人之稽也。
美亞（惡）有名，逆順有刑（形），請（情）僞有實，

44v 王公執□以爲天下正。因天時，伐天毀，胃（謂）之武。武刃而以文
隨其後，則有成功矣。用二文一武者

45^ 王。其主道離人理，處狂惑之立（位）處不吾（悟），身必有瘳（戮）。
柔弱者无罪而幾，不及而翟，是胃（謂）柔弱。剛

45v 正而□者□□而不殿。名功相抱（孚），是故長久。名功不相抱（孚），
名進實退，是胃（謂）失道，其卒必□

46^ 身咎。黃金珠玉臧（藏）積，怨之本也。女樂玩好燔材，亂之基也。
守怨之本，養亂之基，雖有耵（聖）人，不

46v 能爲謀。　〈四度〉■　人主者，天地之□也，號令之所出也，□□
之命也。不天天則失其神，不重地

47^ 則失其根。不順【四時之度】而民疾。不處外內之立（位），不應動
靜之化，則事宭（窘）於內而舉宭（窘）於【外】。

47v 【八】正皆失，□□□□。【天天則得其神】，【重地】則得其根。順
四【時之度】□□□而民不□疾。【處】外

48^ 【內之位】，【應動靜之化】，【則事】得於內，而得舉得於外。八正不
失，則與天地總矣。天執一，明【三】，

48v 【定】二，建八正，行七法，然后□□□□□□□之中无不□□矣。
岐（蚑）行喙息，扇蜚（飛）耎動，无

49^ □□□□□□□□□不失其常者，天之一也。天執一以明三。日信
出信入，南北有極，【度之稽

49v 也】。【月信生信】死，進退有常，數之稽也。列星有數，而不失其行，
信之稽也。天明三以定二，則壹晦

50^ 壹明，□□□□□□□【天】定二以建八正，則四時有度，動靜有
立（位），而外內有處。天建【八正

50v 以行七法】。明以正者，天之道也。適者，天度也。信者，天之期也。
極而【反】者，天之生（性）也。必者，天之

51^ 命也。□□□□□□□□□者，天之所以爲物命也。此之胃（謂）七
法。七法各當其名，胃（謂）之物。物各□□

51v □□胃（謂）之理。理之所在，胃（謂）之□。物有不合於道者，胃（謂）之失理。失理之所在，胃（謂）之逆。逆順各自命也，

52^ 則存亡興壞可知【也。強生威，威】生惠（慧），惠（慧）生正，【正】生靜。靜則平，平則寧，寧則素，素則精，精則神。至神之極，【見】

52v 知不惑。帝王者，執此道也。是以守天地之極，與天俱見，盡□于四極之中，執六枋（柄）以令天

53^ 下，審三名以爲萬事□，察逆順以觀于朝（霸）王危王之理，知虛實動靜之所爲，達於名實【相】

53v 應，盡之請（情）僞而不惑，然后帝王之道成。六枋（柄）：一曰觀，二曰論，三曰僮（動），四曰轉，五曰變，六

54^ 曰化。觀則知死生之國，論則知存亡興壞之所在，動則能破強興弱，槫（轉）則不失諱（韙）非之□，

54v 變則伐死養生，化則能明德徐（除）害。六枋（柄）備則王矣。三名：一曰正名一曰立（位）而偃，二曰

55^ 倚名法而亂，三曰強主威（滅）而无名。三名察則事有應矣。動靜不時，種樹失地之宜，【則天】

55v 地之道逆矣。臣不親其主，下不親其上，百族不親其事，則內理逆矣。逆之所在，

56^ 胃（謂）之死國，伐之。反此之胃（謂）順之所在，胃（謂）之生國，生國養之。逆順有理，則請（情）僞密矣。實者視（示）【人】

56v 虛，不足者視（示）人有餘。以其有事起之則天下聽，以其无事安之則天下靜。名實

57^ 不相應則定，名實不相應則靜（爭）。勿（物）自正也，名自命也，事自定也。三名察則盡知請（情）僞而【不】

57v 惑矣。有國將昌，當罪先亡。　〈論〉■　凡犯禁絕理，天誅必至。一國而服（備）六危者威（滅），一

58^ 國而服（備）三不辜者死，廢令者亡。一國之君而服（備）三壅者，亡地更君。一國而服（備）三凶者，禍反【自】

58v 及也。上溋（溢）者死，下溋（溢）者刑。德溥（薄）而功厚者隋（墮），名禁而不王者死。抹（昧）利，襦傳，達刑，爲

59^ 亂首，爲怨媒，此五者，禍皆反自及也。守國而侍（恃）其地險者削，

用國而侍（恃）其強者弱。興兵失

59v 理，所伐不當，天降二央（殃）。逆節不成，是胃謂（謂）得天。逆
節果成，天將不盈其命而重其刑。嬴

60^ 極必靜，動舉必正。嬴極而不靜，是胃（謂）失天。動舉而不正，【是】
胃（謂）後命。大殺服民，僇（戮）降人，刑无

60v 罪，過（禍）皆反自及也。所伐當罪，其禍五之。所伐不當，其禍什
之。國受兵而不知固守，

61^ 下邪恒以地界為私者□。救人而弗能存，反為禍門，是胃（謂）危根。
聲華實寡，危國亡土。夏

61v 起大土功，命曰絕理。犯禁絕理，天誅必至。六危：一曰適（嫡）子
父。二曰大臣主。三曰謀臣

62^ 【離】其志。四曰聽諸侯之所廢置。五曰左右比周以雍（壅）塞。六
曰父兄黨以儥。危不朕（勝），禍及於身。【三】

62v 不辜：一曰妄殺殺賢。二曰殺服民。三曰刑无罪。此三不辜。三雍（壅）：
內立（位）朕（勝）胃（謂）之塞，外立（位）朕（勝）胃（謂）

63^ 之儥，外內皆朕（勝）則君孤直（特）。以此有國，守不固，單（戰）
不克。此胃（謂）一雍（壅）。從中令外【謂之】惑，從外令中

63v 胃（謂）之□，外內遂靜（爭），則危都國。此胃（謂）二雍（壅）。
一人主擅主，命曰蔽光。從中外周，此胃（謂）

64^ 重雍（壅），外內為一，國乃更。此胃（謂）三雍（壅）。三凶：一曰
好凶器。二曰行逆德。三曰縱心欲。此胃（謂）【三凶】。

64v 【昧】天【下之】利，受天下之患。抹（昧）一國之利者，受一國之
禍。約而倍之，胃（謂）之襦傳。伐當罪，見

65^ 利而反，胃（謂）之達刑。上殺父兄，下走子弟，胃（謂）之亂首。
外約不信，胃（謂）之怨媒。有國將亡，當□□

65v 昌。〈亡論〉■ 始於文而卒於武，天地之道也。四時有度，天地
之李（理）也。日月星晨（辰）

66^ 有數，天地之紀也。三時成功，一時刑殺，天地之道也。四時時而定，
不爽不代（忒），常有法式，□□

66v □，一立一廢，一生一殺，四時代正，冬（終）而復始。【人】事之
理也。逆順是守。功洫（溢）於天，故有

67^ 死刑。功不及天，退而无名。功合於天，名乃大成。人事之理也。順
　　則生，理則成，逆則死，失□□

67v 名。伓（倍）天之道，國乃无主。无主之國，逆順相功（攻）。伐本
　　隋（墮）功，亂生國亡。爲若得天，亡地更君。

68^ 不循天常，不節民力，周遷而无功。養死伐生，命曰逆成。不有人僇
　　（戮），必有天刑。逆節始生，愼毋

68v 【先】正，皮（彼）且自氐（抵）其刑。故執道者之觀於天下也，必
　　審觀事之所始起，審其刑（形）名。刑（形）名已定，

69^ 逆順有立（位），死生有分，存亡興壞有處。然后參之於天地之恒道，
　　乃定禍福死生存亡興壞之

69v 所在。是故萬舉不失理，論天下而无遺筴。故能立天子，置三公，而
　　天下化之，之胃（謂）有

70^ 道。　〈論約〉■　道者，神明之原也。神明者，處於度之內而見於
　　度之外者也。處於度之【內】

70v 者，不言而信。見於度之外者，言而不可易也。處於度之內者，靜而
　　不可移也。見於

71^ 度之外者，動而Ｏ不可化也。動而靜而不移，動而不化，故曰神。神
　　明者，見知之稽也。有物始□，

71v 建於地而洫（溢）於天，莫見其刑（形），大盈冬（終）天地之間而
　　莫知其名。莫能見知，故有逆成，

72^ 物乃下生，故有逆刑。禍及其身。養其所以死，伐其所以生。伐其本
　　而離其親。伐其與而□

72v □□，後必亂而卒於无名。如燔如卒（淬），事之反也。如繇（由）
　　如驕（矯），生之反也。凡萬物群

73^ 財（材），絩（佻）長而非恒者，其死必應之。三者皆動於度之外而
　　欲成功者也，功必不成，禍必反□

73v □□。以剛爲柔者栝（活），以柔爲剛者伐。重柔者吉，重剛者威（滅）。
　　若（諾）者，言之符也。已者，

74^ 言之絕也。已若（諾）不信，則知（智）大惑矣。已若（諾）必信，
　　則處於度之內也。天下有事，必審其名。名□□

74v 循名廄（究）理之所之，是必爲福，非必爲材（災）。是非有分，以

法斷之。虛靜謹聽，以法爲符。

75^ 審察名理名多（終）始，是胃（謂）廏（究）理。唯公无私，見知不惑，乃知奮起。故執道者之觀於天下，

75v □見正道循理，能與（舉）曲直，能與（舉）多（終）始。故能循名廏（究）理。刑名出聲，聲調實合，禍材（災）廢

76^ 立，如景（影）之隋（隨）刑（形），如向（響）之隋（隨）聲，如衡之不臧（藏）重與輕。故執道者能虛靜公正，乃見□

76v □，乃得名理之誠。亂積於內而稱失於外者伐。亡刑（形）成於內而舉失於外者戚（滅）。逆則

77^ 上洫（溢）而不知止者亡。國舉襲虛，其事若不成，是胃（謂）得天；其事若果成，身必无名。重逆

77v □□，守道是行，國危有央（殃）。兩逆相功（攻），交相爲央（殃），國皆危亡。　〈名理〉《經法》凡五千

78^ ■■昔者黃宗質始好信，作自爲象（像），方四面，傅一心。四達自中，前參後參，左參右參，賤立（位）履參，是

78v 以能爲天下宗。吾受命於天，定立（位）於地，成名於人。唯余一人□乃肥（配）天，乃立王、三公，

79^ 立國，置君、三卿。數日，曆（歷）月，計歲，以當日月之行。允地廣裕，吾類天大明。吾畏天愛地親【民】，□

79v 无命，執虛信。吾畏天愛【地】親民，立有命，執虛信。吾愛民而民不亡，吾愛地而地不兄（曠）。

80^ 吾受民□□□□□□□死。吾位不□。吾句（苟）能親親而興賢，吾不遺亦至矣。　〈立【命】〉

80v 【■　黃帝】令力黑浸行伏匿，周留（流）四國，以觀无恒善之法，則力黑視（示）象（像），見黑則黑，見白則

81^ 白。地□□□□□□□則亞（惡）。人則視（示）殼（鏡），人靜則靜，人作則作。力黑已布制建極，□□□

81v □□曰：天地已成，而民生，逆順无紀，德瘧（虐）无刑，靜作无時，先後无Ｏ名。今吾欲得逆

82^ 順之【紀】，□□□□□□□以爲天下正，靜作之時，因而勒之，爲之若何？黃帝曰：群群□□

82v □□□□爲一囷，无晦无明，未有陰陽。陰陽未定，吾未有以名。今
　　　始判爲兩，分爲陰陽。離

83^ 爲 O 四【時】，□□□□□□□□□□因以爲常，其明者以爲法而
　　　微道是行。行法循□

83v □□牝牡，牝牡相求，會剛與柔。柔剛相成，牝牡若刑（形）。下會
　　　於地，上會於天。得天之微，時若

84^ □□□□□□□□□寺（待）地氣之發也，乃夢（萌）者夢（萌）
　　　而茲（孳）者茲（孳），天因而成之。弗因則不成，

84v 【弗】養則不生。夫民之生也，規規生食與繼。不會不繼，无與守地；
　　　不食不人，无與守天。是

85^ □□贏陰布德，□□□□民功者，所以食之也。宿陽脩刑，童（重）
　　　陰 O 長夜氣閉地繩（孕）者，【所】

85v 以繼之也。不靡不黑，而正之以刑與德。春夏爲德，秋冬爲刑。先德
　　　後刑以養生。姓

86^ 生已定，而適（敵）者生爭，不諶不定。凡諶之極，在刑與德。刑德
　　　皇皇，日月相望，以明其當，而盈□无

86v 匡。夫是故使民毋人執，舉事毋陽察，力地毋陰敝。陰敝者土芒（荒），
　　　陽察者奪

87^ 光，人執者摋兵。是故爲人主者，時挈三樂，毋亂民功，毋逆天時。
　　　然則五穀溜孰（熟），民【乃】

87v 蕃茲（滋）。君臣上下，交得其志。天因而成之。夫並時以養民功，
　　　先德後刑，順於天。其

88^ 時贏而事絀，陰節復次，地尤復收。正名脩刑，執（蟄）虫不出，雪
　　　霜復清，孟穀乃蕭（肅），此材（災）□

88v 生，如此者舉事將不成。其時絀而事贏，陽節復次，地尤不收。正名
　　　施（弛）刑，執（蟄）虫

89^ 發聲，草苴復榮。已陽而有（又）陽，重時而无光，如此者舉事將不
　　　行。天道已既，地物乃

89v 備。散流相成，耶（聖）人之事。耶（聖）人不巧，時反是守。優未
　　　愛民，與天同道。耶（聖）人正以侍（待）

90^ 天，靜以須人。不達天刑，不襦不傳。當天時，與之皆斷。當斷不斷，

反受其亂。　　〈觀〉

90v ■　黃帝問闍冉曰：吾欲布施五正，焉止焉始？對曰：始在於身。中
有正度，后及外人。外內交

91^ 綏（接），乃正於事之所成。黃帝曰：吾既正既靜，吾國家俞（愈）
不定，若何？對曰：后中實而外正，何【患】

91v 不定。左執規，右執柜（矩），何患天下？男女畢迵，何患於國？五
正既布，以司五明。左右執規，

92^ 以寺（待）逆兵。黃帝曰：吾身未自知，若何？對曰：后身未自知，
乃深伏於淵，以求內刑（型）。內刑（型）已得，后□自

92v 知屈后身。黃帝曰：吾欲屈吾身，屈吾身若何？對曰：道同者其事同，
道異者其事異。今

93^ 天下大爭，時至矣，后能慎勿爭乎？黃帝曰：勿爭若何？對曰：怒者
血氣也，爭者外脂膚也。怒

93v 若不發浸廩者是為癰疽。后能去四者，枯骨何能爭矣。黃帝於是辭其
國大夫，

94^ 上於博望之山，談臥三年以自求也。單（戰）才（哉）。闍冉乃上起
黃帝曰：可矣。夫作爭者凶，不爭

94v 【者】亦无成功。何不可矣？黃帝於是出其鏘鉞，奪其戎兵，身提鼓
鞄（枹），以禺（遇）之（蚩）尤，

95^ 因而禽之。帝箸之明（盟），明（盟）曰：反義逆時，其刑視之（蚩）
尤。反義怀（倍）宗，其法死亡以窮。　　〈五正〉■　黃帝【問

95v 四】輔曰：唯余一人，兼有天下。今余欲畜而正之，均而平之，為之
若何？果童對曰：不

96^ 險則不可平，不諶則不可正。觀天於上，視地於下，而稽之男女。夫
天有榦，地有恒常。合□

96v □常，是以有晦有明，有陰有陽。夫地有山有澤，有黑有白，有美有
亞（惡）。地俗德

97^ 以靜，而天正名以作。靜作相養，德瘧（虐）相成。兩若有名，相與
則成。陰陽備，物化變乃生。有□

97v □□重，任百則輕。人有其中，物又（有）其刑（形），因之若成。
黃帝曰：夫民卬（仰）天而生，侍（待）地

98^　而食。以天爲父，以地爲母。今余欲畜而正之，均而平之，誰敵（適）
　　繇（由）始？對曰：險若得平，諶□□

98v　□，【貴】賤必諶貧富又（有）等。前世法之，後世既員，繇（由）
　　果童始。果童於是衣褐而

99^　穿，負并（絣）而孿。營行氣（乞）食。周流四國，以視（示）貧賤
　　之極。　　〈果童〉■　　力黑問□□□□□□□

99v　□□□□驕□陰謀，陰謀□□□□□□□□□□高陽，□之若何？太
　　山之稽曰：子

100^　勿患也。夫天行正信，日月不處，啓然不台（怠），以臨天下。民生
　　有極，以欲涅〈淫〉恤（溢），涅〈淫〉恤（溢）□失，豐而【爲】□，

100v　□而爲既，予之爲害，致而爲費，緩而爲□。憂桐（恫）而窘（窘）
　　之，收而爲之咎。纍而高

101^　之，部（踣）而救弗也。將令之死而不得悔，子勿患也。力黑曰：單
　　（戰）數盈六十而高陽未夫，涅〈淫〉恤（溢）蚤□□

101v　曰天佑，天佑而弗戒，天官地一也。爲之若何？【太】山之稽曰：子
　　勿言佑，交爲之備，【吾】將因

102^　其事，盈其寺，軒其力，而投之代，子勿言也。上人正一，下人靜之，
　　正以侍（待）天，靜以須人。天地立名，□□

102v　自生，以隋（隨）天刑。天刑不撍，逆順有類。勿驚□戒，其逆事乃
　　始。吾將遂是其逆而僇（戮）

103^　其身，更置六直而合以信。事成勿發，胥備自生。我將觀其往事之卒
　　而朵焉，寺（待）其來【事】

103v　之遂刑（形）而私〈和〉焉。壹朵壹禾（和），此天地之奇也。以其
　　民作而自戲也，吾或（又）使之自靡

104^　也。單（戰）盈才（哉）。大（太）山之稽曰：可矣。於是出其鏘鉞，
　　奮其戎兵。黃帝身禺（遇）之（蚩）尤，因而肣（擒）之。勃（剝）
　　其□

104v　革以爲干侯，使人射之，多中者賞。劅（翦）其髮而建之天，名曰之
　　（蚩）尤之翆（旌）。充其胃

105^　以爲鞠（鞠）。使人執之，多中者賞。腐其骨肉，投之苦酭（醢），使
　　天下酺（嗂）之。上帝以禁。帝曰：毋乏吾

105v 禁，毋留（流）吾醢（醢），毋亂吾民，毋絕吾道。止〈乏〉禁，留
（流）酳（醢），亂民，絕道，反義逆時，非而行之，過

106^ 極失當，擅制更爽，心欲是行，其上帝未先而擅興兵，視之（蚩）尤
共工。屈其脊，使甘其箭。

106v 不死不生，慇爲地桯。帝曰：謹守吾正名，毋失吾恒刑，以視（示）
後人。　〈正亂〉■　高

107^ 陽問力黑曰：天地【已】成，黔首乃生。莫循天德，謀相復頃（傾）。
吾甚患之，爲之若何？力黑對曰：

107v 勿憂勿患，天制固然。天地已定，規（蚑）僥（蟯）畢挣（爭）。作
爭者凶，不爭亦毋（無）以成功。順天者

108^ 昌，逆天者亡。毋逆天道，則不失所守。天地已成，黔首乃生。胜（姓）
生已定，敵者O生爭，不諶不定。

108v 凡諶之極，在刑與德。刑德皇皇，日月相望，以明其當。望失其當，
環視其央（殃）。天德

109^ 皇皇，非刑不行。繆（穆）繆（穆）天刑，非德必頃（傾）。刑德相
養，逆順若成。刑晦而德明，刑陰而德陽，刑微而德

109v 章。其明者以爲法，而微道是行。明明至微，時反以爲幾（機）。天
道環（還）於人，反爲之

110^ 客。爭（靜）作得時，天地與之。爭不衰，時靜不靜，國家不定。可
作不作，天稽環周，人反爲之【客】。

110v 靜作得時，天地與之。靜作失時，天地奪之。夫天地之道，寒涅（熱）
燥濕，不能並立；

111^ 剛柔陰陽，固不兩行。兩相養，時相成。居則有法，動作循名，其事
若易成。若夫人事則无

111v 常。過極失當，變故易常。德則无有，昔（措）刑不當。居則无法，
動作爽名。是以僇受

112^ 其刑。　〈姓爭〉■　皇后屯磿（歷）吉凶之常，以辯（辨）雌雄之
節，乃分禍福之鄉（向）。憲敖（傲）驕居（倨），是胃（謂）雄節；
□

112v □共（恭）驗（儉），是胃（謂）雌節。夫雄節者，涅之徒也。雌節者，
兼之徒也。夫雄節以得，乃不

113^　爲福，雌節以亡，必得將有賞。夫雄節而數得，是胃（謂）積英（殃）。
凶憂重至，幾於死亡。雌節而數亡，是

113v　胃（謂）積德。愼戒毋法，大祿將極。凡彼禍難也，先者恒凶，後者
恒吉。先而不凶者，是恒

114^　備雌節存也。後【而不吉者，是】恒備雄節存也。先亦不凶，後亦不
凶，是恒備雌節存也。先亦不

114v　吉，後亦不吉，是恒備雄節存也。凡人好用雄節，是胃（謂）方（妨）
生。大人則毀，小人則亡。以守不寧，

115^　以作事【不成，以求不得，以戰不】克。厥身不壽，子孫不殖。是胃
（謂）凶節，是胃（謂）散德。凡人好用【雌節】，

115v　是胃（謂）承祿。富者則昌，貧者則穀。以守則寧，以作事則成，以
求則得，以單（戰）則克。厥身

116^　【則壽，子孫則殖，是謂吉】節，是胃（謂）綺德。故德積者昌，【殃】
積者亡。觀其所積，乃知【禍福】

116v　之鄉（向）。　〈雌雄節〉■　兵不刑天，兵不可動。不法地，兵不可
昔（措）。刑法不人，兵不可成。

117^　參 O□□□□□□□□之，天地刑（形）之，耴（聖）人因而成之。
耴（聖）人之功，時爲之庸，因時秉□，

117v　是必有成功。耴（聖）人不達刑，不孺傳。因天時，與之皆斷。當斷
不斷，反受其亂。天固

118^　有奪有予，有祥□□□□弗受，反隋（隨）以央（殃）。三遂絕從，
兵无成功。三遂絕從，兵有成【功】，□

118v　不鄉（饗）其功，環（還）受其央（殃）。國家有幸，當者受央（殃）。
國家无幸，有延其命。茉茉陽陽，因民

119^　之力，逆天之極，有（又）重有功，其國家以危，社稷以匡，事无成
功，慶且不鄉（饗）其功。此天之道也。

119v　〈兵容〉■　黃帝問力黑，唯余一人兼有天下，滑（猾）民將生，年
（佞）辯用知（智），不可法組。吾恐或

120^　用之以亂天下。請問天下有成法可以正民者？力黑曰：然。昔天地既
成，正若有名，合若有刑（形），□

120v　以守一名。上拴之天，下施之四海。吾聞天下成法，故曰不多，一言

而止。循名復一，民无亂

121^ 紀。黃帝曰：請問天下猷（猶）有一虖（乎）？力黑曰：然。昔者皇
天使馮（鳳）下道一言而止。五帝用之，以杁（扒）天地，【以】

121v 楑（揆）四海，以壞（懷）下民，以正一世之士。夫是故毚（讒）民
皆退，賢人減（咸）起，五邪乃逃，年（佞）辯乃止。

122^ 循名復一，民无亂紀。黃帝曰：一者一而已乎？其亦有長乎？力黑曰：
一者，道其本也，胡爲而无長？□□

122v 所失，莫能守一。一之解，察於天地，一之理，施於四海。何以知紃
之至，遠近之稽？夫唯一不

123^ 失，一以騷（趨）化，少以知多。夫達望四海，困極上下，四鄉（向）
相枹（抱），各以其道。夫百言有本，千言有要，萬【言】

123v 有蔥（總）。萬物之多，皆閱一空。夫非正人也，孰能治此？罷（彼）
必正人也，乃能操正以正奇，

124^ 握一以知多，除民之所害，而寺（持）民之所宜。綷〈總〉凡守一，
與天地同極，乃可以知天地之禍福。　　〈成

124v 法〉■　行非恒者，天禁之。爽事，地禁之。失令者，君禁之。三者
既脩，國家幾矣。地之禁，

125^ 不【墮】高，不曾（增）下，毋服川，毋逆土毋逆土功，毋壅民明。
進不氏，立不讓，俓（徑）遂淩節，是胃（謂）大凶。

125v 人道剛柔，剛不足以，柔不足寺（恃）。剛強而虎質者丘，康沉而流
面（湎）者亡。憲古章

126^ 物不實者死，專利及削浴（谷）以大居者虛。天道壽壽，番（播）于
下土，施于九州。是故王公愼令，民

126v 知所繇（由）。天有恒日，民自則之，爽則損命，環（還）自服之，
天之道也。　　〈三禁〉■　諸（儲）庫

127^ 臧（藏）兵之國，皆有兵道。世兵道三，有爲利者，有爲義者，有行
忿者。所胃（謂）爲利者，見

127v □□□飢，國家不叚（暇），上下不當，舉兵而栽（誅）之，唯（雖）
无大利，亦无大害焉。所胃（謂）爲

128^ 爲義者，伐亂禁暴，起賢廢不宵（肖），所胃（謂）義也。【義】者，
眾之所死也。是故以一國戉（攻）天下，萬乘【之】主

128v □□希不自此始，鮮能冬（終）之，非心之恒也，窮而反（返）矣。
所胃（謂）行忿者，心唯（雖）忿，不能徒

129^ 怒，怒必有爲也。成功而无以求也，即兼始逆矣。非道也。道之行也，
繇（由）不得已。繇（由）不得已，則无窮。故□者，赽者【也】；

129v 禁者，使者也。是以方行不留。　〈本伐〉■　耴（聖）【人】舉事也，
闔（合）於天地，順於民，羊（祥）於鬼神，使

130^ 民同利，萬夫賴之，所胃（謂）義也。身載於前，主上用之，長利國
家社稷，世利萬夫百生（姓）。天下名軒執□

130v 士於是虛。壹言而利之者，士也。壹言而利國者，國士也。是故君子
卑身以從道，知（智）以

131^ 辯之，強以行之，責道以並世，柔身以寺（待）之時。王公若知之，
國家之幸也。國大人眾，強國也。□身載於後，

131v □□□□□□□□□□□□□□□□而不□□□□□□幸
也。故王

132^ 者不以幸治國，治國固有前道，上知天時，下知地利，中知人事。善
陰陽□□□□□□□□□

132v □□□□□□□□□【名】正者治，名奇者亂。正名不奇，奇名
不立。正道不台（殆），

133^ 可後可始。乃可小夫，乃可國家。小夫得之以成，國家得之以寧。小
國得之以守其野，大國【得之以】

133v 并兼天下。道有原而无端，用者實，弗用者蓳。合之而涅於美，循之
而有常。古之

134^ 堅者，道是之行。知此道，地且天，鬼且人。以居軍□，以居國其國
昌。古之賢者，道是之行。　〈【前道】〉

134v ■　天有恒榦，地有恒常。與民同事，與神同□。驕洫（溢）好爭，
陰謀不羊（祥），刑於雄節，危於

135^ 死亡。奪之而无予，其國乃不遂亡。近則將之，遠則行之。逆節夢（萌）
生，其誰骨當之。天亞（惡）高，地

135v 亞（惡）廣，人亞（惡）荷（苛）。高而不已，天闕土〈之〉。廣而不
已，地將絕之。苛而不已，人將殺之。有

136^ 人將來，唯目之瞻。言之壹，行之壹，得而勿失。【言】之采，行之

配（熙），得而勿以。是故言者心之符【也】，

136v 色者心之華也，氣者心之浮也。有一言，无一行，胃（謂）之誣。故
言寺首，行志（識）卒。直木

137^ 伐，直人殺。无刑（形）无名，先天地生，至今未成。　〈行守〉■
黃帝問力黑曰：大莛（庭）氏之有天下也，不辨

137v 陰陽，不數日月，不志（識）四時，而天開以時，地成以財。其爲之
若何？力黑曰：大莛（庭）之有天

138^ 下也，安徐正靜，柔節先定。晃濕共（恭）僉（儉），卑約生柔。常
後而不失體（體），正信以仁，茲（慈）惠以愛人，端正

138v 勇，弗敢以先人。中請（情）不剌執一毋求。刑於女節，所生乃柔。
□□□正德，好德不爭。立於

139^ 不敢，行於不能。單（戰）視（示）不敢，明埶不能。守弱節而堅之，
脅雄節之窮而因之。若此者其民勞不□，

139v 几（飢）不飴（怠），死不宛（怨）。不廣（曠）其眾，不以兵邾，不
爲亂首，不爲宛（怨）謀（媒），不陰謀，不擅斷疑，不謀削人

140^ 之野，不謀劫人之宇。愼案其眾，以隋（隨）天地之從（蹤）。不擅
作事，以寺（待）逆節所窮。見地奪力，天逆其時，因而飾（飭）之，

140v 事環（還）克之。若此者，單（戰）朕（勝）不報，取地不反。單（戰）
朕（勝）於外，福生於內。用力甚少，名殸（聲）章明。順之

141^ 至也。　〈順道〉■欲知得失請（情），必審名察刑（形）。刑（形）
恒自定，是我俞（愈）靜。O事恒自怠（施），是我无爲。靜翳不動，

141v 來自至，去自往。能一乎？能止乎？能毋有己，能自擇而尊理乎？紆
也，毛也，其如莫存。萬物群

142^ 至，我无不能應。我不臧（藏）故，不挾陳。鄉（向）者已去，至者
乃新。新故不翏，我有所周。　《十六經》凡四千六□□

143^ 六　■■道无始而有應。其未來也，无之；其已來，如之。有物將來，
其刑（形）先之。建以其刑（形），名以其名。其言胃（謂）何？　·
環

143v □傷威。怠（弛）欲傷法。无隋傷道。數舉參（三）者，有身弗能葆
（保），何國能守？　【·】奇從奇，正從正，奇與正，恒不

144^ 不同廷。　·凡變之道，非益而損，非進而退。首變者凶。　·有義

（儀）而義（儀）則不過，侍（恃）表而望則不惑，案法而治

144v 則不亂。　・耵（聖）人不爲始，不剸（專）己，不豫謀，不爲得，
　　　不辭福，因天之則。　・失其天者死，欺其主者死。翟

145^ 其上者危。　・心之所欲則志歸之，志之志之所欲則力歸之。故巢居
　　　者察風，穴處者知雨，憂存故也。

145v 憂之則□，安之則久。弗能令者弗得有。　・帝者臣，名臣，其實師
　　　也。王者臣，名臣，其實友也。

146^ 朝（霸）者臣，名臣也，其實【賓也。危者】臣，名臣也，其時庸也。
　　　亡者臣，名臣也，其實虜也。　・自光（廣）者人絕之；□□

146v 人者其生危，其死辱翳（也）。居不犯凶，困不擇時。　・不受祿者，
　　　天子弗臣也。祿泊（薄）者，弗與犯難。

147^ 故以人之自爲，□□□□□□□□。【・】不士（仕）於盛盈之國，
　　　不嫁子於盛盈之家，不友□□□易之【人】。【・】□

147v □不執偃兵，不執用兵。兵者不得已而行。　・知天之所始，察地之
　　　理，耵（聖）人麇論天地之紀，廣乎

148^ 蜀（獨）見，□□蜀（獨）□□□□□□□蜀（獨）在。　・天子之
　　　地方千里，諸侯百里，所以朕合之也。故立天子【者】，【不】

148v 使諸侯疑焉。立正敵（嫡）者，O不使庶孽疑焉。立正妻者，不使婢
　　　（嬖）妾疑焉。疑則相傷，雜則

149^ 相方。　・時若可行，亟應勿言。【時】若未可，塗其門，毋見其端。　・
　　　天制寒暑，地制高下，人制取予。取予當，立爲

149v □王。取予不當，流之死亡。天有環（還）刑，反受其央（殃）。　・
　　　世恒不可，擇（釋）法而用我。用我不可，是以生禍。　・

150^ 有國存，天下弗能亡也。有國將亡，天下弗能存也。　・時極未至，
　　　而隱於德。既得其極，遠其德。O淺□

150v 以力，既成其功，環（還）復其從，人莫能代。　・諸侯不報仇，不
　　　脩佴（恥），唯□所在。・隱忌妒妹賊妾

151^ 如此者，下其等而遠其身。不下其德等，不遠其身，禍乃將起。　・
　　　內事不和，不得言外。細事不察，不得言【大】・

151v 利不兼，賞不倍。戴角者无上齒。提正名以伐，得所欲而止。・實穀
　　　不華，至言不飾，至

152^ 樂不笑。華之屬，必有觳（核），觳（核）中必有意。・天地之道，
有左有右，有牝有牡。諆諆作事，毋從我冬（終）始。雷□

152v 爲車隆隆以爲馬。行而行，處而處。因地以爲齎（資），因民以爲師。
弗因无犦也。　・宮室過

153^ 度，上帝所亞（惡），爲者弗居，唯（雖）居必路。　　・減衣衾，泊
（薄）棺椁，禁也。疾役可發澤，禁也。草莈可淺林，禁也。聚

153v □隋（墮）高增下，禁也，大水至而可也。　　・毋先天成，毋非時而
榮。先天成則毀，非時而榮則不

154^ 果。　　・日爲明，月爲晦。昏而休，明而起。毋失天極，廄（究）數
而止。　　・強則令，弱則聽，敵則循繩而爭。　　・行曾（憎）而索

154v 愛，父弗得子。行母（侮）而索敬，君弗得臣。・有宗將興，如伐於
□。有宗將壞，如伐於山。貞

155^ 良而亡，先人餘央（殃）。商（猖）闕（獗）而栝（活），先人之連（烈）。　・
埤（卑）而正者增，高而倚者傰（崩）。・山有木，其實屯屯。虎狼爲
孟（猛）可

155v 揟，昆弟相居，不能相順。同則不肯，離則不能，傷國之神。□□□
來，胡不來相教順弟兄

156^ 茲，昆弟之親尚可易戈（哉）。　・天下有參（三）死：忿不量力死，
耆（嗜）欲无窮死，寡不辟（避）眾死。　・毋藉賊兵，毋

156v □盜量（糧）。籍（藉）賊兵，□盜量（糧），短者長，弱者強，贏絀
變化，後將反咂（施）。　・弗同而同，舉而

157^ 爲同。弗異而異，舉而爲異。弗爲而自成，因而建事。　　・陽親而陰
亞（惡），胃（謂）外其膚而內其勮。不

157v 有內亂，必有外客。膚既爲膚，勮既爲勮。內亂不至，外客乃卻。　・
得焉者不受

158^ 其賜。亡者不怨大□。【・】天有明而不憂民之晦也。【百】姓辟（闢）
其戶牖而各取昭焉。天无事焉。地有

158v 【財】而不憂民之貧也。百姓斬木刜（刈）新（薪）而各取富焉。地
亦无事焉。・諸侯有亂，正亂

159^ 者失其理，亂國反行焉。其時未能也，至其子孫必行焉。故曰：制人
而失其理，反制焉。　・生人有居，【死】

159v 人有墓。令不得與死者從事。　・惑而極（亟）反（返），□道不遠。　・
　　　臣有兩位者，其國必危。國若不

160^ 危，君與存也，失君必危。失君不危者，臣故毗（差）也。子有兩位
　　　者，家必亂。家若不亂，親與存也，【失親

160v 必】危。失親不亂，子故毗（差）也。　・不用輔佐之助，不聽耵（聖）
　　　慧之慮，而侍（恃）其城郭之固，古（怙）其勇力

161^ 之御，是胃（謂）身薄。身薄則貸（殆）。以守不固，以單（戰）不
　　　克。　・兩虎相爭，奴（駑）犬制其余。　・善為國者，大（太）上
　　　无刑，其【次】□□

161v 【其】下齵果訟果，大（太）下不齵不訟有（又）不果。□大（太）
　　　上爭於□，其次爭於明，其下救（救）患禍。・寒

162^ 時而獨暑，暑時而獨寒，其生危，以其逆也。　・敬朕（勝）怠，敢朕
　　　（勝）疑。亡國之禍□□□□□□□□□□□□

162v □□□□□□□□□□□□□□□□□□□□□□□□不
　　　信其□

163^ 而不信其可也，不可矣，而不信其□□□□□□□□□□□□□
　　　□□□□□□□□□□□□

163v □□□□□□□□□□□□□□□□□□□□□□賣（觀）前
　　　□以知反，故□□

164^ 賣（觀）今之曲直，審其名以稱斷之。積者積而居，胥時而用賣（觀），
　　　主樹以知與治合積化以知時，□□□

164v 正貴□存亡。・凡論必以陰陽□大義。天陽地陰。春陽秋陰。夏陽多
　　　陰。晝陽夜陰。大國

165^ 陽，小國陰。重國陽，輕國陰。有事陽而无事陰。信（伸）者陰者屈
　　　者陰。主陽臣陰。上陽下陰。男陽【女陰】。【父】

165v 陽【子】陰。兄陽弟陰。長陽少【陰】。貴【陽】賤陰。達陽窮陰。
　　　取（娶）婦姓（生）子陽，有喪陰。制人者陽，制

166^ 人者制於人者陰。客陽主人陰。師陽役陰。言陽黑（默）陰。予陽受
　　　陰。諸陽者法天，天貴正，過正日詭□□

166v □□祭乃反。諸陰者法地，地【之】德安徐正靜，柔節先定，善予不
　　　爭。此地之度而雌之

167^ 節也。　《稱》千六百

168^ ■■恒无之初，迵同大虛。虛同爲一，恒一而止。濕濕夢夢，未有明
晦。神微周盈，精靜不巸（熙）。古（故）未有以，萬物莫以。古（故）
无

168v 有刑（形），大迵无名。天弗能復（覆），地弗能載。小以成小，大以
成大。盈四海之內，又包其外。在陰不腐，在

169^ 陽不焦。一度不變，能適規（蚑）僥（蟯）。鳥得而蜚（飛），魚得而
流（游），獸得而走，萬物得之以生，百事得之以成。人皆以

169v 之，莫知其名。人皆用之，莫見其刑（形）。一者其號也，虛其舍也，
无爲其素也，和其用也。是故

170^ 上道高而不可察也，深而不可則（測）也。顯明弗能爲名，廣大弗能
爲刑（形），獨立不偶，萬物莫之能令。天地陰

170v 陽，【四】時日月，星辰雲氣，規（蚑）行僥（蟯）重（動），戴根之
徒，皆取生，道弗爲益少；皆反焉，道弗爲益

171^ 多。堅強而不撌，柔弱而不可化。精微之所不能至，稽極之所不能過。
故唯耶（聖）人能察无刑（形），能聽无【聲】。

171v 知虛之實，后能大虛。乃通天地之精，通同而无間，周襲而不盈。服
此道者，是胃（謂）能精。明

172^ 者固能察極，知人之所不能知，人服人之所不能得。是胃（謂）察稽
知O極。耶（聖）王用此，天下服。无好无亞（惡），上用

172v □□而民不麋（迷）惑。上虛下靜而道得其正。信能无欲，可爲民命。
上信无事，則萬物周扁（遍）。分

173^ 之以其分，而萬民不爭。授之以其名，而萬物自定。不爲治勸，不爲
亂解（懈）。廣大，弗務及也。深微，弗索得也。

173v 夫爲一而不化。得道之本，握少以知多；得事之要，操正以政（正）
畸（奇）。前知大古，后□精明。抱道執

174^ 度，天下可一也。觀之大古，周其所以。索之未无，得之所以。　《道
原》四百六十四

附錄二：帛書《黃帝書》逐字索引

索引說明：

1. 第一、二篇以「一」、「二」代《經法》、《十六經》篇名，如「一〈道法〉」、「二〈立命〉」；第三篇作「三《稱》」，第四篇作「四《道原》」。

2. 正文內的符號：【 】代表帛書整理小組補上的字；〈 〉爲帛書整理小組訂正的字；O爲整理小組標示帛書塗改處。

3. 在索引字列中的說明，加「（ ）」表示帛書整理小組以爲通同字，如包（施）。加「；」表示該字有本字以外的通同字，如冬；（終），表示「冬」字除作「冬」外，也有通「終」的用法。「參…」，表示可參考列於不同頁數的資料，如冬；（終）參「終」372，即「終」字索引資料列於頁372。

星 351

柔 351

　參「輮」398

枯 351

流；（游）351

泒；（溢）351

爲 351

甚 353

畏 353

界 353

皆 353

皇 353

盈 353

相 353

禺（遇）354

秋 354

穿 354

紀 354

約 354

美 354

胥 354

胃；（謂）354

　參「謂」397

胡 355

致 355

苟 355

苦 355

若；（諾）355

英（殃）356

要 356

計 356

貞 356

負 356

軍 356

述；（術）356

　參「【術】」

372

郎（廊）356

重 356

降 356

面 356

革 356

風 356

食 356

首 356

俓（徑）356

柜（矩）356

枹（抱）356

紃 356

奂 357

茀 357

苴 357

邾 357

恒 357

脀（悟）357

耶（聖）357

竞（鏡）357

叚（暇）357

胜（姓）357

晃 357

刺 357

紆 357

十畫 357

乘 357

倍 358

倚 358

俱 358

倉 358

兼 358

冥 358

剛 358

卿 358

原 358

員；（圓）358

夏 358

孫 358

害 358

家 358

宮 359

宵（肖）359

容 359

射 359

師 359

庫 359

弱 359

徒 359

徐；（除）359

恐 359

息 359

悔 359

扇 359

挾 359

時 359

朕；（勝）360

案 360

根 360

桐（恫）360

桀（傑）360

氣 360

浸 360

海 360

浮 361

浴（谷）361

涅；〈淫〉（熱）

361

狼 361

珠 361

畜 361

留；（流）361

疾 361

疽 361

益 361

破 361

神 361

笑 361

素 361

索 361

耆（嗜）361

脂 361

能 361

脊 362

草 362

茲；（滋，萌，

慈）362

一　畫

一

一年從其俗，	一〈君正〉14v
一年從其俗，	一〈君正〉15^
可安一國。	一〈四度〉38^
用二文一武者王。	一〈四度〉44v
天執一，	一〈論〉48^
天之一也。	一〈論〉49^
天執一以明三。	一〈論〉49v
一日觀，	一〈論〉53v
一曰正名一曰立（位）而偃，	一〈論〉54v
一曰正名一曰立（位）而偃，	一〈論〉54v
一國而服（備）六危者威（滅），	一〈亡論〉57v
一國而服（備）三不辜者死，	一〈亡論〉57v
一國之君而服（備）三壅者，	一〈亡論〉58^
一國而服（備）三凶者，	一〈亡論〉58^
一曰適（嫡）子父。	一〈亡論〉61v
一曰妄殺殺賢。	一〈亡論〉62v
此胃（謂）一雍（壅）。	一〈亡論〉63^
一人主擅主，	一〈亡論〉63v
外內為一，	一〈亡論〉64^
一曰好凶器。	一〈亡論〉64^
抹（昧）一國之利者，	一〈亡論〉64v
受一國之禍。	一〈亡論〉64v
一時刑殺，	一〈論約〉66^
一立一廢，	一〈論約〉66v
一立一廢，	一〈論約〉66v
一生一殺，	一〈論約〉66v
一生一殺，	一〈論約〉66v
傳一心。	二〈立命〉78^
唯余一人囗乃肥（配）天，	二〈立命〉78v
群群囗囗囗囗囗囗為一囷，	二〈觀〉82^
唯余一人，	二〈果童〉95v
天官地一也。	二〈正亂〉101v
上人正一，	二〈正亂〉102^
唯余一人兼有天下，	二〈成法〉119v
囗以守一名。	二〈成法〉120v
一言而止。	二〈成法〉120v
循名復一，	二〈成法〉120v
請問天下猷（猶）有一虖（乎）？	二〈成法〉121^
昔者皇天使馮（鳳）下道一言而止。	二〈成法〉121^
以正一世之士。	二〈成法〉121v
循名復一，	二〈成法〉122^
一者一而已乎？	二〈成法〉122^
一者一而已乎？	二〈成法〉122^
一者，	二〈成法〉122^
莫能守一。	二〈成法〉122v
一之解，	二〈成法〉122v
一之理，	二〈成法〉122v
夫唯一不失，	二〈成法〉122v
一以驅（趣）化，	二〈成法〉123^
皆閱一空。	二〈成法〉123v
握一以知多，	二〈成法〉124^
絆（總）凡守一，	二〈成法〉124^
是故以一國戉（攻）天下，	二〈本伐〉128^
有一言，	二〈行守〉136v
无一行，	二〈行守〉136v
中請（情）不剌執一毋求。	二〈順道〉138v
能一乎？	二〈？〉141v
虛同為一，	四〈道原〉168^
恒一而止。	四〈道原〉168^
一度不變，	四〈道原〉169^
一者其號也。	四〈道原〉169v
夫為一而不化。	四〈道原〉173v
天下可一也。	四〈道原〉174^

二　畫

七

七年而可以正（征）。	一〈君正〉15^
【七】年而可以正（征），	一〈君正〉16^
行七法，	一〈論〉48v
天建【八正以行七法】。	一〈論〉50v
此之胃（謂）七法。	一〈論〉51^
七法各當其名，	一〈論〉51^

乃

國乃更。	一〈亡論〉64^
名乃大成。	一〈論約〉67^
國乃无主。	一〈論約〉67v
乃定禍福死生存亡興壞之所在。	一〈論約〉69^
物乃下生，	一〈名理〉72^
乃知奮起。	一〈名理〉75^
乃見囗囗，	一〈名理〉76^
乃得名理之誠。	一〈名理〉76v
唯余一人囗乃肥（配）天，	二〈立命〉78v
乃立王、	二〈立命〉78v
民【乃】蕃茲（滋）。	二〈觀〉87^

孟穀乃蕭（肅），	二〈觀〉88^
地物乃備。	二〈觀〉89^
乃夢（萌）者夢（萌）而茲（孳）者茲（孳），	二〈觀〉84^
乃正於事之所成。	二〈五正〉91^
乃深伏於淵，	二〈五正〉92^
闔冉乃上起黃帝曰：	二〈五正〉94^
物化變乃生。	二〈果童〉97^
其逆事乃始。	二〈正亂〉102v
黔首乃生。	二〈姓爭〉107^
黔首乃生。	二〈姓爭〉108^
乃分禍福之鄉（向）。	二〈雌雄節〉112^
乃不爲福，	二〈雌雄節〉112v
乃知【禍福】之鄉（向）。	二〈雌雄節〉116^
五邪乃逃，	二〈成法〉121v
年（佞）辯乃止。	二〈成法〉121v
乃能操正以正奇，	二〈成法〉123v
乃可以知天地之禍福。	二〈成法〉124^
乃可小夫	二〈前道〉133^
乃可國家。	二〈前道〉133^
其國乃不遂亡。	二〈行守〉135^
所生乃柔。	二〈順道〉138v
至者乃新。	二〈？〉142^
禍乃將起。	三〈稱〉151^
外客乃卻。	三〈稱〉157v
過正曰詭□□□□祭乃反。	三〈稱〉166v
乃通天地之精，	四〈道原〉171v

九

必廄而上九，	一〈君正〉17^
施於九州。	二〈三禁〉126^

二

二年用其德，	一〈君正〉14v
二年用其德，	一〈君正〉15^
用二文一武者王。	一〈四度〉44v
定二，	一〈論〉48v
天明三以定二，	一〈論〉49v
□□□□□□□【天】定二以建八正，	一〈論〉50^
二曰論，	一〈論〉53v
二曰倚名法而亂，	一〈論〉54v
天降二央（殃）。	一〈亡論〉59v
二曰大臣主。	一〈亡論〉61v
二曰殺服民。	一〈亡論〉62v
此胃（謂）二雍（壅）。	一〈亡論〉63v
二曰行逆德。	一〈亡論〉64^

人

曰不知畏人，	一〈道法〉2v
耶（聖）人故載。	一〈國次〉10^
人強朕（勝）天，	一〈國次〉10v
天反朕（勝）人，	一〈國次〉10v
兼人之國。	一〈國次〉11^
故唯耶（聖）人能盡天極，	一〈國次〉11v
故耶（聖）人之伐殹（也），	一〈國次〉12^
兼人之國，	一〈國次〉12v
人執者流之四方，	一〈國次〉13^
人執者失民，	一〈國次〉13v
人之本在地，	一〈君正〉19v
有人焉，	一〈六分〉29^
爲人主，	一〈六分〉29v
地廣人眾兵強，	一〈六分〉30^
□耶（聖）之人弗留，	一〈六分〉32v
則國人之國已（矣）。	一〈六分〉33^
【暴】則失人。	一〈四度〉36v
失人則疾。	一〈四度〉36v
治則得人，	一〈四度〉37v
人之李（理）也。	一〈四度〉41v
何人不得。	一〈四度〉42^
人之稽也。	一〈四度〉44^
其主道離人理，	一〈四度〉45^
雖有耶（聖）人，	一〈四度〉46^
人主者，	一〈論〉46v
實者視（示）【人】虛，	一〈論〉56^
不足者視（示）人有餘。	一〈論〉56v
傷（戮）降人，	一〈亡論〉60^
救人而弗能存，	一〈亡論〉61^
一人主擅主，	一〈亡論〉63v
【人】事之理也。	一〈論約〉66v
人事之理也。	一〈論約〉67^
不有人傷（戮），	一〈論約〉68^
成名於人。	二〈立命〉78v
唯余一人□乃肥（配）天，	二〈立命〉78v
人則視（示）競（鏡），	二〈觀〉81^
人靜則靜，	二〈觀〉81^
人作則作。	二〈觀〉81^
不食不人。	二〈觀〉84v
夫是故使民毋人執，	二〈觀〉86v
人執者擬兵。	二〈觀〉87^
是故爲人主者，	二〈觀〉87^
耶（聖）人之事。	二〈觀〉89^
耶（聖）人不巧，	二〈觀〉89^
耶（聖）人正以侍（待）天，	二〈觀〉89v
靜以須人。	二〈觀〉90^

后及外人。	二〈五正〉90v
唯余一人，	二〈果童〉95v
人有其中，	二〈果童〉97v
上人正一，	二〈正亂〉102^
下人靜之，	二〈正亂〉102^
靜以須人。	二〈正亂〉102^
使人射之，	二〈正亂〉104v
使人執之，	二〈正亂〉105^
以視（示）後人。	二〈正亂〉106v
天道環（還）於人，	二〈姓爭〉109v
人反爲之【客】。	二〈姓爭〉110^
若夫人事則无常。	二〈姓爭〉111^
凡人好用雄節，	二〈雌雄節〉114v
大人則毀，	二〈雌雄節〉114v
小人則亡。	二〈雌雄節〉114v
凡人好用【雌節】，	二〈雌雄節〉115^
刑法不人，	二〈兵容〉116v
耵（聖）人因而成之。	二〈兵容〉117^
耵（聖）人之功，	二〈兵容〉117^
耵（聖）人不達刑，	二〈兵容〉117^
唯余一人兼有天下，	二〈成法〉119v
賢人減（咸）起，	二〈成法〉121v
夫非正人也，	二〈成法〉123v
罷（彼）必正人也，	二〈成法〉123v
人道剛柔，	二〈三禁〉125v
耵（聖）【人】舉事也，	二〈前道〉129v
國大人眾，	二〈前道〉131^
中知人事。	二〈前道〉132^
鬼且人。	二〈前道〉134^
人亞（惡）荷（苛）。	二〈行守〉135v
人將殺之。	二〈行守〉135v
有人將來，	二〈行守〉136v
直人殺。	二〈行守〉137v
茲（慈）惠以愛人，	二〈順道〉138^
弗敢以先人。	二〈順道〉138v
不謀削人之野，	二〈順道〉139v
不謀劫人之宇。	二〈順道〉140^
·耵（聖）人不爲始，	三〈稱〉144v
·自光（廣）者人絕之；	三〈稱〉146^
口口人者其生危，	三〈稱〉146v
故以人之自爲，	三〈稱〉147^
不友口口口易之【人】。	三〈稱〉147v
耵（聖）人糵論天地之紀，	三〈稱〉147v
人制取予。	三〈稱〉149^

人莫能代。	三〈稱〉150v
先人餘央（殃）。	三〈稱〉155^
先人之連（烈）。	三〈稱〉155^
制人而失其理，	三〈稱〉159^
·生人有居，	三〈稱〉159^
【死】人有墓。	三〈稱〉159v
制人者陽，	三〈稱〉165v
制人者制於人者陰。	三〈稱〉166^
制人者制於人者陰。	三〈稱〉166^
客陽主人陰。	三〈稱〉166^
人皆以之，	四〈道原〉169^
人皆用之，	四〈道原〉169v
故唯耵（聖）人能察无刑（形），	四〈道原〉171^
知人之所不能知，	四〈道原〉172^
人服人之所不能得，	四〈道原〉172^
人服人之所不能得。	四〈道原〉172^

入

入與處，	一〈四度〉37^
日信出信入，	一〈論〉49v

八

八度者，	一〈四度〉43^
【八】正皆失，	一〈論〉47v
八正不失，	一〈論〉48^
建八正，	一〈論〉48v
口口口口口口口【天】定二以建八正，	一〈論〉50^
天建【八正以行七法】。	一〈論〉50^

几

陰竊者几（飢），	一〈國次〉13v
失天則几（飢），	一〈四度〉36v
几（飢）不飴（食），	二〈順道〉139v

力

民則力。	一〈君正〉15v
民之用在力，	一〈君正〉19v
力之用在節。	一〈君正〉19v
節民力以使，	一〈君正〉20^
不能盡民之力。	一〈君正〉21v
兵單（戰）力爭（爭），	一〈六分〉35^
不節民力，	一〈論約〉68^
【黃帝】令力黑浸行伏匿，	二〈觀〉80v
則力黑視（示）象（像），	二〈觀〉80v
力黑已布制建極，	二〈觀〉81^
力地毋陰敝。	二〈觀〉86v
力黑問口口口口口口口口口口驕口陰謀	二〈正亂〉99^

力黑曰：	二〈正亂〉101^
軵其力，	二〈正亂〉102^
高陽問力黑曰：	二〈姓爭〉107^
力黑對曰：	二〈姓爭〉107^
因民之力，	二〈兵容〉119^
黃帝問力黑，	二〈成法〉119v
力黑曰：然。	二〈成法〉120^
力黑曰：然。	二〈成法〉121^
力黑曰：	二〈成法〉122^
黃帝問力黑曰：	二〈順道〉137^
力黑曰：	二〈順道〉137v
見地奪力，	二〈順道〉140^
用力甚少，	二〈順道〉140v
志之志之所欲則力歸之。	三〈稱〉145^
○淺口以力，	三〈稱〉150v
忿不量力死，	三〈稱〉156^
古（怙）其勇力之御，	三〈稱〉160v

十

單（戰）數盈六十而高陽未夫，	二〈正亂〉101^
〈十六經〉	〈十六經〉名 142^
四百六十	〈道原〉總字 174^

又

身危又（有）央（殃）。	一〈國次〉12^
又（有）者威（滅）亡。	一〈六分〉26v
又（有）地焉。	一〈六分〉29^
爲若又（有）事，	一〈四度〉40^
物又（有）其刑（形），	二〈果童〉97v
【貴】賤必諶貧富又（有）等。	二〈果童〉98v
又包其外。	四〈道原〉168v

三　畫

三

不過三功。	一〈國次〉11v
三年而民有得，	一〈君正〉14v
三年无賦斂，	一〈君正〉15v
三者備則事得矣。	一〈君正〉22^
明三，	一〈論〉48^
天執一以明三。	一〈論〉49^
天明三以定二，	一〈論〉49v
審三名以爲萬事口，	一〈論〉53^
三曰僮（動），	一〈論〉53v
三名：	一〈論〉54v
三曰強主威（滅）而无名。	一〈論〉55^
三名察則事有應矣。	一〈論〉55^

三名察則盡知請（情）僞而【不】惑矣。	一〈論〉57^
一國而服（偹）三不辜者死，	一〈亡論〉58^
一國之君而服（偹）三壅者，	一〈亡論〉58^
一國而服（偹）三凶者，	一〈亡論〉58^
三曰謀臣【離】其志。	一〈亡論〉61v
【三】不辜：	一〈亡論〉62^
三曰刑无罪。	一〈亡論〉62v
此三不辜。	一〈亡論〉62v
三雍（壅）：	一〈亡論〉62v
此胃（謂）三雍（壅）。	一〈亡論〉64^
三凶：	一〈亡論〉64^
三曰縱心欲。	一〈亡論〉64^
此胃（謂）【三凶】。	一〈亡論〉64v
三時成功，	一〈論約〉66^
置三公，	一〈論約〉69v
三者皆動於度之外而欲成功者也，	一〈名理〉73^
三公，	二〈立命〉78v
三卿。	二〈立命〉79^
時挃三樂，	二〈觀〉87^
談臥三年以自求也。	二〈五正〉94^
三遂絕從，	二〈兵容〉118^
三遂絕從，	二〈兵容〉118^
三者既脩，	二〈三禁〉124v
〈三禁〉	二〈三禁〉章名 126v
世兵道三，	二〈本伐〉127^

下

然后見知天下而不惑矣。	一〈道法〉1v
故執道者之觀於天下殹（也），	一〈道法〉3v
是故天下有事，	一〈道法〉4^
至知（智）者爲天下稽。	一〈道法〉4v
天下有事，	一〈道法〉5^
然后可以爲天下正。	一〈道法〉9^
故唯執【道】者能上明於天之反，	一〈道法〉8v
必虒而上九，	一〈君正〉17^
【上】下不赾（斥），	一〈君正〉17^
則天下從矣。	一〈君正〉19v
能收天下豪桀（傑）票（驃）雄，	一〈君正〉22^
則天下賓矣。	一〈君正〉22^
臣不失處則下有根，	一〈六分〉24^
上下无根，	一〈六分〉26v
【臣】失其處則下无根，	一〈六分〉27v
上下不赾者，	一〈六分〉27v
天下大（太）平，	一〈六分〉28v
王天下者之道，	一〈六分〉29^
口口而有天下矣。	一〈六分〉29v

下比順，	一〈六分〉	29v
天下无適（敵）。	一〈六分〉	30^
不王天下。	一〈六分〉	30v
俱與天下用兵，	一〈六分〉	31^
俱與天下用兵，	一〈六分〉	32^
天下弗與。	一〈六分〉	32v
王天下者有玄德，	一〈六分〉	33^
王天下而天下莫知其所以。	一〈六分〉	33v
王天下而天下莫知其所以。	一〈六分〉	33v
王天下者，	一〈六分〉	33v
口口天下口天下則之。	一〈六分〉	34v
口口天下口天下則之。	一〈六分〉	34v
故令行天下而莫敢不聽，	一〈六分〉	35^
自此以下，	一〈六分〉	35^
其口口口唯王者能兼復（覆）載天下，	一〈六分〉	35v
可以定天下，	一〈四度〉	38^
以強下弱，	一〈四度〉	42^
以貴下賤，	一〈四度〉	42^
以賢下不宵（肖），	一〈四度〉	42^
【縣】之下曰正，	一〈四度〉	42v
高【下】不敝（蔽）其刑（形），	一〈四度〉	43v
王公執口以爲天下正。	一〈四度〉	44v
執六枋（柄）以令天下，	一〈論〉	53^
下不親其上，	一〈論〉	55v
以其有事起之則天下聽，	一〈論〉	56v
以其无事安之則天下靜。	一〈論〉	56v
下洫者刑。	一〈亡論〉	58v
下邪恒以地界爲私者口。	一〈亡論〉	61^
【昧】天【下之】利，	一〈亡論〉	64v
受天下之患。	一〈亡論〉	64v
下走子弟，	一〈亡論〉	65^
故執道者之觀於天下也，	一〈論約〉	68v
論天下而无遺莢。	一〈論約〉	69^
而天下化之，	一〈論約〉	69v
物乃下生，	一〈名理〉	72^
天下有事，	一〈名理〉	74^
故執道者之觀於天下，	一〈名理〉	75^
是以能爲天下宗。	二〈立命〉	78v
君臣上下，	二〈觀〉	87v
口口口口口口口以爲天下正，	二〈觀〉	82v
下會於地，	二〈觀〉	83v
何患天下？	二〈五正〉	91v
今天下大爭，	二〈五正〉	93^
兼有天下。	二〈果童〉	95v
視地於下，	二〈果童〉	96^
以臨天下。	二〈正亂〉	100^
下人靜之，	二〈正亂〉	102^

使天下離（嚟）之。	二〈正亂〉	105^
唯余一人兼有天下，	二〈成法〉	119v
吾恐或用之以亂天下。	二〈成法〉	120^
請問天下有成法可以正民者？	二〈成法〉	120^
下施之四海。	二〈成法〉	120v
吾聞天下成法，	二〈成法〉	120v
請問天下獸（猶）有一虖（乎）？	二〈成法〉	121^
昔者皇天使馮（鳳）下道一言而止。	二〈成法〉	121^
以壞（懷）下民，	二〈成法〉	121v
困極上下，	二〈成法〉	123^
不曾（增）下，	二〈三禁〉	125^
番（播）于下土，	二〈三禁〉	126^
上下不當，	二〈本伐〉	127v
是故以一國戉（攻）天下，	二〈本伐〉	128^
天下名軒執口士於是虖。	二〈前道〉	130^
下知地利，	二〈前道〉	132^
大國【得之以】并兼天下。	二〈前道〉	133v
大莛（庭）氏之有天下也，	二〈順道〉	137^
大莛（庭）之有天下也，	二〈順道〉	138^
地制高下，	三〈稱〉	149^
天下弗能亡也。	三〈稱〉	150^
天下弗能存也。	三〈稱〉	150^
下其等而遠其身。	三〈稱〉	150^
不下其德等，	三〈稱〉	151^
聚口隋（墮）高增下，	三〈稱〉	153v
・天下有參（三）死：	三〈稱〉	156^
【其】下闓果訟果，	三〈稱〉	161v
大（太）下不闓不訟有（又）果。	三〈稱〉	161v
其下救（救）患禍。	三〈稱〉	161v
上陽下陰。	三〈稱〉	165^
天下服。	四〈道原〉	172^
上虛下靜而道得其正。	四〈道原〉	172v
天下可一也。	四〈道原〉	174v

上

則民親上。	一〈君正〉	22v
命曰上曊，	一〈六分〉	24v
上下无根，	一〈六分〉	26^
上下不赾者，	一〈六分〉	27v
主上者執六分以生殺，	一〈六分〉	28v
不敢敝（蔽）其上。	一〈六分〉	29v
萬民和輯而樂爲其主上用，	一〈六分〉	30^
命之曰上同，	一〈四度〉	38^
下不親其上，	一〈論〉	55v
上洫者死，	一〈亡論〉	58v
上殺父兄，	一〈亡論〉	65^
逆則上洫（溢）而不知止者亡。	一〈名理〉	77^
上會於天。	二〈觀〉	83v

君臣上下，	二〈觀〉87v
上於博望之山，	二〈五正〉94^
闔冉乃上起黃帝曰：	二〈五正〉94^
觀天於上，	二〈果童〉96^
上人正一，	二〈正亂〉102^
上帝以禁。	二〈正亂〉105^
其上帝未先而擅興兵，	二〈正亂〉106^
上拴之天，	二〈成法〉120v
困極上下，	二〈成法〉123^
上下不當，	二〈本伐〉127v
主上用之，	二〈前道〉130^
上知天時，	二〈前道〉132^
翟其上者危。	三〈稱〉145^
戴角者无上齒。	三〈稱〉151v
上帝所亞（惡），	三〈稱〉153^
大（太）上无刑，	三〈稱〉161^
口大（太）上爭於口，	三〈稱〉161v
上陽下陰。	三〈稱〉165^
是故上道高而不可察也，	四〈道原〉170^
上用口口而民不麋（迷）惑。	四〈道原〉172^
上虛下靜而道得其正。	四〈道原〉172v
上信无事，	四〈道原〉172v

凡

凡事无小大，	一〈道法〉8^
凡觀國，	一〈六分〉23^
凡觀國，	一〈六分〉27^
凡犯禁絕理，	一〈亡論〉57v
凡萬物群財（材），	一〈名理〉72v
凡諶之極，	二〈觀〉86^
凡五千	〈經法〉總字77v
凡諶之極，	二〈姓爭〉108v
凡彼禍難也，	二〈雌雄節〉113v
凡人好用雄節，	二〈雌雄節〉114v
凡人好用【雌節】，	二〈雌雄節〉115^
絝〈總〉凡守一，	二〈成法〉124^
凡四千口口六	〈十六經〉總字142^
·凡變之道，	三〈稱〉144^
·凡論必以陰陽口大義。	三〈稱〉164v

久

是故長久。	一〈四度〉45v
安之則久。	三〈稱〉145v

也

法立而弗敢廢【也】。	一〈道法〉1v
无處也。	一〈道法〉3v
德者愛勉之【也】。	一〈君正〉16^
口口口口口口口毆（也）。	一〈君正〉17^
俗也。	一〈君正〉17v
愛也。	一〈君正〉17v
時也。	一〈君正〉18^
當也。	一〈君正〉18^
賢不宵（肖）衰（差）也。	一〈君正〉18^
貴賤等也。	一〈君正〉18^
衣食足而刑伐（罰）必也。	一〈君正〉18v
不可拔也。	一〈君正〉18v
反自伐也。	一〈君正〉18v
因天之生也以養生，	一〈君正〉19^
因天之殺也以伐死，	一〈君正〉19^
則守固單（戰）胅（勝）之道也。	一〈君正〉20v
正之至也。	一〈君正〉20v
不可亂也。	一〈君正〉20v
不可亂也。	一〈君正〉21^
所以治也。	一〈君正〉21^
則天地之德也。	一〈君正〉21v
六順六逆口存亡【興壞】之分也。	一〈六分〉28v
而兼復（覆）載而无私也，	一〈六分〉29^
王之本也。	一〈六分〉30v
O聲華口口者用也。	一〈四度〉39v
動也。	一〈四度〉39v
事之根也。	一〈四度〉39v
天地之道也，	一〈四度〉41v
人之李（理）也。	一〈四度〉41v
用之稽也。	一〈四度〉43^
天之稽也。	一〈四度〉43v
地之稽也。	一〈四度〉43v
人之稽也。	一〈四度〉44^
怨之本也。	一〈四度〉46^
亂之基也。	一〈四度〉46^
天地之口也，	一〈論〉46v
號令之所出也，	一〈論〉46v
口口之命也。	一〈論〉46v
天之一也。	一〈論〉49^
【度之稽也】。	一〈論〉49v
數之稽也。	一〈論〉49v
信之稽也。	一〈論〉49v
天之道也。	一〈論〉50v
天度也。	一〈論〉50v
天之期也。	一〈論〉50v
天之生（性）也。	一〈論〉50v

天之命也。	一〈論〉51^
天之所以爲物命也。	一〈論〉51^
逆順各自命也，	一〈論〉51v
則存亡興壞可知【也】。	一〈論〉52^
執此道也。	一〈論〉52v
勿（物）自正也，	一〈論〉57^
名自命也，	一〈論〉57^
事自定也。	一〈論〉57^
禍反【自】及也。	一〈亡論〉58v
禍皆反自及也。	一〈亡論〉59^
過（禍）皆反自及也。	一〈亡論〉60v
天地之道也。	一〈論約〉65v
天地之李（理）也。	一〈論約〉65v
天地之紀也。	一〈論約〉66^
天地之道也。	一〈論約〉66^
【人】事之理也。	一〈論約〉66v
人事之理也。	一〈論約〉67^
故執道者之觀於天下也，	一〈論約〉68v
神明之原也。	一〈名理〉70^
處於度之內而見於度之外者。	一〈名理〉70^
言而不可易也。	一〈名理〉70v
靜而不可移也。	一〈名理〉70v
動而O不可化也。	一〈名理〉71^
見知之稽也。	一〈名理〉71^
事之反也。	一〈名理〉72v
生之反也。	一〈名理〉72v
三者皆動於度之外而欲成功者也，	一〈名理〉73^
言之符也。	一〈名理〉73v
已者，言之絕也。	一〈名理〉74^
則處於度之內也。	一〈名理〉74^
寺（待）地氣之發也，	二〈觀〉84^
夫民之生也，	二〈觀〉84v
所以食也。	二〈觀〉85^
【所】以繼之也。	二〈觀〉85v
怒者血氣也，	二〈五正〉93^
爭者外脂膚也。	二〈五正〉93^
談臥三年以自求也。	二〈五正〉94^
子勿患也。	二〈正亂〉100^
部（踣）而救弗也。	二〈正亂〉101^
子勿患也。	二〈正亂〉101^
天官地一也。	二〈正亂〉101v
子勿言也。	二〈正亂〉102^
此天地之奇也。	二〈正亂〉103v
以其民作而自戲也，	二〈正亂〉103v

吾或（又）使之自靡也。	二〈正亂〉104^
涅之徒也。	二〈雌雄節〉112v
兼之徒也。	二〈雌雄節〉112v
凡彼禍難也，	二〈雌雄節〉113v
是恒備雌節存也。	二〈雌雄節〉114^
是恒備雄節存也。	二〈雌雄節〉114^
是恒備雌節存也。	二〈雌雄節〉114^
是恒備雄節存也。	二〈雌雄節〉114v
此天之道也。	二〈兵容〉119^
道其本也，	二〈成法〉122^
夫非正人也，	二〈成法〉123v
罷（彼）必正人也，	二〈成法〉123v
天之道也。	二〈三禁〉126v
所胃（謂）義也。	二〈本伐〉128^
眾之所死也。	二〈本伐〉128^
非心之恒也，	二〈本伐〉128v
怒必有爲也。	二〈本伐〉129^
成功而无以求也，	二〈本伐〉129^
非道也。	二〈本伐〉129^
道之行也，	二〈本伐〉129^
起者【也】；	二〈本伐〉129^
使者也。	二〈本伐〉129v
耶（聖）【人】舉事也，	二〈前道〉129v
所胃（謂）義也。	二〈前道〉130^
士也。	二〈前道〉130v
國士也。	二〈前道〉130v
國家之幸也。	二〈前道〉131^
強國也。	二〈前道〉131^
而不□□□□□□□幸也。	二〈前道〉131v
是故言者心之符【也】，	二〈行守〉136^
色者心之華也，	二〈行守〉136v
氣者心之浮也。	二〈行守〉136v
大莛（庭）氏之有天下也，	二〈順道〉137^
大莛（庭）之有天下也，	二〈順道〉138^
順之至也。	二〈順道〉141^
紆也，	二〈？〉141v
毛也，	二〈？〉141v
其未來也，	三〈稱〉143^
憂存故也。	三〈稱〉145^
其實師也。	三〈稱〉145v
其實友也。	三〈稱〉145v
名臣也，	三〈稱〉146^

其實【賓也】。	三〈稱〉146^
名臣也，	三〈稱〉146^
其時庸也。	三〈稱〉146^
名臣也，	三〈稱〉146^
其實虜也。	三〈稱〉146^
天子弗臣也。	三〈稱〉146v
所以胅合之也。	三〈稱〉148^
天下弗能亡也。	三〈稱〉150^
天下弗能存也。	三〈稱〉150^
弗因无犢也。	三〈稱〉152v
禁也。	三〈稱〉153^
禁也。	三〈稱〉153^
禁也。	三〈稱〉153^
禁也，	三〈稱〉153v
大水至而可也。	三〈稱〉153v
【·】天有明而不憂民之晦也。	三〈稱〉158^
地有【財】而不憂民之貧也。	三〈稱〉158v
其時未能也，	三〈稱〉159^
君臾存也，	三〈稱〉160^
臣故跂（差）也。	三〈稱〉160^
親臾存也，	三〈稱〉160^
子故跂（差）也。	三〈稱〉160v
以其逆也。	三〈稱〉162^
而不信其可也，	三〈稱〉163^
此地之度而雌之節也。	三〈稱〉167^
一者其號也，	四〈道原〉169v
虛其舍也，	四〈道原〉169v
无爲其素也，	四〈道原〉169v
和其用也。	四〈道原〉169v
是故上道高而不可察也，	四〈道原〉170^
深而不可則（測）也。	四〈道原〉170^
弗務及也。	四〈道原〉173^
弗索得也。	四〈道原〉173^
天下可一也。	四〈道原〉174^

于

盡口于四極之中，	一〈論〉52v
番（播）于下土，	二〈三禁〉126^
施于九州。	二〈三禁〉126^

亡

亡而復存，	一〈道法〉5v
國不遂亡。	一〈國次〉9v
禁伐當罪當亡，	一〈國次〉9v
國危破亡，	一〈國次〉11v
土敝者亡地，	一〈國次〉13v
此胃（謂）亡國。	一〈六分〉24v
在小國亡。	一〈六分〉25^

在中國亡，	一〈六分〉26^
又（有）者威（滅）亡。	一〈六分〉26v
在中國亡，	一〈六分〉27^
六順六逆口存亡【興壞】之分也。	一〈六分〉28^
危亡无日，	一〈六分〉35^
功成而亡，	一〈四度〉38v
國危破亡，	一〈四度〉39^
大則國亡，	一〈四度〉41^
則存亡興壞可知也。	一〈論〉52^
論則知存亡興壞之所在，	一〈論〉54^
當罪先亡。	一〈論〉57v
廢令者亡。	一〈亡論〉58^
亡地更君。	一〈亡論〉58^
危國亡土。	一〈亡論〉61^
有國將亡，	一〈亡論〉65^
〈亡論〉	一〈亡論〉章名65v
亂生國亡。	一〈論約〉67v
亡地更君。	一〈論約〉67v
存亡興壞有處。	一〈論約〉69^
乃定禍福死生存亡興壞之所在。	一〈論約〉69^
亡刑（形）成於內而舉失於外者威（滅）。	一〈名理〉76v
逆則上湎（溢）而不知止者亡。	一〈名理〉77^
國皆危亡。	一〈名理〉77v
吾愛民而民不亡，	二〈立命〉79v
其法死亡以窮。	二〈五正〉95^
逆天者亡。	二〈姓爭〉108^
雌節以亡，	二〈雌雄節〉113^
幾於死亡。	二〈雌雄節〉113^
雌節而數亡，	二〈雌雄節〉113^
小人則亡。	二〈雌雄節〉114v
【殃】積者亡。	二〈雌雄節〉116^
康沉而流面（湎）者亡。	二〈三禁〉125v
危於死亡。	二〈行守〉135^
其國乃不遂亡。	二〈行守〉135^
亡者臣，	三〈稱〉146^
流之死亡。	三〈稱〉149v
天下弗能亡也。	三〈稱〉150^
有國將亡，	三〈稱〉150^
貞良而亡，	三〈稱〉155^
亡者不怨大口。	三〈稱〉158^
亡國之禍口口口口口口口口口	三〈稱〉162^

口口口正貴口存亡。	三〈稱〉164v

刃

武刃於口口，	一〈六分〉30^
武刃而以文隨其後，	一〈四度〉44v

千

凡五千	〈經法〉總字 77v
千言有要，	二〈成法〉123^
凡四千口口六	〈十六經〉總字 142^
・天子之地方千里，	三〈稱〉148^
千六百	〈稱〉總字 167^

土

列（裂）其地土，	一〈國次〉12^
毋土敝，	一〈國次〉12v
【陰竊】者土地芒（荒），	一〈國次〉13^
土敝者天加之以兵，	一〈國次〉13^
土敝者亡地，	一〈國次〉13v
危國亡土。	一〈亡論〉61^
夏起大土功，	一〈亡論〉61v
陰敝者土芒（荒），	二〈觀〉86v
毋逆土毋逆土功，	二〈三禁〉125^
毋逆土毋逆土功，	二〈三禁〉125^
番（播）于下土，	二〈三禁〉126^
天闕土〈之〉。	二〈行守〉135v

士

如此而有（又）不能重士而師有道，	一〈六分〉33^
輕縣國而重士，	一〈六分〉33v
朝（霸）主積甲士而正（征）不備（服），	一〈六分〉34v
士不失其處，	一〈四度〉44^
以正一世之士。	二〈成法〉121v
天下名軒執口士於是虛。	二〈前道〉130v
士也。	二〈前道〉130v
國士也。	二〈前道〉130v
【・】不士（仕）於盛盈之國，	三〈稱〉147^

大

凡事无小大，	一〈道法〉8^
則社稷大匡，	一〈國次〉9^
雖強大不王。	一〈六分〉23^
大臣主，	一〈六分〉24v
國將大損；	一〈六分〉26^
命曰大芒（荒），	一〈六分〉26v
國无小大，	一〈六分〉26v
命曰大麋（迷），	一〈六分〉27^

有大〈六〉順：	一〈六分〉27^
天下大（太）平，	一〈六分〉28v
大則國亡，	一〈四度〉41^
尺寸之度曰小大短長，	一〈四度〉42v
大殺服民，	一〈亡論〉60^
夏起大土功，	一〈亡論〉61v
二曰大臣主。	一〈亡論〉61v
名乃大成。	一〈論約〉67^
大盈冬（終）天地之間而莫知其名。	一〈名理〉71v
則知（智）大惑矣。	一〈名理〉74^
吾類天大明。	二〈立命〉79^
今天下大爭，	二〈五正〉93^
黃帝於是辭其國大夫，	二〈五正〉93v
大（太）山之稽曰：	二〈正亂〉104^
大祿將極。	二〈雌雄節〉113v
大人則毀，	二〈雌雄節〉114v
是胃（謂）大凶。	二〈三禁〉125^
專利及削浴（谷）以大居者虛。	二〈三禁〉126^
唯（雖）无大利，	二〈本伐〉127v
亦无大害焉。	二〈本伐〉127v
國大人眾，	二〈前道〉131^
大國【得之以】并兼天下。	二〈前道〉133^
大莛（庭）氏之有天下也，	二〈順道〉137^
大莛（庭）之有天下也，	二〈順道〉137v
不得言【大】。	三〈稱〉151^
大水至而可也。	三〈稱〉153v
亡者不怨大口，	三〈稱〉158^
大（太）上无刑，	三〈稱〉161^
大（太）下不鬥不訟有（又）不果。	三〈稱〉161v
口大（太）上爭於口，	三〈稱〉161v
・凡論必以陰陽口大義。	三〈稱〉164v
大國陽，	三〈稱〉164v
迵同大虛。	四〈道原〉168^
大迵无名。	四〈道原〉168v
大以成大。	四〈道原〉168v
大以成大。	四〈道原〉168v
廣大弗能爲刑（形），	四〈道原〉170^
后能大虛。	四〈道原〉171v
廣大，	四〈道原〉173^
前知大古，	四〈道原〉173v
觀之大古，	四〈道原〉174^

女

女工。	一〈道法〉7^
妻其子女，	一〈國次〉11^
散其子女，	一〈國次〉12^

男女勸勉，	一〈君正〉	17v
男女分威，	一〈六分〉	26v
男女挣（爭）威，	一〈六分〉	24v
女樂玩好燔材，	一〈四度〉	46^
而稽之男女。	二〈果童〉	96^
男女畢迵，	二〈五正〉	91v
刑於女節，	二〈順道〉	138v
男陽【女陰】。	三〈稱〉	165^

子

不得子之用。	一〈君正〉	21v
適（嫡）子父，	一〈六分〉	24v
其子父，	一〈六分〉	23^
一曰適（嫡）子父。	一〈亡論〉	61v
下走子弟，	一〈亡論〉	65^
故能立天子，	一〈論約〉	69v
子勿患也。	二〈正亂〉	99v
子勿患也。	二〈正亂〉	101^
子勿言佑，	二〈正亂〉	101v
子勿言也。	二〈正亂〉	102^
子孫不殖。	二〈雌雄節〉115^
【子孫則殖】，	二〈雌雄節〉116^
是故君子卑身以從道，	二〈前道〉	130v
天子弗臣也。	三〈稱〉	146v
・天子之地方千里，	三〈稱〉	148^
故立天子【者】，	三〈稱〉	148^
父弗得子。	三〈稱〉	154v
至其子孫必行焉。	三〈稱〉	159^
子有兩位者，	三〈稱〉	160^
子故蚯（差）也。	三〈稱〉	160v
【父】陽【子】陰。	三〈稱〉	165v
取（娶）婦姓（生）子陽，	三〈稱〉	165v

寸

尺寸已陳，	一〈道法〉	5^
尺寸之度曰小大短長，	一〈四度〉	42v

小

凡事无小大，	一〈道法〉	8^
在小國亡。	一〈六分〉	25^
在小國破。	一〈六分〉	25v
在小國削。	一〈六分〉	26^
在小國威（滅）。	一〈六分〉	26^
國无小大，	一〈六分〉	26v
在小國威（滅）。	一〈六分〉	27^
小則身受其央（殃）。	一〈四度〉	41^

尺寸之度曰小大短長，	一〈四度〉	42v
斗石之量曰小（少）多有數。	一〈四度〉	43^
小人則亡。	二〈雌雄節〉114v
乃可小夫，	二〈前道〉	133^
小夫得之以成，	二〈前道〉	133^
小國得之以守其野，	二〈前道〉	133^
小國陰。	三〈稱〉	165^
小以成小，	四〈道原〉	168v
小以成小，	四〈道原〉	168v

山

上於博望之山，	二〈五正〉	94^
夫地有山有澤，	二〈果童〉	96v
太山之稽曰：	二〈正亂〉	99v
【太】山之稽曰：	二〈正亂〉	101v
大（太）山之稽曰：	二〈正亂〉	104^
如伐於山。	三〈稱〉	154v
・山有木，	三〈稱〉	155^

川

毋服川，	二〈三禁〉	125^

工

女工。	一〈道法〉	7^
視之（蚩）尤共工。	二〈正亂〉	106^

己

能毋有己，	二〈？〉	141v
不劃（專）己，	三〈稱〉	144v

已

則黑白之分已。	一〈道法〉	3v
刑（形）名已立，	一〈道法〉	4^
聲號已建，	一〈道法〉	4^
斗石已具，	一〈道法〉	5^
尺寸已陳，	一〈道法〉	5^
度量已具，	一〈道法〉	5v
名刑（形）已定，	一〈道法〉	8^
則國人之國已（矣）。	一〈六分〉	33^
已逆陰陽，	一〈四度〉	41^
刑（形）名已定，	一〈論約〉	68v
已者，言之絕也。	一〈名理〉	73v
已若（諾）不信，	一〈名理〉	74^
已若（諾）必信，	一〈名理〉	74^
力黑已布制建極，	二〈觀〉	81^
天地已成，	二〈觀〉	81v
姓生已定，	二〈觀〉	86^
已陽而有（又）陽，	二〈觀〉	89^
天道已既，	二〈觀〉	89^

其□□□唯王者能兼復（覆）載天下，	一〈六分〉	35v
其□□□唯王者能兼復（覆）載天下，	一〈六分〉	35v
失本則□，	一〈四度〉	36v
誅□時當胃（謂）之武。	一〈四度〉	37v
○聲華□□者用也。	一〈四度〉	39v
○聲華□□者用也。	一〈四度〉	39v
毋□□□，	一〈四度〉	40v
毋□□□，	一〈四度〉	40v
毋□□□，	一〈四度〉	40v
毋□□□，	一〈四度〉	40^
□□□□□□□建生。	一〈四度〉	41v
□□□□□□□建生。	一〈四度〉	41v
□□□□□□□建生。	一〈四度〉	41v
□□□□□□□建生。	一〈四度〉	41v
□□□□□□□建生。	一〈四度〉	41v
□□□□□□□建生。	一〈四度〉	41v
□□□□□□□建生。	一〈四度〉	41v
當者有□。	一〈四度〉	41v
□□不□。	一〈四度〉	42v
□□不□。	一〈四度〉	42v
□□不□。	一〈四度〉	42v
王公執□以爲天下正。	一〈四度〉	44v
剛正而□者□□而不慶。	一〈四度〉	45v
剛正而□者□□而不慶。	一〈四度〉	45v
剛正而□者□□而不慶。	一〈四度〉	45v
其卒必□身咎。	一〈四度〉	45v
天地之□也，	一〈論〉	46v
□□之命也。	一〈論〉	46v
□□之命也。	一〈論〉	46v
□□□□。	一〈論〉	47v
□□□□。	一〈論〉	47v
□□□□。	一〈論〉	47v
□□□□。	一〈論〉	47v
順四【時之度】□□□而民不□疾。	一〈論〉	47v
順四【時之度】□□□而民不□疾。	一〈論〉	47v
順四【時之度】□□□而民不□疾。	一〈論〉	47v
順四【時之度】□□□而民不□疾。	一〈論〉	47v
然后□□□□□□□之中无不□□矣。	一〈論〉	48v
然后□□□□□□□之中无不□□矣。	一〈論〉	48v
然后□□□□□□□之中无不□□矣。	一〈論〉	48v
然后□□□□□□□之中无不□□矣。	一〈論〉	48v
然后□□□□□□□之中无不□□矣。	一〈論〉	48v
然后□□□□□□□之中无不□□矣。	一〈論〉	48v
然后□□□□□□□之中无不□□矣。	一〈論〉	48v
然后□□□□□□□之中无不□□矣。	一〈論〉	48v
然后□□□□□□□之中无不□□矣。	一〈論〉	48v
无□□□□□□□□□不失其常者，	一〈論〉	49v
无□□□□□□□□□不失其常者，	一〈論〉	49v
无□□□□□□□□□不失其常者，	一〈論〉	49v
无□□□□□□□□□不失其常者，	一〈論〉	49v
无□□□□□□□□□不失其常者，	一〈論〉	49^
无□□□□□□□□□不失其常者，	一〈論〉	49^
无□□□□□□□□□不失其常者，	一〈論〉	49^
无□□□□□□□□□不失其常者，	一〈論〉	49^
□□□□□□□□【天】定二以建八正，	一〈論〉	50^
□□□□□□□□【天】定二以建八正，	一〈論〉	50^
□□□□□□□□【天】定二以建八正，	一〈論〉	50^
□□□□□□□□【天】定二以建八正，	一〈論〉	50^
□□□□□□□□【天】定二以建八正，	一〈論〉	50^
□□□□□□□□【天】定二以建八正，	一〈論〉	50^
□□□□□□□□【天】定二以建八正，	一〈論〉	50^
□□□□□□□□□者，	一〈論〉	51^
□□□□□□□□□者，	一〈論〉	51^
□□□□□□□□□者，	一〈論〉	51^
□□□□□□□□□者，	一〈論〉	51^
□□□□□□□□□者，	一〈論〉	51^
□□□□□□□□□者，	一〈論〉	51^
□□□□□□□□□者，	一〈論〉	51^
□□□□□□□□□者，	一〈論〉	51^

□□□□□□□□□者，	一〈論〉51^
物各□□□□胃（謂）之理。	一〈論〉51^
物各□□□□胃（謂）之理。	一〈論〉51^
物各□□□□胃（謂）之理。	一〈論〉51v
物各□□□□胃（謂）之理。	一〈論〉51v
胃（謂）之□。	一〈論〉51v
盡□于四極之中，	一〈論〉52v
審三名以爲萬事□，	一〈論〉53^
槫（轉）則不失諱（韙）非之□，	一〈論〉54^
下邪恒以地界爲私者。	一〈亡論〉61^
從外令中胃（謂）之□，	一〈亡論〉63v
當□□昌。	一〈亡論〉65^
當□□昌。	一〈亡論〉65^
□□□，	一〈論約〉66^
□□□，	一〈論約〉66^
□□□，	一〈論約〉66v
失□□名。	一〈論約〉67^
失□□名。	一〈論約〉67^
有物始□，	一〈名理〉71^
伐其與而□□□，	一〈名理〉72^
伐其與而□□□，	一〈名理〉72v
伐其與而□□□，	一〈名理〉72v
禍必反□□□。	一〈名理〉73^
禍必反□□□。	一〈名理〉73v
禍必反□□□。	一〈名理〉73v
名□□循名廐（究）理之所之，	一〈名理〉74^
名□□循名廐（究）理之所之，	一〈名理〉74^
□見正道循理，	一〈名理〉75v
乃見□□，	一〈名理〉76^
乃見□□，	一〈名理〉76v
重逆□□，	一〈名理〉77v
重逆□□，	一〈名理〉77v
唯余一人□乃肥（配）天，	二〈立命〉78v
□无命，	二〈立命〉79^
吾受民□□□□□□□死。	二〈立命〉80^
吾受民□□□□□□□死。	二〈立命〉80^
吾受民□□□□□□□死。	二〈立命〉80^
吾受民□□□□□□□死。	二〈立命〉80^
吾受民□□□□□□□死。	二〈立命〉80^
吾受民□□□□□□□死。	二〈立命〉80^
吾受民□□□□□□□死。	二〈立命〉80^
吾位不□。	二〈立命〉80^
此材（災）□生，	二〈觀〉88^
地□□□□□□□□則亞（惡）。	二〈觀〉81^
地□□□□□□□□則亞（惡）。	二〈觀〉81^
地□□□□□□□□則亞（惡）。	二〈觀〉81^
地□□□□□□□□則亞（惡）。	二〈觀〉81^
地□□□□□□□□則亞（惡）。	二〈觀〉81^
地□□□□□□□□則亞（惡）。	二〈觀〉81^
地□□□□□□□□則亞（惡）。	二〈觀〉81^
地□□□□□□□□則亞（惡）。	二〈觀〉81^
□□□□□□曰：	二〈觀〉81^
□□□□□□曰：	二〈觀〉81^
□□□□□□曰：	二〈觀〉81^
□□□□□□曰：	二〈觀〉81v
□□□□□□曰：	二〈觀〉81v
□□□□□□□以爲天下正，	二〈觀〉82^
□□□□□□□以爲天下正，	二〈觀〉82^
□□□□□□□以爲天下正，	二〈觀〉82^
□□□□□□□以爲天下正，	二〈觀〉82^
□□□□□□□以爲天下正，	二〈觀〉82^
□□□□□□□以爲天下正，	二〈觀〉82^
□□□□□□□以爲天下正，	二〈觀〉82^
□□□□□□□以爲天下正，	二〈觀〉82^
群群□□□□□爲一困，	二〈觀〉82^
群群□□□□□爲一困，	二〈觀〉82^
群群□□□□□爲一困，	二〈觀〉82v
群群□□□□□爲一困，	二〈觀〉82v
群群□□□□□爲一困，	二〈觀〉82v
群群□□□□□爲一困，	二〈觀〉82v
□□□□□□□□□因以爲常，	二〈觀〉83^
□□□□□□□□□因以爲常，	二〈觀〉83^
□□□□□□□□□因以爲常，	二〈觀〉83^
□□□□□□□□□因以爲常，	二〈觀〉83^
□□□□□□□□□因以爲常，	二〈觀〉83^
□□□□□□□□□因以爲常，	二〈觀〉83^
□□□□□□□□□因以爲常，	二〈觀〉83^
□□□□□□□□□因以爲常，	二〈觀〉83^
□□□□□□□□□因以爲常，	二〈觀〉83^
□□□□□□□□□因以爲常，	二〈觀〉83^
行法循□□□牝牡，	二〈觀〉83^
行法循□□□牝牡，	二〈觀〉83v
行法循□□□牝牡，	二〈觀〉83v
時若□□□□□□□□，	二〈觀〉84^
時若□□□□□□□□，	二〈觀〉84^
時若□□□□□□□□，	二〈觀〉84^
時若□□□□□□□□，	二〈觀〉84^
時若□□□□□□□□，	二〈觀〉84^
時若□□□□□□□□，	二〈觀〉84^
時若□□□□□□□□，	二〈觀〉84^
時若□□□□□□□□，	二〈觀〉84^

時若□□□□□□□□□，	二〈觀〉84^
時若□□□□□□□□，	二〈觀〉84^
是□□贏陰布德，	二〈觀〉85^
是□□贏陰布德，	二〈觀〉85^
□□□民功者，	二〈觀〉85^
□□□民功者，	二〈觀〉85^
□□□民功者，	二〈觀〉85^
□□□民功者，	二〈觀〉85^
而盈无匡。	二〈觀〉86^
后自知屈后身。	二〈五正〉92^
合□□常，	二〈果童〉96^
合□□常，	二〈果童〉96v
有□□□重，	二〈果童〉97^
有□□□重，	二〈果童〉97v
有□□□重，	二〈果童〉97v
諶□□□，	二〈果童〉98^
諶□□□，	二〈果童〉98^
諶□□□，	二〈果童〉98v
力黑問□□□□□□□□□□驕□陰謀	二〈正亂〉99^
力黑問□□□□□□□□□□驕□陰謀	二〈正亂〉99^
力黑問□□□□□□□□□□驕□陰謀	二〈正亂〉99^
力黑問□□□□□□□□□□驕□陰謀	二〈正亂〉99^
力黑問□□□□□□□□□□驕□陰謀	二〈正亂〉99^
力黑問□□□□□□□□□□驕□陰謀	二〈正亂〉99^
力黑問□□□□□□□□□□驕□陰謀	二〈正亂〉99^
力黑問□□□□□□□□□□驕□陰謀	二〈正亂〉99v
力黑問□□□□□□□□□□驕□陰謀	二〈正亂〉99v
力黑問□□□□□□□□□□驕□陰謀	二〈正亂〉99v
力黑問□□□□□□□□□□驕□陰謀	二〈正亂〉99v
力黑問□□□□□□□□□□驕□陰謀	二〈正亂〉99v
力黑問□□□□□□□□□□驕□陰謀	二〈正亂〉99v
陰謀□□□□□□□□□高陽，	二〈正亂〉99v
陰謀□□□□□□□□□高陽，	二〈正亂〉99v
陰謀□□□□□□□□□高陽，	二〈正亂〉99v
陰謀□□□□□□□□□高陽，	二〈正亂〉99v
陰謀□□□□□□□□□高陽，	二〈正亂〉99v
陰謀□□□□□□□□□高陽，	二〈正亂〉99v
陰謀□□□□□□□□□高陽，	二〈正亂〉99v
陰謀□□□□□□□□□高陽，	二〈正亂〉99v

陰謀□□□□□□□□□高陽，	二〈正亂〉99v
陰謀□□□□□□□□□高陽，	二〈正亂〉99v
□之若何？	二〈正亂〉99v
涅〈淫〉恤〈溢〉□失，	二〈正亂〉100^
豐而【爲】□，	二〈正亂〉100^
□而爲既，	二〈正亂〉100v
緩而爲□。	二〈正亂〉100v
涅〈淫〉恤〈溢〉蚤□□曰天佑，	二〈正亂〉101^
涅〈淫〉恤〈溢〉蚤□□曰天佑，	二〈正亂〉101^
□□自生，	二〈正亂〉102^
□□自生，	二〈正亂〉102^
勿驚□成，	二〈正亂〉102v
勑〈剹〉其□革以爲干侯，	二〈正亂〉104^
□□共〈恭〉驗〈僉〉，	二〈雌雄節〉112^
□□共〈恭〉驗〈僉〉，	二〈雌雄節〉112v
參O□□□□□□□□之，	二〈兵容〉117^
參O□□□□□□□□之，	二〈兵容〉117^
參O□□□□□□□□之，	二〈兵容〉117^
參O□□□□□□□□之，	二〈兵容〉117^
參O□□□□□□□□之，	二〈兵容〉117^
參O□□□□□□□□之，	二〈兵容〉117^
參O□□□□□□□□之，	二〈兵容〉117^
參O□□□□□□□□之，	二〈兵容〉117^
因時秉□，	二〈兵容〉117^
有祥□□□□弗受，	二〈兵容〉118^
有祥□□□□弗受，	二〈兵容〉118^
有祥□□□□弗受，	二〈兵容〉118^
有祥□□□□弗受，	二〈兵容〉118^
有祥□□□□弗受，	二〈兵容〉118^
□不鄉〈饗〉其功，	二〈兵容〉118^
□以守一名。	二〈成法〉120^
□□所失，	二〈成法〉122^
□□所失，	二〈成法〉122^
見□□□飢，	二〈本伐〉127v
見□□□飢，	二〈本伐〉127v
見□□□飢，	二〈本伐〉127v
萬乘【之】主□□希不自此始，	二〈本伐〉128v
萬乘【之】主□□希不自此始，	二〈本伐〉128v
故□者，	二〈本伐〉129^
天下名軒執□士於是虛。	二〈前道〉130^
□身載於後，	二〈前道〉131^
□□□□□□□□□□□□□□□□□□ □□	二〈前道〉131v

□□□□□□□□□□□□□□□□□	二〈前道〉131v
□□□□□□□□□□□□□□□□□	二〈前道〉131v
□□□□□□□□□□□□□□□□□	二〈前道〉131v
□□□□□□□□□□□□□□□□□	二〈前道〉131v
□□□□□□□□□□□□□□□□□	二〈前道〉131v
□□□□□□□□□□□□□□□□□	二〈前道〉131v
□□□□□□□□□□□□□□□□□	二〈前道〉131v
□□□□□□□□□□□□□□□□□	二〈前道〉131v
□□□□□□□□□□□□□□□□□	二〈前道〉131v
□□□□□□□□□□□□□□□□□	二〈前道〉131v
□□□□□□□□□□□□□□□□□	二〈前道〉131v
□□□□□□□□□□□□□□□□□	二〈前道〉131v
□□□□□□□□□□□□□□□□□	二〈前道〉131v
□□□□□□□□□□□□□□□□□	二〈前道〉131v
□□□□□□□□□□□□□□□□□	二〈前道〉131v
□□□□□□□□□□□□□□□□□	二〈前道〉131v
而不□□□□□□幸也。	二〈前道〉131v
而不□□□□□□幸也。	二〈前道〉131v
而不□□□□□□幸也。	二〈前道〉131v
而不□□□□□□幸也。	二〈前道〉131v
而不□□□□□□幸也。	二〈前道〉131v
而不□□□□□□幸也。	二〈前道〉131v
善陰陽□□□□□□□□□	二〈前道〉132^
善陰陽□□□□□□□□□	二〈前道〉132^
善陰陽□□□□□□□□□	二〈前道〉132^
善陰陽□□□□□□□□□	二〈前道〉132^
善陰陽□□□□□□□□□	二〈前道〉132^
善陰陽□□□□□□□□□	二〈前道〉132^
善陰陽□□□□□□□□□	二〈前道〉132^
善陰陽□□□□□□□□□	二〈前道〉132^
善陰陽□□□□□□□□□	二〈前道〉132^
□□□□□□□□□□□【名】正者治，	二〈前道〉132v
□□□□□□□□□□□【名】正者治，	二〈前道〉132v
□□□□□□□□□□【名】正者治，	二〈前道〉132v
□□□□□□□□□【名】正者治，	二〈前道〉132v
□□□□□□□□【名】正者治，	二〈前道〉132v
□□□□□□□【名】正者治，	二〈前道〉132v
□□□□□□【名】正者治，	二〈前道〉132v
□□□□□【名】正者治，	二〈前道〉132v
□□□□【名】正者治，	二〈前道〉132v
□□□【名】正者治，	二〈前道〉132v
以居軍□，	二〈前道〉134^
與神同□。	二〈行守〉134v
□□□正德，	二〈順道〉138v
□□□正德，	二〈順道〉138v
□□□正德，	二〈順道〉138v
若此者其民勞不□，	二〈順道〉139^
凡四千□□六	〈十六經〉總字142^
凡四千□□六	〈十六經〉總字142^
·環□傷威。	三〈稱〉143v
憂之則□，	三〈稱〉145v
□□人者其生危，	三〈稱〉146^
□□人者其生危，	三〈稱〉146^
□□□□□□□□。	三〈稱〉147^
□□□□□□□□。	三〈稱〉147^
□□□□□□□□。	三〈稱〉147^
□□□□□□□□。	三〈稱〉147^
□□□□□□□□。	三〈稱〉147^
□□□□□□□□。	三〈稱〉147^
□□□□□□□□。	三〈稱〉147^
不友□□□易之【人】。	三〈稱〉147^
不友□□□易之【人】。	三〈稱〉147^
不友□□□易之【人】。	三〈稱〉147^
【·】□□不執偃兵，	三〈稱〉147v
【·】□□不執偃兵，	三〈稱〉147v
□□蜀（獨）□□□□□□□蜀（獨）在。	三〈稱〉148^

□□蜀（獨）□□□□□□□蜀（獨）在。	三〈稱〉148^
□□蜀（獨）□□□□□□□蜀（獨）在。	三〈稱〉148^
□□蜀（獨）□□□□□□□蜀（獨）在。	三〈稱〉148^
□□蜀（獨）□□□□□□□蜀（獨）在。	三〈稱〉148^
□□蜀（獨）□□□□□□□蜀（獨）在。	三〈稱〉148^
□□蜀（獨）□□□□□□□蜀（獨）在。	三〈稱〉148^
□□蜀（獨）□□□□□□□蜀（獨）在。	三〈稱〉148^
□□蜀（獨）□□□□□□□蜀（獨）在。	三〈稱〉148^
立爲□王。	三〈稱〉149v
O淺□以力，	三〈稱〉150^
唯□所在。	三〈稱〉150v
雷□爲車隆隆以爲馬。	三〈稱〉152^
聚□隋（墮）高增下，	三〈稱〉153^
如伐於□。	三〈稱〉154v
□□□來，	三〈稱〉155v
□□□來，	三〈稱〉155v
□□□來，	三〈稱〉155v
毋□盜量（糧）。	三〈稱〉156v
□盜量（糧），	三〈稱〉156v
亡者不怨大□。	三〈稱〉158^
□道不遠。	三〈稱〉159v
其【次】□□，	三〈稱〉161^
其【次】□□，	三〈稱〉161^
□大（太）上爭於□，	三〈稱〉161v
□大（太）上爭於□，	三〈稱〉161v
亡國之禍□□□□□□□□□□	三〈稱〉162^
亡國之禍□□□□□□□□□□	三〈稱〉162^
亡國之禍□□□□□□□□□□	三〈稱〉162^
亡國之禍□□□□□□□□□□	三〈稱〉162^
亡國之禍□□□□□□□□□□	三〈稱〉162^
亡國之禍□□□□□□□□□□	三〈稱〉162^
亡國之禍□□□□□□□□□□	三〈稱〉162^
亡國之禍□□□□□□□□□□	三〈稱〉162^
亡國之禍□□□□□□□□□□	三〈稱〉162^
亡國之禍□□□□□□□□□□	三〈稱〉162^
□□□□□□□□□□□□□	三〈稱〉162v
□□□□□□□□□□□□□	三〈稱〉162v
□□□□□□□□□□□□□	三〈稱〉162v
□□□□□□□□□□□□□	三〈稱〉162v
□□□□□□□□□□□□□□	三〈稱〉162v
□□□□□□□□□□□□□□	三〈稱〉162v
□□□□□□□□□□□□□□	三〈稱〉162v
□□□□□□□□□□□□□□	三〈稱〉162v
□□□□□□□□□□□□□□	三〈稱〉162v
□□□□□□□□□□□□□□	三〈稱〉162v
□□□□□□□□□□□□□□	三〈稱〉162v
□□□□□□□□□□□□□□	三〈稱〉162v
□□□□□□□□□□□□□□	三〈稱〉162v
□□□□□□□□□□□不信其□	三〈稱〉162v
□□□□□□□□□□不信其□	三〈稱〉162v
□□□□□□□□□□不信其□	三〈稱〉162v
□□□□□□□□□□不信其□	三〈稱〉162v
□□□□□□□□□□不信其□	三〈稱〉162v
□□□□□□□□□□不信其□	三〈稱〉162v
□□□□□□□□□□不信其□	三〈稱〉162v
□□□□□□□□□□不信其□	三〈稱〉162v
□□□□□□□□□□不信其□	三〈稱〉162v
□□□□□□□□□□不信其□	三〈稱〉162v
□□□□□□□□□□不信其□	三〈稱〉162v
而不信其□□□□□□□□□	三〈稱〉163^
而不信其□□□□□□□□□	三〈稱〉163^
而不信其□□□□□□□□□	三〈稱〉163^
而不信其□□□□□□□□□	三〈稱〉163^
而不信其□□□□□□□□□	三〈稱〉163^
而不信其□□□□□□□□	三〈稱〉163^
而不信其□□□□□□□□	三〈稱〉163^
而不信其□□□□□□□□	三〈稱〉163^
□□□□□□□□□□□□□	三〈稱〉163^
□□□□□□□□□□□□□	三〈稱〉163^
□□□□□□□□□□□□□	三〈稱〉163^
□□□□□□□□□□□□□	三〈稱〉163^
□□□□□□□□□□□□□	三〈稱〉163^
□□□□□□□□□□□□□	三〈稱〉163^
□□□□□□□□□□□□□	三〈稱〉163^
□□□□□□□□□□□□□	三〈稱〉163^
□□□□□□□□□□□□□	三〈稱〉163^
□□□□□□□□□□□□□	三〈稱〉163^
□□□□□□□□□□□□□	三〈稱〉163^

四　畫

不

驅騁馳獵而不禽芒（荒），	一〈六分〉	30v
飲食喜樂而不面（湎）康，	一〈六分〉	31^
玩好嬛好而不惑心，	一〈六分〉	31^
其口【不】知王述（術）者，	一〈六分〉	31v
單（戰）朕（勝）而令不口口，	一〈六分〉	32^
如此而有（又）不能重士而師有道，	一〈六分〉	33^
朝（霸）主積甲士而正（征）不備（服），	一〈六分〉	34v
誅禁當罪而不私其利，	一〈六分〉	34v
故令行天下而莫敢不聽，	一〈六分〉	35^
賢不宵（肖）並立胃（謂）之亂，	一〈四度〉	35v
動靜不時胃（謂）之逆，	一〈四度〉	36^
生殺不當胃（謂）之暴。	一〈四度〉	36^
天道不遠，	一〈四度〉	36v
賢不宵（肖）當立（位）胃（謂）之正，	一〈四度〉	37^
功成而不廢，	一〈四度〉	39^
後不奉（逢）央（殃）。	一〈四度〉	39^
以何國而克。	一〈四度〉	42^
何人不得。	一〈四度〉	42^
以賢下不宵（肖），	一〈四度〉	42^
口口不口。	一〈四度〉	42v
權衡之稱曰輕重不爽，	一〈四度〉	43^
高【下】不敝（蔽）其刑（形），	一〈四度〉	43v
美亞（惡）不匿其請（情），	一〈四度〉	43v
君臣不失其立（位），	一〈四度〉	43v
士不失其處，	一〈四度〉	44^
處狂惑之立（位）處不吾（悟），	一〈四度〉	45^
不及而翟，	一〈四度〉	45^
剛正而口者口口而不廄。	一〈四度〉	45v
名功不相抱（孚），	一〈四度〉	45v
不能爲謀。	一〈四度〉	46^
不天天則失其神，	一〈論〉	46v
不重地則失其根，	一〈論〉	46v
不順【四時之度】而民疾。	一〈論〉	47^
物有不合於道者，	一〈論〉	51v
不處外內之立（位），	一〈論〉	47^
不應動靜之化，	一〈論〉	47^
順四【時之度】口口口而民不口疾。	一〈論〉	47v
八正不失，	一〈論〉	48^
然后口口口口口口口之中无不口口矣。	一〈論〉	48v
无口口口口口口口口口口不失其常者，	一〈論〉	49^
而不失其行，	一〈論〉	49v
見知不惑。	一〈論〉	52v
盡知請（請）偽而不惑，	一〈論〉	53v
槫（轉）則不失諱（韙）非之口，	一〈論〉	54^
動靜不時，	一〈論〉	55^

臣不親其主，	一〈論〉	55v
下不親其上，	一〈論〉	55v
百族不親其事，	一〈論〉	55v
不足者視（示）人有餘。	一〈論〉	56v
名實不相應則定，	一〈論〉	57^
名實不相應則靜（爭）。	一〈論〉	57^
三名察則盡知請（情）偽而【不】惑矣。	一〈論〉	57^
一國而服（偽）三不辜者死，	一〈亡論〉	58^
名禁而不王者死。	一〈亡論〉	58v
所伐不當，	一〈亡論〉	59v
逆節不成，	一〈亡論〉	59v
天將不盈其命而重其刑。	一〈亡論〉	59v
贏極而不靜，	一〈亡論〉	60^
動舉而不正，	一〈亡論〉	60^
所伐不當，	一〈亡論〉	60v
國受兵而不知固守，	一〈亡論〉	60v
危不朕（勝），	一〈亡論〉	62^
【三】不辜：	一〈亡論〉	62v
此三不辜。	一〈亡論〉	62v
守不固，	一〈亡論〉	63^
單（戰）不克。	一〈亡論〉	63^
外約不信，	一〈亡論〉	65^
不爽不代（忒），	一〈論約〉	66^
不爽不代（忒），	一〈論約〉	66^
功不及天，	一〈論約〉	67^
不循天常，	一〈論約〉	68^
不節民力，	一〈論約〉	68^
不有人僇（戮），	一〈論約〉	68^
是故萬舉不失理，	一〈論約〉	69v
不言而信。	一〈名理〉	70v
言而不可易也。	一〈名理〉	70v
靜而不可移也。	一〈名理〉	70v
動而O不可化也。	一〈名理〉	71^
動而靜而不移，	一〈名理〉	71^
動而不化，	一〈名理〉	71^
功必不成，	一〈名理〉	73^
已若（諾）不信，	一〈名理〉	74^
見知不惑。	一〈名理〉	75^
如衡之不臧（藏）重與輕，	一〈名理〉	76^
逆則上洫（溢）而不知止者亡。	一〈名理〉	77^
其事若不成，	一〈名理〉	77^
吾愛民而民不亡，	二〈立命〉	79v
吾愛地而地不兄（曠）。	二〈立命〉	79v
吾位不口。	二〈立命〉	80^
吾不遺亦至矣。	二〈立命〉	80^
弗因則不成，	二〈觀〉	84^

【弗】養則不生。	二〈觀〉84v
不會不繼,	二〈觀〉84v
不會不繼,	二〈觀〉84v
不食不人,	二〈觀〉84v
不食不人,	二〈觀〉84v
不麋不黑,	二〈觀〉85v
不麋不黑,	二〈觀〉85v
不諶不定。	二〈觀〉86^
不諶不定。	二〈觀〉86^
執（蟄）虫不出,	二〈觀〉88^
如此者舉事將不成。	二〈觀〉88v
地尤不收。	二〈觀〉88v
如此者舉事將不行。	二〈觀〉89^
耵（聖）人不巧,	二〈觀〉89v
不達天刑,	二〈觀〉90^
不襦不傳。	二〈觀〉90^
不襦不傳。	二〈觀〉90^
當斷不斷,	二〈觀〉90^
吾國家痞（愈）不定,	二〈五正〉91^
何【患】不定。	二〈五正〉91v
怒若不發浸廩者是爲癰疽。	二〈五正〉93v
不爭【者】亦无成功。	二〈五正〉94^
何不可矣？	二〈五正〉94v
不險則不可平,	二〈果童〉95v
不險則不可平,	二〈果童〉96^
不諶則不可正。	二〈果童〉96^
不諶則不可正。	二〈果童〉96^
日月不處,	二〈正亂〉100^
啓然不台（息）,	二〈正亂〉100^
將令之死而不得悔,	二〈正亂〉101^
天刑不摞,	二〈正亂〉102v
不爭亦毋（無）以成功。	二〈姓爭〉107v
則不失所守。	二〈姓爭〉108^
不諶不定。	二〈姓爭〉108^
不諶不定。	二〈姓爭〉108^
非刑不行。	二〈姓爭〉109^
不死不生,	二〈正亂〉106v
不死不生,	二〈正亂〉106v
爭不衰,	二〈姓爭〉110^
時靜不靜,	二〈姓爭〉110^
國家不定。	二〈姓爭〉110^
可作不作,	二〈姓爭〉110v
不能並立;	二〈姓爭〉110v
固不兩行。	二〈姓爭〉111^
昔（措）刑不當。	二〈姓爭〉111v
乃不爲福,	二〈雌雄節〉112v
先而不凶者,	二〈雌雄節〉113v
後【而不吉者】,	二〈雌雄節〉114^
先亦不凶,	二〈雌雄節〉114^
後亦不凶,	二〈雌雄節〉114^
先亦不吉,	二〈雌雄節〉114^
後亦不吉,	二〈雌雄節〉114v
以守不寧,	二〈雌雄節〉114v
以作事【不成】,	二〈雌雄節〉115^
【以求不得】,	二〈雌雄節〉115^
【以戰不】克。	二〈雌雄節〉115^
厥身不壽,	二〈雌雄節〉115^
子孫不殖。	二〈雌雄節〉115^
兵不刑天,	二〈兵容〉116v
兵不可動。	二〈兵容〉116v
不法地,	二〈兵容〉116v
兵不可昔（措）。	二〈兵容〉116v
刑法不人,	二〈兵容〉116v
兵不可成。	二〈兵容〉116v
耵（聖）人不達刑,	二〈兵容〉117v
不襦傳。	二〈兵容〉117v
當斷不斷,	二〈兵容〉117v
囗不鄉（饗）其功,	二〈兵容〉118v
慶且不鄉（饗）其功。	二〈兵容〉119^
不可法組。	二〈成法〉119v
故曰不多,	二〈成法〉120v
夫唯一不失,	二〈成法〉122v
不【墮】高,	二〈三禁〉125^
不曾（增）下,	二〈三禁〉125^
進不氏,	二〈三禁〉125^
立不讓,	二〈三禁〉125^
剛不足以,	二〈三禁〉125v
柔不足寺（恃）。	二〈三禁〉125v
憲古章物不實者死,	二〈三禁〉126^
國家不叚（暇）,	二〈本伐〉127v
上下不當,	二〈本伐〉127v
起賢廢不宵（肖）,	二〈本伐〉128^
萬乘【之】主囗囗希不自此始,	二〈本伐〉128v

不能徒怒，	二〈本伐〉128v
緣（由）不得已。	二〈本伐〉129^
緣（由）不得已，	二〈本伐〉129^
是以方行不留。	二〈本伐〉129v
而不□□□□□□幸也。	二〈前道〉131v
故王者不以幸治國，	二〈前道〉132^
正名不奇，	二〈前道〉132v
奇名不立。	二〈前道〉132v
正道不台（殆），	二〈前道〉132v
陰謀不羊（祥），	二〈行守〉134v
其國乃不遂亡。	二〈行守〉135^
高而不已，	二〈行守〉135v
廣而不已，	二〈行守〉135v
苛而不已，	二〈行守〉135v
不辨陰陽，	二〈順道〉137^
不數日月，	二〈順道〉137v
不志（識）四時，	二〈順道〉137v
常後而不失體（體），	二〈順道〉138^
中請（情）不剌埶一毋求。	二〈順道〉138v
好德不爭，	二〈順道〉138v
立於不敢，	二〈順道〉139^
行於不能。	二〈順道〉139^
單（戰）視（示）不敢，	二〈順道〉139^
明埶不能。	二〈順道〉139^
若此者其民勞不□，	二〈順道〉139^
几（飢）不飴（食），	二〈順道〉139v
死不宛（怨）。	二〈順道〉139v
不廣（曠）其眾，	二〈順道〉139v
不以兵邾，	二〈順道〉139v
不爲亂首，	二〈順道〉139v
不爲宛（怨）謀（媒），	二〈順道〉139v
不陰謀，	二〈順道〉139v
不擅斷疑，	二〈順道〉139v
不謀削人之野，	二〈順道〉139v
不謀劫人之宇。	二〈順道〉140^
不擅作事，	二〈順道〉140^
單（戰）朕（勝）不報，	二〈順道〉140v
取地不反。	二〈順道〉140v
靜翳不動，	二〈 ? 〉141^
我无不能應。	二〈 ? 〉142^
我不臧（藏）故，	二〈 ? 〉142^
不挾陳。	二〈 ? 〉142^
新故不翏，	二〈 ? 〉142^
恒不不同廷。	三〈 稱 〉143v
恒不不同廷。	三〈 稱 〉144^
・有義（儀）而義（儀）則不過，	三〈 稱 〉144^
侍（恃）表而望則不惑，	三〈 稱 〉144^
案法而治則不亂。	三〈 稱 〉144v
・耵（聖）人不爲始，	三〈 稱 〉144v
不剸（專）己，	三〈 稱 〉144v
不豫謀，	三〈 稱 〉144v
不爲得，	三〈 稱 〉144v
不辭福，	三〈 稱 〉144v
居不犯凶，	三〈 稱 〉146v
困不擇時。	三〈 稱 〉146v
・不受祿者，	三〈 稱 〉146v
【・】不士（仕）於盛盈之國，	三〈 稱 〉147^
不嫁子於盛盈之家，	三〈 稱 〉147^
不友□□□易之【人】。	三〈 稱 〉147^
【・】□□不埶偃兵，	三〈 稱 〉147v
不埶用兵。	三〈 稱 〉147v
兵者不得已而行。	三〈 稱 〉147v
【不】使諸侯疑焉。	三〈 稱 〉148^
O 不使庶孽疑焉。	三〈 稱 〉148v
不使婢（嬖）妾疑焉。	三〈 稱 〉148v
取予不當，	三〈 稱 〉149v
・世恒不可，	三〈 稱 〉149v
用我不可。	三〈 稱 〉149v
・諸侯不報仇，	三〈 稱 〉150v
不脩佴（恥），	三〈 稱 〉150v
不下其德等，	三〈 稱 〉151^
不遠其身，	三〈 稱 〉151^
・內事不和，	三〈 稱 〉151^
不得言外。	三〈 稱 〉151^
細事不察，	三〈 稱 〉151^
不得言【大】。	三〈 稱 〉151^
・利不兼，	三〈 稱 〉151v
賞不倍。	三〈 稱 〉151v
・實穀不華，	三〈 稱 〉151v
至言不飾，	三〈 稱 〉151v
至樂不笑。	三〈 稱 〉152v
非時而榮則不果。	三〈 稱 〉153v
不能相順，	三〈 稱 〉155v
同則不肯，	三〈 稱 〉155v
離則不能，	三〈 稱 〉155v
胡不來相教順弟兄茲，	三〈 稱 〉155v
恣不量力死，	三〈 稱 〉156v
寡不辟（避）眾死。	三〈 稱 〉156v
不有內亂，	三〈 稱 〉157^
內亂不至，	三〈 稱 〉157v
・得焉者不受其賜。	三〈 稱 〉157v
亡者不怨大□。	三〈 稱 〉158^
【・】天有明而不憂民之晦也。	三〈 稱 〉158^
地有【財】而不憂民之貧也。	三〈 稱 〉158v

令不得與死者從事。	三〈稱〉159v
口道不遠。	三〈稱〉159v
國若不危，	三〈稱〉159v
失君不危者，	三〈稱〉160^
家若不亂，	三〈稱〉160^
失親不亂，	三〈稱〉160v
・不用輔佐之助，	三〈稱〉160v
不聽耶（聖）慧之慮，	三〈稱〉160v
以守不固，	三〈稱〉161^
以單（戰）不克。	三〈稱〉161^
大（太）下不嗣不訟有（又）不果。	三〈稱〉161v
大（太）下不嗣不訟有（又）不果。	三〈稱〉161v
大（太）下不嗣不訟有（又）不果。	三〈稱〉161v
□□□□□□□□□□□不信其□	三〈稱〉162v
而不信其可也，	三〈稱〉163^
不可矣，	三〈稱〉163^
而不信其□□□□□□□□□	三〈稱〉163^
善予不爭。	三〈稱〉166v
精靜不巸（熙）。	四〈道原〉168^
在陰不腐，	四〈道原〉168v
在陽不焦。	四〈道原〉169^
一度不變，	四〈道原〉169^
是故上道高而不可察也，	四〈道原〉170^
深而不可則（測）也。	四〈道原〉170^
獨立不偶，	四〈道原〉170^
堅強而不撌，	四〈道原〉171^
柔弱而不可化。	四〈道原〉171^
精微之所不能至，	四〈道原〉171^
稽極之所不能過。	四〈道原〉171^
周襲而不盈。	四〈道原〉171v
知人之所不能知，	四〈道原〉172^
人服人之所不能得。	四〈道原〉172^
上用口口而民不麋（迷）惑。	四〈道原〉172v
而萬民不爭。	四〈道原〉173^
不爲治勸，	四〈道原〉173^
不爲亂解（懈）。	四〈道原〉173^
夫爲一而不化。	四〈道原〉173v

中

而中達君臣之半，	一〈道法〉8v
在中國破，	一〈六分〉25^
在中國削，	一〈六分〉25v
在中國危，	一〈六分〉25v
在中國亡，	一〈六分〉26^
國中有師；	一〈六分〉27^
在中國亡，	一〈六分〉27^
必中天理。	一〈四度〉40^

然后□□□□□□□之中无不口矣。	一〈論〉48v
盡口于四極之中，	一〈論〉52v
從中令外【謂之】惑，	一〈亡論〉63^
從外令中胃（謂）之口，	一〈亡論〉63^
從中外周，	一〈亡論〉63v
四達自中，	二〈立命〉78^
中有正度，	二〈五正〉90v
人有其中，	二〈果童〉97v
后中實而外正，	二〈五正〉91^
多中者賞。	二〈正亂〉104v
多中者賞。	二〈正亂〉105^
中知人事，	二〈前道〉132^
中請（情）不刲執一毋求。	二〈順道〉138v
覈（核）中必有意。	三〈稱〉152^

之

萬物之所從生。	一〈道法〉1v
見知之道，	一〈道法〉3^
秋稿（毫）成之，	一〈道法〉3^
則黑白之分已。	一〈道法〉3v
故執道者之觀於天下殹（也），	一〈道法〉3v
則治而制之矣。	一〈道法〉5v
反索之无刑（形），	一〈道法〉6^
故知禍福之所從生。	一〈道法〉6^
應化之道，	一〈道法〉6^
天地之恒常，	一〈道法〉6v
萬民之恒事，	一〈道法〉7^
貴賤之恒立（位），	一〈道法〉7^
畜臣之恒道，	一〈道法〉7^
使民之恒度。	一〈道法〉7v
故唯執【道】者能上明於天之反，	一〈道法〉8v
而中達君臣之半，	一〈道法〉8v
富密察於萬物之所終始，	一〈道法〉8v
兼之而勿擅，	一〈國次〉10^
兼人之國。	一〈國次〉11^
天地之道，	一〈國次〉11v
故耶（聖）人之伐殹（也），	一〈國次〉12^
兼人之國，	一〈國次〉12^
土敝者天加之以兵，	一〈國次〉13^
人埶者流之四方，	一〈國次〉13^
□□□□□地之剛（綱），	一〈國次〉14^
德者愛勉之【也】。	一〈君正〉16^
發禁拕（弛）關市之正（征）殹（也）。	一〈君正〉16v
動之靜之，	一〈君正〉17v
動之靜之，	一〈君正〉17v
天有死生之時，	一〈君正〉19v
國有死生之正（政）。	一〈君正〉19^

因天之生也以養生，	一〈君正〉19^		【縣】之下曰正，	一〈四度〉42v
胃（謂）之文，	一〈君正〉19^		水之曰平。	一〈四度〉42v
因天之殺也以伐死，	一〈君正〉19^		尺寸之度曰小大短長，	一〈四度〉42v
胃（謂）之武。	一〈君正〉19^		權衡之稱曰輕重不爽，	一〈四度〉43^
人之本在地，	一〈君正〉19v		斗石之量曰小（少）多有數。	一〈四度〉43^
地之本在宜，	一〈君正〉19v		用之稽也。	一〈四度〉43^
宜之生在時，	一〈君正〉19v		日月星辰之期，	一〈四度〉43^
時之用在民，	一〈君正〉19v		四時之度，	一〈四度〉43^
民之用在力，	一〈君正〉19v		【動靜】之立（位），	一〈四度〉43v
力之用在節。	一〈君正〉19v		外內之處，	一〈四度〉43v
則守固單（戰）朕（勝）之道也。	一〈君正〉20v		天之稽也。	一〈四度〉43v
正之至也。	一〈君正〉20v		地之稽也。	一〈四度〉43v
治之安。	一〈君正〉21^		人之稽也。	一〈四度〉44^
无父之行，	一〈君正〉21v		胃（謂）之武。	一〈四度〉44v
不得子之用。	一〈君正〉21v		處狂惑之立（位）處不吾（悟），	一〈四度〉45^
无母之德，	一〈君正〉21v		怨之本也。	一〈四度〉46^
不能盡民之力。	一〈君正〉21v		亂之基也。	一〈四度〉46^
父母之行備，	一〈君正〉21v		守怨之本，	一〈四度〉46^
則天地之德也。	一〈君正〉21v		養亂之基，	一〈四度〉46^
則守御（禦）之備具矣。	一〈君正〉22^		天地之口也。	一〈論〉46v
審於行文武之道，	一〈君正〉22^		號令之所出也。	一〈論〉46v
此之胃（謂）頖（頗）國。	一〈六分〉24^		口口之命也。	一〈論〉46v
六順六逆口存亡【興壞】之分也。	一〈六分〉28v		不順【四時之度】而民疾。	一〈論〉47^
參之於天地，	一〈六分〉28v		不處外內之立（位），	一〈論〉47^
王天下者之道，	一〈六分〉29^		不應動靜之化，	一〈論〉47^
參（三）者參用之，	一〈六分〉29^		順四【時之度】口口口而民不口疾。	一〈論〉47v
王之本也。	一〈六分〉30v		【處】外【內之位】，	一〈論〉48^
口耴（聖）之人弗留，	一〈六分〉32v		【應動靜之化】，	一〈論〉48^
則國人之國已（矣）。	一〈六分〉33^		然后口口口口口口之中无不口口矣。	一〈論〉48v
口口天下口天下則之。	一〈六分〉34v		天之一也。	一〈論〉49^
君臣易立（位）胃（謂）之逆，	一〈四度〉35v		【度之稽也】。	一〈論〉49^
賢不宵（肖）並立胃（謂）之亂，	一〈四度〉36^		數之稽也。	一〈論〉49^
動靜不時胃（謂）之逆，	一〈四度〉36^		信之稽也。	一〈論〉49^
生殺不當胃（謂）之暴。	一〈四度〉36^		天之道也。	一〈論〉50v
天爲之稽。	一〈四度〉36v		天之期也。	一〈論〉50v
君臣當立（位）胃（謂）之靜，	一〈四度〉37^		天之生（性）也。	一〈論〉50v
賢不宵（肖）當立（位）胃（謂）之正，	一〈四度〉37^		天之命也。	一〈論〉50v
動靜參於天地胃（謂）之文。	一〈四度〉37^		天之所以爲物命也。	一〈論〉51^
誅口時當胃（謂）之武。	一〈四度〉37v		此之胃（謂）七法。	一〈論〉51^
命之曰上同。	一〈四度〉38^		胃（謂）之物。	一〈論〉51^
事之根也。	一〈四度〉39v		物各口口口口胃（謂）之理。	一〈論〉51v
是胃（謂）逆陰陽之命。	一〈四度〉41^		理之所在，	一〈論〉51v
天地之道也。	一〈四度〉41v		胃（謂）之口。	一〈論〉51v
人之李（理）也。	一〈四度〉41v		胃（謂）之失理。	一〈論〉51v
規之內曰員（圓），	一〈四度〉42v		失理之所在，	一〈論〉51v
柜（矩）之內曰【方】，	一〈四度〉42v		胃（謂）之逆。	一〈論〉51v

至神之極，	一〈論〉	52^
是以守天地之極，	一〈論〉	52v
盡口于四極之中，	一〈論〉	52v
察逆順以觀于朝（霸）王危王之理，	一〈論〉	53^
知虛實動靜之所爲，	一〈論〉	53^
種樹失地之宜，	一〈論〉	55^
則天地之道逆矣。	一〈論〉	55v
逆之所在，	一〈論〉	55v
胃（謂）之死國，	一〈論〉	56^
伐之。	一〈論〉	56^
反此胃（謂）順之所在，	一〈論〉	56^
反此胃（謂）順之所在，	一〈論〉	56^
胃（謂）之生國，	一〈論〉	56^
生國養之。	一〈論〉	56^
以其有事起之則天下聽，	一〈論〉	56v
以其无事安之則天下靜。	一〈論〉	56v
然后帝王之道成。	一〈論〉	53v
觀則知死生之國，	一〈論〉	54^
論則知存亡興壞之所在，	一〈論〉	54^
樽（轉）則不失諱（韙）非之口，	一〈論〉	54^
一國之君而服（備）三壅者，	一〈亡論〉	58^
其禍五之。	一〈亡論〉	60v
其禍什之。	一〈亡論〉	60v
四曰聽諸侯之所廢置。	一〈亡論〉	62^
內立（位）朕（勝）胃（謂）之塞，	一〈亡論〉	62v
外立（位）朕（勝）胃（謂）之價，	一〈亡論〉	63^
從中令外【謂之】惑，	一〈亡論〉	63^
從外令中胃（謂）之口，	一〈亡論〉	63v
【昧】天【下之】利，	一〈亡論〉	64v
受天下之患。	一〈亡論〉	64v
抹（昧）一國之利者，	一〈亡論〉	64v
受一國之禍。	一〈亡論〉	64v
約而倍之，	一〈亡論〉	64v
胃（謂）之襦傳。	一〈亡論〉	64v
胃（謂）之達刑。	一〈亡論〉	65^
胃（謂）之亂首。	一〈亡論〉	65^
胃（謂）之怨媒。	一〈亡論〉	65^
天地之道也。	一〈論約〉	65v
天地之李（理）也。	一〈論約〉	65v
天地之紀也。	一〈論約〉	66^
天地之道也。	一〈論約〉	66^
【人】事之理也。	一〈論約〉	66v
人事之理也。	一〈論約〉	67^
怀（倍）天之道，	一〈論約〉	67v
无主之國，	一〈論約〉	67v
故執道者之觀於天下也，	一〈論約〉	68v
必審觀事之所始起，	一〈論約〉	68v
然后參之於天地之恒道，	一〈論約〉	69^
然后參之於天地之恒道，	一〈論約〉	69^
乃定禍福死生存亡興壞之所在。	一〈論約〉	69^
而天下化之，	一〈論約〉	69v
之胃（謂）有道。	一〈論約〉	69v
神明之原也。	一〈名理〉	70^
處於度之內而見度之外者也。	一〈名理〉	70^
處於度之內而見度之外者也。	一〈名理〉	70^
處於度之【內】者，	一〈名理〉	70^
見於度之外者，	一〈名理〉	70v
處於度之內者，	一〈名理〉	70v
見於度之外者，	一〈名理〉	71^
見知之稽也。	一〈名理〉	71^
大盈冬（終）天地之間而莫知其名。	一〈名理〉	71v
事之反也。	一〈名理〉	72v
生之反也。	一〈名理〉	72v
其死必應之。	一〈名理〉	73^
三者皆動於度之外而欲成功者也，	一〈名理〉	73^
言之符也。	一〈名理〉	73v
已者，言之絕也。	一〈名理〉	74^
則處於度之內也。	一〈名理〉	74^
名口口循名廄（究）理之所之，	一〈名理〉	74v
名口口循名廄（究）理之所之，	一〈名理〉	74v
以法斷之。	一〈名理〉	74v
故執道者之觀於天下，	一〈名理〉	75^
如景（影）之隋（隨）刑（形），	一〈名理〉	76^
如向（響）之隋（隨）聲，	一〈名理〉	76^
如衡之不臧（藏）重與輕。	一〈名理〉	76^
乃得名理之誠。	一〈名理〉	76v
以當日月之行。	二〈立命〉	79^
天因成而之。	二〈觀〉	87v
耶（聖）人之事。	二〈觀〉	89^
與之皆斷。	二〈觀〉	90^
以觀无恒善之法，	二〈觀〉	80v
今吾欲得逆順之紀，	二〈觀〉	82^
靜作之時，	二〈觀〉	82^
因而勒之，	二〈觀〉	82^
爲之若何？	二〈觀〉	82^
得天之微，	二〈觀〉	83v
寺（待）地氣之發也，	二〈觀〉	84^
天因而成之。	二〈觀〉	84^
夫民之生也，	二〈觀〉	84v
所以食之也。	二〈觀〉	85^
【所】以繼之也。	二〈觀〉	85v
而正之以刑與德。	二〈觀〉	85v
凡諶之極，	二〈觀〉	86^
乃正於事之所成。	二〈五正〉	91^

上於博望之山，	二〈五正〉94^
以禺（遇）之（蚩）尤，	二〈五正〉94v
因而禽之。	二〈五正〉95^
帝箸之明（盟），	二〈五正〉95^
其刑視之（蚩）尤。	二〈五正〉95^
今余欲畜而正之，	二〈果童〉95v
均而平之，	二〈果童〉95v
爲之若何？	二〈果童〉95v
而稽之男女。	二〈果童〉96^
因之若成。	二〈果童〉97v
今余欲畜而正之，	二〈果童〉98^
均而平之，	二〈果童〉98^
前世法之，	二〈果童〉98v
以視（示）貧賤之極。	二〈果童〉99^
口之若何？	二〈正亂〉99v
太山之稽曰：	二〈正亂〉99v
予之爲害，	二〈正亂〉100v
憂桐（恫）而窘（窘）之，	二〈正亂〉100v
收而爲之咎。	二〈正亂〉100v
纍而高之，	二〈正亂〉101^
將令之死而不得悔，	二〈正亂〉101^
爲之若何？	二〈正亂〉101v
【太】山之稽曰：	二〈正亂〉101v
交爲之備，	二〈正亂〉101v
而投之代，	二〈正亂〉102^
下人靜之，	二〈正亂〉102^
我將觀其往事之卒而朵焉，	二〈正亂〉103^
寺（待）其來【事】之遂刑（形）而私〈和〉焉。	二〈正亂〉103v
此天地之奇也。	二〈正亂〉103v
吾或（又）使之自靡也。	二〈正亂〉103v
大（太）山之稽曰：	二〈正亂〉104^
黃帝身禺（遇）之（蚩）尤，	二〈正亂〉104^
因而肣（擒）之。	二〈正亂〉104^
使人射之，	二〈正亂〉104v
剔（宵）其髮而建之天，	二〈正亂〉104v
名曰之（蚩）尤之酓（旌）。	二〈正亂〉104v
名曰之（蚩）尤之酓（旌）。	二〈正亂〉104v
使人執之，	二〈正亂〉105^
投之苦醢（醯），	二〈正亂〉105^
使天下䐆（喋）之。	二〈正亂〉105^
非而行之，	二〈正亂〉105v
視之（蚩）尤共工。	二〈正亂〉106^
吾甚患之，	二〈姓爭〉107^
爲之若何？	二〈姓爭〉107^
凡諶之極，	二〈姓爭〉108v
反爲之客。	二〈姓爭〉109v
天地與之。	二〈姓爭〉110^

人反爲之【客】。	二〈姓爭〉110^
天地與之。	二〈姓爭〉110v
天地奪之。	二〈姓爭〉110v
夫天地之道，	二〈姓爭〉110v
皇后屯曆（歷）吉凶之常，	二〈雌雄節〉112^
以辯（辨）雌雄之節，	二〈雌雄節〉112^
乃分禍福之鄉（向）。	二〈雌雄節〉112^
涅之徒也。	二〈雌雄節〉112v
兼 之徒也。	二〈雌雄節〉112v
乃知【禍福】之鄉（向）。	二〈雌雄節〉116v
參〇□□□□□□□□之，	二〈兵容〉117^
天地刑（形）之，	二〈兵容〉117^
耵（聖）人因而成之。	二〈兵容〉117^
耵（聖）人之功，	二〈兵容〉117^
時爲之庸，	二〈兵容〉117^
與之皆斷。	二〈兵容〉117v
因民之力，	二〈兵容〉119^
逆天之極，	二〈兵容〉119^
此天之道也。	二〈兵容〉119^
吾恐或用之以亂天下。	二〈成法〉120^
上拴之天，	二〈成法〉120v
下施之四海。	二〈成法〉120v
五帝用之，	二〈成法〉121^
以正一世之士。	二〈成法〉121v
一之解，	二〈成法〉122v
一之理，	二〈成法〉122v
何以知紃之至，	二〈成法〉122v
遠近之稽？	二〈成法〉122v
萬物之多，	二〈成法〉123v
除民之所害，	二〈成法〉124^
而寺（持）民之所宜。	二〈成法〉124^
乃可以知天地之禍福。	二〈成法〉124^
天禁之。	二〈三禁〉124v
地禁之。	二〈三禁〉124v
君禁之。	二〈三禁〉124v
地之禁，	二〈三禁〉124v
民自則之，	二〈三禁〉126v
環（還）自服之，	二〈三禁〉126v
天之道也。	二〈三禁〉126v
諸（儲）庫臧（藏）兵之國，	二〈本伐〉127^
舉兵而栽（誅）之，	二〈本伐〉127v
眾之所死也。	二〈本伐〉128^
萬乘【之】主口口口希不自此始，	二〈本伐〉128^

鮮能冬（終）之，	二〈本伐〉128v
非心之恒也，	二〈本伐〉128v
道之行也，	二〈本伐〉129^
萬夫賴之，	二〈前道〉130^
主上用之，	二〈前道〉130^
壹言而利之者，	二〈前道〉130v
知（智）以辯之，	二〈前道〉131^
強以行之，	二〈前道〉131^
柔身以寺（待）之時。	二〈前道〉131^
王公若知之，	二〈前道〉131^
國家之幸也。	二〈前道〉131^
小夫得之以成，	二〈前道〉133^
國家得之以寧。	二〈前道〉133^
小國得之以守其野，	二〈前道〉133^
大國【得之以】并兼天下。	二〈前道〉133^
合之而涅於美，	二〈前道〉133v
循之而有常。	二〈前道〉133v
古之堅者，	二〈前道〉133v
道是之行。	二〈前道〉134^
古之賢者，	二〈前道〉134^
道是之行。	二〈前道〉134^
奪之而无予，	二〈行守〉135^
近則將之，	二〈行守〉135^
遠則行之。	二〈行守〉135^
其誰骨當之。	二〈行守〉135^
地將絕之。	二〈行守〉135v
人將殺之。	二〈行守〉135v
唯目之瞻。	二〈行守〉136^
言之壹，	二〈行守〉136^
行之壹，	二〈行守〉136^
【言】之采，	二〈行守〉136^
行之配（熙），	二〈行守〉136^
是故言者心之符【也】，	二〈行守〉136^
色者心之華也，	二〈行守〉136v
氣者心之浮也。	二〈行守〉136v
胃（謂）之誣。	二〈行守〉136v
大莛（庭）氏之有天下也，	二〈順道〉137^
其爲之若何？	二〈順道〉137v
大莛（庭）之有天下也，	二〈順道〉137v
守弱節而堅之，	二〈順道〉139^
胥雄節之窮而因之。	二〈順道〉139^
胥雄節之窮而因之。	二〈順道〉139^
不謀削人之野，	二〈順道〉140^
不謀劫人之宇。	二〈順道〉140^
以隋（隨）天地之從（縱）。	二〈順道〉140^
因而飾（飭）之，	二〈順道〉140^
事環（還）克之。	二〈順道〉140v

順之至也。	二〈順道〉140v
欲知得失請（情），	二〈？〉141^
无之；	三〈稱〉143^
如之。	三〈稱〉143^
其刑（形）先之。	三〈稱〉143^
‧凡變之道，	三〈稱〉144^
因天之則。	三〈稱〉144v
‧心之所欲則志歸之，	三〈稱〉145^
‧心之所欲則志歸之，	三〈稱〉145^
志之志之所欲則力歸之。	三〈稱〉145^
志之志之所欲則力歸之。	三〈稱〉145^
志之志之所欲則力歸之。	三〈稱〉145^
憂之則口，	三〈稱〉145v
安之則久。	三〈稱〉145v
‧自光（廣）者人絕之；	三〈稱〉146^
故以人之自爲，	三〈稱〉147^
【‧】不士（仕）於盛盈之國，	三〈稱〉147^
不嫁子於盛盈之家，	三〈稱〉147^
不友口口口易【人】。	三〈稱〉147^
‧知天之所始，	三〈稱〉147v
察地之理，	三〈稱〉147v
耶（聖）人藥論天地之紀，	三〈稱〉147v
‧天子之地方千里，	三〈稱〉148^
所以朕合之也。	三〈稱〉148^
流之死亡。	三〈稱〉149v
華之屬，	三〈稱〉152^
‧天地之道，	三〈稱〉152^
先人之連（烈）。	三〈稱〉155^
傷國之神。	三〈稱〉155v
昆弟之親尚可易戈（哉）。	三〈稱〉156^
【‧】天有明而不憂民之晦也。	三〈稱〉158^
地有【財】而不憂民之貧也。	三〈稱〉158v
‧不用輔佐之助，	三〈稱〉160v
不聽耶（聖）慧之慮，	三〈稱〉160v
而侍（恃）其城郭之固，	三〈稱〉160v
古（怙）其勇力之御，	三〈稱〉161^
亡國之禍口口口口口口口口口口	三〈稱〉162^
故口口賈（覿）今之曲直。	三〈稱〉164^
審其名以稱斷之。	三〈稱〉164^
地【之】德安徐正靜，	三〈稱〉166v
此地之度而雌之節也。	三〈稱〉166v
此地之度而雌之節也。	三〈稱〉166v
恒无之初，	四〈道原〉168^
盈四海之內，	四〈道原〉168v
萬物得之以生，	四〈道原〉169^
百事得之以成，	四〈道原〉169^
人皆以之，	四〈道原〉169v

人皆用之，	四〈道原〉169v
萬物莫之能令。	四〈道原〉170^
戴根之徒，	四〈道原〉170v
精微之所不能至，	四〈道原〉171^
稽極之所不能過。	四〈道原〉171^
知虛之實，	四〈道原〉171v
乃通天地之精，	四〈道原〉171v
知人之所不能知，	四〈道原〉172^
人服人之所不能得。	四〈道原〉172^
分之以其分，	四〈道原〉173^
授之以其名，	四〈道原〉173^
得道之本，	四〈道原〉173^
得事之要，	四〈道原〉173v
觀之大古，	四〈道原〉174^
索之未无，	四〈道原〉174^
得之所以。	四〈道原〉174^

予

奪而无予，	一〈國次〉 9v
予之爲害，	二〈正亂〉100v
天固有奪有予，	二〈兵容〉118^
奪之而无予，	二〈行守〉135^
人制取予。	三〈 稱 〉149^
取予當，	三〈 稱 〉149^
取予不當，	三〈 稱 〉149v
予陽受陰。	三〈 稱 〉166^
善予不爭。	三〈 稱 〉166v

五

此胃（謂）五逆。	一〈國次〉 14^
五逆皆成，	一〈國次〉 14^
【五年而以刑正】，	一〈君正〉 15^
五年以刑正，	一〈君正〉 15v
此五者，	一〈亡論〉 59^
其禍五之。	一〈亡論〉 60v
五曰左右比周以雍（壅）塞。	一〈亡論〉 62^
五曰變，	一〈 論 〉 53v
凡五千	〈經法〉總字 77v
然則五穀溜孰（熟），	二〈 觀 〉 87^
吾欲布施五正，	二〈五正〉 90v
五正既布，	二〈五正〉 91v
以司五明。	二〈五正〉 91v
〈五正〉	二〈五正〉章名 95^
五帝用之，	二〈成法〉121^
五邪乃逃，	二〈成法〉121v

仁

正信以仁，	二〈順道〉138^

什

連爲什伍，	一〈君正〉 16v
其禍什之。	一〈亡論〉 60v

仇

·諸侯不報仇，	三〈 稱 〉150v

今

今吾欲得逆順之紀，	二〈 觀 〉 81v
今始判爲兩，	二〈 觀 〉 82v
今天下大爭，	二〈五正〉 92v
今余欲畜而正之，	二〈果童〉 95v
今余欲畜而正之，	二〈果童〉 98^
至今未成。	二〈行守〉137^
故口口賣（觀）今之曲直，	三〈 稱 〉164^

允

允地廣裕，	二〈立命〉 79v

內

黨別【者】口內相功（攻）。	一〈國次〉 13v
外戎內戎，	一〈六分〉 26v
順治其內，	一〈四度〉 38v
逆治其內，	一〈四度〉 38v
內外皆逆，	一〈四度〉 38v
內外皆順，	一〈四度〉 39v
極陰生於內。	一〈四度〉 41^
規之內曰員（圓），	一〈四度〉 42v
柜（矩）之內曰【方】，	一〈四度〉 42v
外內之處，	一〈四度〉 43v
不處外內之立（位），	一〈 論 〉 47^
則事害（客）於內而舉害（客）於【外】。	一〈 論 〉 47v
【處】外【內之位】，	一〈 論 〉 48^
【則事】得於內，	一〈 論 〉 48v
而外內有處。	一〈 論 〉 50v
則內理逆矣。	一〈 論 〉 55v
內立（位）朕（勝）胃（謂）之塞，	一〈亡論〉 62v
外內皆朕（勝）則君孤直（特）。	一〈亡論〉 63^
外內遂靜（爭），	一〈亡論〉 63v
外內爲一，	一〈亡論〉 64^
處於度之內而見於度之外者也。	一〈名理〉 70^
處於度之【內】者，	一〈名理〉 70v
處於度之內者，	一〈名理〉 70v
則處於度之內也。	一〈名理〉 74^
亂積於內而稱失於外者伐。	一〈名理〉 76v

亡刑（形）成於內而舉失於外者威（滅）。	一〈名理〉76v
外內交緩（接），	二〈五正〉90v
以求內刑（型）。	二〈五正〉92^
內刑（型）已得，	二〈五正〉92^
福生於內。	二〈順道〉140v
・內事不和，	三〈稱〉151^
胃（謂）外其膚而內其勮。	三〈稱〉157^
不有內亂，	三〈稱〉157v
內亂不至，	三〈稱〉157v
盈四海之內，	四〈道原〉168v

六

【六年而】民畏敬，	一〈君正〉15^
六年□□□□□□。	一〈君正〉16^
有六逆：	一〈六分〉23^
六順六逆□存亡【興壞】之分也。	一〈六分〉28^
六順六逆□存亡【興壞】之分也。	一〈六分〉28^
主上者執六分以生殺，	一〈六分〉28v
〈六分〉	一〈六分〉章名 35v
執六枋（柄）以令天下，	一〈論〉52v
六枋（柄）：	一〈論〉53^
六曰化。	一〈論〉53v
六枋（柄）備則王矣。	一〈論〉54^
一國而服（備）六危者威（滅），	一〈亡論〉57v
六危：	一〈亡論〉61v
六曰父兄黨以儔。	一〈亡論〉62v
單（戰）數盈六十而高陽未夫，	二〈正亂〉101^
更置六直而合以信。	二〈正亂〉103^
〈十六經〉	〈十六經〉名 142^
凡四千□□六	〈十六經〉總字 142v
千六百	〈稱〉總字 167^
四百六十	〈道原〉總字 174^

公

公者明，	一〈道法〉4^
去私而立公。	一〈道法〉7v
精公无私而賞罰信，	一〈君正〉21^
去私而立公，	一〈四度〉44^
王公執□以爲天下正。	一〈四度〉44v
置三公，	一〈論約〉69v
唯公无私，	一〈名理〉75^
故執道者能虛靜公正，	一〈名理〉76^
三公，	二〈立命〉78v
是故王公慎令，	二〈三禁〉126^

王公若知之，	二〈前道〉131^

凶

一國而服（備）三凶者，	一〈亡論〉58^
三凶：	一〈亡論〉64^
一曰好凶器。	一〈亡論〉64^
此胃（謂）【三凶】。	一〈亡論〉64^
夫作爭者凶，	二〈五正〉94^
作爭者凶，	二〈姓爭〉107v
皇后屯磿（歷）吉凶之常，	二〈雌雄節〉112^
凶憂重至，	二〈雌雄節〉113^
先者恒凶，	二〈雌雄節〉113v
先而不凶者，	二〈雌雄節〉113v
先亦不凶，	二〈雌雄節〉114^
後亦不凶。	二〈雌雄節〉114^
是胃（謂）凶節，	二〈雌雄節〉115^
是胃（謂）大凶。	二〈三禁〉125^
首變者凶。	三〈稱〉144^
居不犯凶，	三〈稱〉146v

分

則黑白之分已。	一〈道法〉3v
男女分威，	一〈六分〉26v
六順六逆□存亡【興壞】之分也。	一〈六分〉28^
主上者執六分以生殺，	一〈六分〉28v
〈六分〉	一〈六分〉章名 35v
死生有分，	一〈論約〉69^
是非有分，	一〈名理〉74v
分爲陰陽。	二〈觀〉82v
乃分禍福之鄉（向）。	二〈雌雄節〉112^
分之以其分，	四〈道原〉172v
分之以其分，	四〈道原〉173^

勿

兼之而勿擅，	一〈國次〉10^
慎辟（避）勿當。	一〈國次〉10v
勿（物）自正也，	一〈論〉57^
后能慎勿爭乎？	二〈五正〉93^
勿爭若何？	二〈五正〉93^
子勿患也。	二〈正亂〉100^
子勿患也。	二〈正亂〉101^

人強胲（勝）天，	一〈國次〉	10v
天反胲（勝）人，	一〈國次〉	10v
必盡天極，	一〈國次〉	10v
而毋擅天功。	一〈國次〉	11^
故唯耶（聖）人能盡天極，	一〈國次〉	11v
能用天當。	一〈國次〉	11v
天地之道，	一〈國次〉	11v
是胃（謂）天功。	一〈國次〉	12v
陽竊者天奪【其光】，	一〈國次〉	13^
土敵者天加之以兵，	一〈國次〉	13^
天有死生之時，	一〈君正〉	19^
因天之生也以養生，	一〈君正〉	19v
因天之殺也以伐死，	一〈君正〉	19v
則天下從矣。	一〈君正〉	19v
則天地之德也。	一〈君正〉	21v
能收天下豪桀（傑）票（驃）雄，	一〈君正〉	22^
則天下賓矣。	一〈君正〉	22^
天將降央（殃）；	一〈六分〉	26v
天下大（太）平，	一〈六分〉	28v
參之於天地，	一〈六分〉	28v
故王天，	一〈六分〉	29^
王天下者之道，	一〈六分〉	29^
有天焉，	一〈六分〉	29^
口口而有天下矣。	一〈六分〉	29v
天下无適（敵）。	一〈六分〉	30^
不王天下。	一〈六分〉	30v
俱與天下用兵，	一〈六分〉	31^
俱與天下用兵，	一〈六分〉	32^
口口口空與天口口，	一〈六分〉	32v
天下弗與。	一〈六分〉	32v
王天下者有玄德，	一〈六分〉	33^
王天下而天下莫知其所以。	一〈六分〉	33v
王天下而天下莫知其所以。	一〈六分〉	33v
王天下者，	一〈六分〉	33v
口口天下口天下則之。	一〈六分〉	34v
口口天下口天下則之。	一〈六分〉	34v
故令行天下而莫敢不聽，	一〈六分〉	34v
其口口口唯王者能兼復（覆）載天下，	一〈六分〉	35v
逆則失天，	一〈四度〉	36^
失天則几（飢），	一〈四度〉	36v
天爲之稽。	一〈四度〉	36v
天道不遠，	一〈四度〉	36v
動靜參於天地胃（謂）之文。	一〈四度〉	37^
明則得天，	一〈四度〉	37v
參於天地，	一〈四度〉	38^
可以定天下。	一〈四度〉	38^
命曰天當，	一〈四度〉	39^
必中天理。	一〈四度〉	40^
亦无天央（殃）。	一〈四度〉	40^
天地之道也，	一〈四度〉	41v
天之稽也。	一〈四度〉	43v
王公執口以爲天下正。	一〈四度〉	44v
因天時，	一〈四度〉	44v
伐天毀，	一〈四度〉	44v
天地之口也，	一〈論〉	46v
不天天則失其神，	一〈論〉	46v
不天天則失其神，	一〈論〉	46v
【天天則得其神】，	一〈論〉	47v
【天天則得其神】，	一〈論〉	47v
則與天地總矣。	一〈論〉	48^
天執一，	一〈論〉	48^
天之一也。	一〈論〉	49^
天執一以明三。	一〈論〉	49^
天明三以定二，	一〈論〉	49v
口口口口口口口【天】定二以建八正，	一〈論〉	50^
天建【八正以行七法】。	一〈論〉	50^
天之道也。	一〈論〉	50v
天度也。	一〈論〉	50v
天之期也。	一〈論〉	50v
天之生（性）也。	一〈論〉	50v
天之命也。	一〈論〉	50v
天之所以爲物命也。	一〈論〉	51^
是以守天地之極，	一〈論〉	52v
與天俱見。	一〈論〉	52v
執六枋（柄）以令天下，	一〈論〉	52v
則天地之道逆矣。	一〈論〉	55^
以其有事起之則天下聽，	一〈論〉	56v
以其无事安之則天下靜。	一〈論〉	56v
天誅必至。	一〈亡論〉	57v
天降二央（殃）。	一〈亡論〉	59v
是胃謂（謂）得天。	一〈亡論〉	59v
天將不盈其命而重其刑。	一〈亡論〉	59v
是胃（謂）失天。	一〈亡論〉	60^
天誅必至。	一〈亡論〉	61v
【昧】天【下之】利，	一〈亡論〉	64v
受天下之患。	一〈亡論〉	64v
天地之道也。	一〈論約〉	65v
天地之李（理）也。	一〈論約〉	65v
天地之紀也。	一〈論約〉	66^
天地之道也。	一〈論約〉	66^
功洫（溢）於天，	一〈論約〉	66v
功不及天，	一〈論約〉	67^
功合於天，	一〈論約〉	67^

怀（倍）天之道，	一〈論約〉67v		正以侍（待）天，	二〈正亂〉102^
爲若得天，	一〈論約〉67v		天地立名，	二〈正亂〉102^
不循天常，	一〈論約〉68^		以隋（隨）天刑。	二〈正亂〉102v
必有天刑。	一〈論約〉68^		天刑不搫，	二〈正亂〉102v
故執道者之觀於天下也，	一〈論約〉68v		此天地之奇也。	二〈正亂〉103v
然后參之於天地之恒道，	一〈論約〉69v		天地【已】成，	二〈姓爭〉107^
論天下而无遺英。	一〈論約〉69v		莫循天德，	二〈姓爭〉107^
故能立天子，	一〈論約〉69v		天制固然。	二〈姓爭〉107v
而天下化之，	一〈論約〉69v		天地已定，	二〈姓爭〉107v
建於地而洫（溢）於天，	一〈名理〉71v		順天者昌，	二〈姓爭〉107v
大盈多（終）天地之間而莫知其名。	一〈名理〉71v		逆天者亡。	二〈姓爭〉108^
天下有事，	一〈名理〉74^		毋逆天道，	二〈姓爭〉108^
故執道者之觀於天下，	一〈名理〉75^		天地已成，	二〈姓爭〉108^
是胃（謂）得天；	一〈名理〉77^		天德皇皇，	二〈姓爭〉108v
是以能爲天下宗。	二〈立命〉78v		繆（穆）繆（穆）天刑，	二〈姓爭〉109^
吾受命於天，	二〈立命〉78v		天道環（還）於人，	二〈姓爭〉109v
唯余一人口乃肥（配）天，	二〈立命〉78v		天地與之，	二〈姓爭〉110^
吾類天大明。	二〈立命〉79^		天稽環周，	二〈姓爭〉110^
吾畏天愛地親【民】，	二〈立命〉79^		天地與之，	二〈姓爭〉110v
吾畏天愛【地】親民，	二〈立命〉79v		天地奪之。	二〈姓爭〉110v
天地已成。	二〈觀〉81v		勶（剪）其髮而建之天，	二〈正亂〉104v
□□□□□□□以爲天下正，	二〈觀〉82^		使天下離（麗）之。	二〈正亂〉105^
上會於天。	二〈觀〉83v		夫天地之道，	二〈姓爭〉110v
得天之微，	二〈觀〉83v		兵不刑天，	二〈兵容〉116v
天因而成之。	二〈觀〉84^		天地刑（形）之，	二〈兵容〉117^
无與守天。	二〈觀〉84v		因天時，	二〈兵容〉117v
毋逆天時。	二〈觀〉87^		天固有奪有予，	二〈兵容〉117v
天因成而之。	二〈觀〉87v		逆天之極，	二〈兵容〉119^
順於天。	二〈觀〉87v		此天之道也。	二〈兵容〉119v
天道已既，	二〈觀〉89^		唯余一人兼有天下，	二〈成法〉119v
與天同道。	二〈觀〉89v		吾恐或用之以亂天下。	二〈成法〉120^
耶（聖）人正以侍（待）天，	二〈觀〉90^		請問天下有成法可以正民者？	二〈成法〉120^
不達天刑。	二〈觀〉90^		昔天地既成，	二〈成法〉120v
當天時，	二〈觀〉90^		上拴之天，	二〈成法〉120v
何患天下？	二〈五正〉91v		吾聞天下成法，	二〈成法〉120v
今天下大爭，	二〈五正〉93^		請問天下猷（猶）有一虖（乎）？	二〈成法〉121^
兼有天下。	二〈果童〉95v		昔者皇天使馮（鳳）下道一言而止。	二〈成法〉121v
觀天於上，	二〈果童〉96^		以杋（扒）天地，	二〈成法〉121v
夫天有榦，	二〈果童〉96^		察於天地，	二〈成法〉122v
而天正名以作。	二〈果童〉97^		與天地同極，	二〈成法〉124^
夫民印（仰）天而生，	二〈果童〉97v		乃可以知天地之禍福。	二〈成法〉124^
以天爲父，	二〈果童〉98^		天禁之。	二〈三禁〉124v
夫天行正信，	二〈正亂〉100^		天道壽壽，	二〈三禁〉126^
以臨天下。	二〈正亂〉100^		天有恒日，	二〈三禁〉126v
涅（淫）恤（溢）蚤口口日天佑，	二〈正亂〉101v		天之道也。	二〈三禁〉126v
天佑而弗戒，	二〈正亂〉101v		是故以一國戉（攻）天下，	二〈本伐〉128^
天官地一也。	二〈正亂〉101v		闔（合）於天地，	二〈前道〉129v

天下名軒執口士於是虛。	二〈前道〉130^
上知天時，	二〈前道〉132^
大國【得之以】并兼天下。	二〈前道〉133v
地且天，	二〈前道〉134^
天有恒榦，	二〈行守〉134v
天亞（惡）高，	二〈行守〉135^
天闕土（之）。	二〈行守〉135v
先天地生，	二〈行守〉137^
大莛（庭）氏之有天下也，	二〈順道〉137^
而天開以時，	二〈順道〉137v
大莛（庭）之有天下也，	二〈順道〉137v
以隋（隨）天地之從（蹤）。	二〈順道〉140^
天逆其時，	二〈順道〉140^
因天之則。	三〈 稱 〉144v
·失其天者死，	三〈 稱 〉144v
天子弗臣也。	三〈 稱 〉146v
·知天之所始，	三〈 稱 〉147v
耵（聖）人麋論天地之紀，	三〈 稱 〉147v
·天子之地方千里，	三〈 稱 〉148^
故立天子【者】，	三〈 稱 〉148^
·天制寒暑，	三〈 稱 〉149^
天有環（還）刑，	三〈 稱 〉149v
天下弗能亡也。	三〈 稱 〉150^
天下弗能存也。	三〈 稱 〉150^
·天地之道	三〈 稱 〉152^
·毋先天成，	三〈 稱 〉153v
先天成則毀，	三〈 稱 〉153v
毋失天極，	三〈 稱 〉154^
·天下有參（三）死：	三〈 稱 〉156^
【·】天有明而不憂民之晦也。	三〈 稱 〉158^
天无事焉。	三〈 稱 〉158^
天陽地陰。	三〈 稱 〉164v
諸陽者法天，	三〈 稱 〉166^
天貴正，	三〈 稱 〉166^
天弗能復（覆），	四〈道原〉168v
天地陰陽	四〈道原〉170^
乃通天地之精，	四〈道原〉171v
天下服。	四〈道原〉172^
天下可一也。	四〈道原〉174^

夫

夫言朝（霸）王，	一〈六分〉 35^
夫民之生也，	二〈 觀 〉84v
夫並時以養民功，	二〈 觀 〉87v
夫是故使民毋人執，	二〈 觀 〉86v
黃帝於是辭其國大夫，	二〈五正〉93v

夫作爭者凶，	二〈五正〉94^
夫天有榦，	二〈果童〉96^
夫地有山有澤，	二〈果童〉96v
夫民卬（仰）天而生，	二〈果童〉97v
夫天行正信，	二〈正亂〉100^
單（戰）數盈六十而高陽未夫，	二〈正亂〉101^
夫天地之道，	二〈姓爭〉110v
若夫人事則无常。	二〈姓爭〉111^
夫雄節者，	二〈雌雄節〉112v
夫雄節以得，	二〈雌雄節〉112v
夫雄節而數得，	二〈雌雄節〉113^
夫是故黿（讒）民皆退，	二〈成法〉121v
夫唯一不失，	二〈成法〉122v
夫達望四海，	二〈成法〉123^
夫百言有本，	二〈成法〉123^
夫非正人也，	二〈成法〉123v
萬夫賴之，	二〈前道〉130^
世利萬夫百生（姓）。	二〈前道〉130^
乃可小夫，	二〈前道〉133^
小夫得之以成，	二〈前道〉133^
夫爲一而不化。	四〈道原〉173v

太

太山之稽曰：	二〈正亂〉99v
【太】山之稽曰：	二〈正亂〉101v

少

費少而有功，	一〈六分〉 31^
少以知多。	二〈成法〉123^
用力甚少，	二〈順道〉140v
長陽少【陰】。	三〈 稱 〉165v
道弗爲益少；	四〈道原〉170v
握少以知多；	四〈道原〉173v

尤

地尤復收。	二〈 觀 〉88^
地尤不收。	二〈 觀 〉88v
以禺（遇）之（蚩）尤，	二〈五正〉94v
其刑視之（蚩）尤。	二〈五正〉95^
黃帝身禺（遇）之（蚩）尤，	二〈正亂〉104^
名曰之（蚩）尤之謽（牲）。	二〈正亂〉104v
視之（蚩）尤共工。	二〈正亂〉106^

尺

尺寸已陳，	一〈道法〉 5^
尺寸之度曰小大短長，	一〈四度〉42v

屯

皇后屯曆（歷）吉凶之常，	二〈雌雄節〉112^
其實屯屯。	三〈 稱 〉155^
其實屯屯。	三〈 稱 〉155^

引

引得失以繩，	一〈道法〉 1^
口能自引以繩，	一〈道法〉 1v

心

心欲是行，	一〈國次〉14^
俗者順民心殹（也）。	一〈君正〉16^
壹道同心，	一〈君正〉17^
民无邪心，	一〈君正〉18v
玩好囂好而不惑心，	一〈六分〉31^
玩好囂好則或（惑）心；	一〈六分〉32^
號令闔（合）於民心，	一〈君正〉22v
闔（合）於民心，	一〈四度〉38^
三曰縱心欲。	一〈亡論〉64^
傳一心。	二〈立命〉78^
心欲是行，	二〈正亂〉106^
非心之恒也，	二〈本伐〉128v
心唯（雖）忿，	二〈本伐〉128v
是故言者心之符【也】，	二〈行守〉136^
色者心之華也，	二〈行守〉136v
氣者心之浮也。	二〈行守〉136v
・心之所欲則志歸之，	三〈 稱 〉145^

戶

【百】姓辟（闢）其戶牖而各取昭焉。	三〈 稱 〉158^

文

胃（謂）之文，	一〈君正〉19^
文武並行，	一〈君正〉19v
審於行文武之道，	一〈君正〉22^
文德廄（究）於輕細，	一〈六分〉30^
動靜參於天地胃（謂）之文。	一〈四度〉37^
文則【明】，	一〈四度〉37v
文武並立，	一〈四度〉38^
武刃而以文隨其後，	一〈四度〉44v
用二文一武者王。	一〈四度〉44v
始於文而卒於武，	一〈論約〉65v

斗

斗石已具，	一〈道法〉 5^
斗石之量曰小（少）多有數。	一〈四度〉43^

方

人埶者流之四方，	一〈國次〉13^
柜（矩）之內曰【方】，	一〈四度〉42v
方四面，	二〈立命〉78^
是胃（謂）方（妨）生。	二〈雌雄節〉114v
是以行不留。	二〈本伐〉129v
・天子之地方千里，	三〈 稱 〉148^
雜則相方。	三〈 稱 〉149^

日

危亡无日，	一〈六分〉35^
日月星辰之期，	一〈四度〉43^
日信出信入，	一〈 論 〉49^
日月星晨（辰）有數，	一〈論約〉65v
數日，	二〈立命〉79^
以當日月之行。	二〈立命〉79^
日月相望，	二〈 觀 〉86^
日月不處，	二〈正亂〉100^
日月相望，	二〈姓爭〉108v
天有恒日，	二〈三禁〉126v
不數日月，	二〈順道〉137v
・日爲明，	三〈 稱 〉154^
【四】時日月，	四〈道原〉170v

曰

曰欲，	一〈道法〉 1v
曰不知足。	一〈道法〉 2^
曰不時，	一〈道法〉 2^
曰時而口。	一〈道法〉 2^
曰逆，	一〈道法〉 2^
曰不稱，	一〈道法〉 2^
曰不信，	一〈道法〉 2v
曰不知畏人，	一〈道法〉 2v
曰自誣，	一〈道法〉 2v
曰虛夸，	一〈道法〉 2v
故曰：	一〈道法〉 5^
命曰上曊，	一〈六分〉24v
命曰雍（壅）塞；	一〈六分〉24v
命曰逆成，	一〈六分〉25^
命曰外根，	一〈六分〉25v
命曰无本，	一〈六分〉26^
命曰大芒（荒），	一〈六分〉26^
命曰大麋（迷），	一〈六分〉27^
命之曰上同。	一〈四度〉38^
命曰天當，	一〈四度〉39^
規之內曰員（圓），	一〈四度〉42v
柜（矩）之內曰【方】，	一〈四度〉42v

【縣】之下曰正，	一〈四度〉 42v
水之曰平。	一〈四度〉 42v
尺寸之度曰小大短長，	一〈四度〉 42v
權衡之稱曰輕重不爽，	一〈四度〉 43^
斗石之量曰小（少）多有數。	一〈四度〉 43^
一曰觀，	一〈 論 〉 53v
二曰論，	一〈 論 〉 53v
三曰僮（動），	一〈 論 〉 53v
四曰轉，	一〈 論 〉 53v
五曰變，	一〈 論 〉 53v
六曰化。	一〈 論 〉 54^
一曰正名一曰立（位）而偃，	一〈 論 〉 54v
一曰正名一曰立（位）而偃，	一〈 論 〉 54v
二曰倚名法而亂，	一〈 論 〉 54v
三曰強主威（滅）而无名。	一〈 論 〉 55^
命曰絕理。	一〈亡論〉 61v
一曰適（嫡）子父。	一〈亡論〉 61v
二曰大臣主。	一〈亡論〉 61v
三曰謀臣【離】其志。	一〈亡論〉 61v
四曰聽諸侯之所廢置。	一〈亡論〉 62^
五曰左右比周以雍（壅）塞。	一〈亡論〉 62^
六曰父兄黨以儹。	一〈亡論〉 62^
一曰妄殺殺賢。	一〈亡論〉 62v
二曰殺服民。	一〈亡論〉 62v
三曰刑无罪。	一〈亡論〉 62v
命曰蔽光。	一〈亡論〉 63v
一曰好凶器。	一〈亡論〉 64^
二曰行逆德。	一〈亡論〉 64^
三曰縱心欲。	一〈亡論〉 64^
故曰神。	一〈名理〉 71^
□□□□□曰：	二〈 觀 〉 81v
黃帝曰：	二〈 觀 〉 82^
黃帝問閹冉曰：	二〈五正〉 90v
對曰：	二〈五正〉 90v
黃帝曰：	二〈五正〉 91^
對曰：	二〈五正〉 91^
黃帝曰：	二〈五正〉 92^
對曰：	二〈五正〉 92^
黃帝曰：	二〈五正〉 92v
對曰：	二〈五正〉 92v
黃帝曰：	二〈五正〉 93^
對曰：	二〈五正〉 93^
閹冉乃上起黃帝曰：	二〈五正〉 94^
明（盟）曰：	二〈五正〉 95^
黃帝【問四】輔曰：	二〈果童〉 95v
果童對曰：	二〈果童〉 95v
黃帝曰：	二〈果童〉 97v
對曰：	二〈果童〉 98^
太山之稽曰：	二〈正亂〉 99v
力黑曰：	二〈正亂〉101^
涅〈淫〉恤（溢）蚤□□曰天佑，	二〈正亂〉101v
【太】山之稽曰：	二〈正亂〉101v
大（太）山之稽曰：	二〈正亂〉104^
名曰之（蚩）尤之謍（旌）。	二〈正亂〉104v
帝曰：	二〈正亂〉105^
帝曰：	二〈正亂〉106v
高陽問力黑曰：	二〈姓爭〉107^
力黑對曰：	二〈姓爭〉107^
力黑曰：然。	二〈成法〉120^
故曰不多，	二〈成法〉120v
黃帝曰：	二〈成法〉121^
力黑曰：然。	二〈成法〉121^
黃帝曰：	二〈成法〉122^
力黑曰：	二〈成法〉122^
黃帝問力黑曰：	二〈順道〉137^
力黑曰：	二〈順道〉137v
故曰：	三〈 稱 〉159^
過正曰詭□□□□祭乃反。	三〈 稱 〉166^

月

日月星辰之期，	一〈四度〉 43^
【月信生信】死，	一〈 論 〉 49v
日月星晨（辰）有數，	一〈論約〉 65v
磿（歷）月，	二〈立命〉 79^
以當日月之行。	二〈立命〉 79^
日月相望，	二〈 觀 〉 86^
日月不處，	二〈正亂〉100^
日月相望，	二〈姓爭〉108v
不數日月，	二〈順道〉137v
月爲晦。	三〈 稱 〉154^
【四】時日月，	四〈道原〉170v

木

事如直木，	一〈道法〉 5^
直木伐，	二〈行守〉136v
．山有木，	三〈 稱 〉155^
百姓斬木荊（刈）新（薪）而各取富焉。	三〈 稱 〉158v

止

平衡而止。	一〈道法〉 6^
功成而不止，	一〈國次〉 11v
逆則上洫（溢）而不知止者亡。	一〈名理〉 77^
焉止焉始？	二〈五正〉 90v
止〈乏〉禁，	二〈正亂〉105v
一言而止。	二〈成法〉120v

昔者皇天使馮（鳳）下道一言而止。	二〈成法〉121^		
年（佞）辯乃止。	二〈成法〉121v		
能止乎？	二〈 ？ 〉141v		
得所欲而止。	三〈 稱 〉151v		
殹（繄）數而止。	三〈 稱 〉154^		
恒一而止。	四〈道原〉168^		

毋

任能毋過其所長。	一〈道法〉 7v
而毋擅天功。	一〈國次〉11^
毋陽竊，	一〈國次〉12v
亡陰竊，	一〈國次〉12v
毋土敝，	一〈國次〉12v
毋故執，	一〈國次〉12v
毋黨別。	一〈國次〉12v
毋奪民時，	一〈君正〉21^
毋口口口口，	一〈四度〉40^
毋御死以生，	一〈四度〉40v
毋為虛聲。	一〈四度〉40v
任能毋過其所長，	一〈四度〉44^
慎毋【先】正，	一〈論約〉68^
夫是故使民毋人執，	二〈 觀 〉86v
舉事毋陽察，	二〈 觀 〉86v
力地毋陰敝。	二〈 觀 〉86v
毋亂民功，	二〈 觀 〉87^
毋逆天時。	二〈 觀 〉87^
毋乏吾禁，	二〈正亂〉105^
毋留（流）吾醢（醢），	二〈正亂〉105v
毋亂吾民，	二〈正亂〉105v
毋絕吾道。	二〈正亂〉105v
毋失吾恒刑，	二〈正亂〉106v
不爭亦毋（無）以成功。	二〈姓爭〉107^
毋逆天道。	二〈姓爭〉108^
慎戒毋法，	二〈雌雄節〉113v
毋服川，	二〈三禁〉125^
毋逆土毋逆功，	二〈三禁〉125^
毋逆土毋逆功，	二〈三禁〉125^
毋壅民明。	二〈三禁〉125^
中請（情）不剢執一毋求。	二〈順道〉138v
能毋有己，	二〈 ？ 〉141v
毋見其端。	三〈 稱 〉149^
毋從我冬（終）始。	三〈 稱 〉152^
·毋先天成，	三〈 稱 〉153v
毋非時而榮。	三〈 稱 〉153v
毋失天極，	三〈 稱 〉154^
·毋藉賊兵，	三〈 稱 〉156^
毋口盜量（糧）。	三〈 稱 〉156^

比

下比順，	一〈六分〉29v
五日左右比周以雍（壅）塞。	一〈亡論〉62^

毛

毛也，	二〈 ？ 〉141v

氏

大莛（庭）氏之有天下也，	二〈順道〉137^

水

水之曰平。	一〈四度〉42v
大水至而可也。	三〈 稱 〉153v

父

无父之行，	一〈君正〉21v
父母之行備，	一〈君正〉21v
適（嫡）子父，	一〈六分〉24v
觀家觀父，	一〈六分〉23v
能為家則能為父。	一〈六分〉23v
其子父，	一〈六分〉23v
一日適（嫡）子父。	一〈亡論〉61v
六日父兄黨以債。	一〈亡論〉62v
上殺父兄，	一〈亡論〉65^
以天為父，	二〈果童〉98^
父弗得子。	三〈 稱 〉154v
【父】陽【子】陰。	三〈 稱 〉165^

犬

奴（駑）犬制其余。	三〈 稱 〉161^

王

雖強大不王。	一〈六分〉23v
主得【位】臣福（輻）屬者，王。	一〈六分〉28^
故王天，	一〈六分〉29^
王天下者之道，	一〈六分〉29^
王之本也。	一〈六分〉30v
然而不知王述（術），	一〈六分〉30v
不王天下。	一〈六分〉30v
知王【術】者，	一〈六分〉30v
其口【不】知王述（術）者，	一〈六分〉31v
王天下者有玄德，	一〈六分〉33^
王天下而天下莫知其所以。	一〈六分〉33v
王天下者，	一〈六分〉33v
夫言朝（霸）王，	一〈六分〉35^
其口口口唯王者能兼復（覆）載天下，	一〈六分〉35v
王公執口以為天下正。	一〈四度〉44v
用二文一武者王。	一〈四度〉45^
帝王者，	一〈 論 〉52v

察逆順以觀于朝（霸）王危王之理，	一〈論 〉53^
察逆順以觀于朝（霸）王危王之理，	一〈論 〉53^
然后帝王之道成。	一〈論 〉53v
六枋（柄）備則王矣。	一〈論 〉54v
名禁而不王者死。	一〈亡論〉58v
乃立王、	二〈立命〉78^
是故王公慎令，	二〈三禁〉126^
王公若知之，	二〈前道〉131^
故王者不以幸治國，	二〈前道〉131v
王者臣，	三〈稱 〉145v
立爲口王。	三〈稱 〉149v
耵（聖）王用此，	四〈道原〉172^

卬

夫民卬（仰）天而生，	二〈果童〉97v

无

虛无刑（形），	一〈道法〉1v
唯虛无有。	一〈道法〉3^
虛无有，	一〈道法〉3^
无執殹（也），	一〈道法〉3v
无處也，	一〈道法〉3v
无爲殹（也），	一〈道法〉3v
无私殹（也）。	一〈道法〉3v
无不自爲刑（形）名聲號矣。	一〈道法〉4^
則无所逃迹匿正矣。	一〈道法〉4^
无私者知（智），	一〈道法〉4v
則无所逃其神。	一〈道法〉5^
反索之无刑（形），	一〈道法〉6^
任能毋過其所長。	一〈道法〉7v
凡事无小大，	一〈道法〉8^
恬（浩）彌无刑（形），	一〈道法〉9^
奪而无予，	一〈國次〉9v
天地无私，	一〈國次〉10^
三年无賦斂，	一〈君正〉15v
民无它志，	一〈君正〉17v
民无不聽，	一〈君正〉17v
受賞无德，	一〈君正〉18^
受罪无怨，	一〈君正〉18^
國无盜賊，	一〈君正〉18v
民无邪心，	一〈君正〉18v
精公无私而賞罰信，	一〈君正〉21^
无父之行，	一〈君正〉21v
无母之德，	一〈君正〉21v
兼愛无私，	一〈君正〉22v
其主失立（位）則國无本，	一〈六分〉23v
命曰无本，	一〈六分〉26^

上下无根，	一〈六分〉26^
國无小大，	一〈六分〉26v
【臣】失其處則下无根，	一〈六分〉27v
而兼復（覆）載而无私也，	一〈六分〉29^
天下无適（敵）。	一〈六分〉30^
費多而无功，	一〈六分〉32^
危亡无日，	一〈六分〉35^
雖 O 无成功，	一〈四度〉40^
亦无天央（殃）。	一〈四度〉40^
柔弱者无罪而幾，	一〈四度〉45^
然后口口口口口口之中无不口口矣。	一〈論 〉48v
无口口口口口口口口口不失其常者，	一〈論 〉48v
以其无事安之則天下靜。	一〈論 〉56v
三曰強主威（滅）而无名。	一〈論 〉55^
刑无罪，	一〈亡論〉60^
三曰刑无罪。	一〈亡論〉62v
退而无名。	一〈論約〉67^
國乃无主。	一〈論約〉67v
无主之國，	一〈論約〉67v
周遷而无功。	一〈論約〉68^
論天下而无遺莢。	一〈論約〉69v
後必亂而卒於无名。	一〈名理〉72v
唯公无私，	一〈名理〉75^
身必无名。	一〈名理〉77^
口无命，	二〈立命〉79v
以觀无恒善之法，	二〈觀 〉80v
逆順无紀，	二〈觀 〉81v
德瘧（虐）无刑，	二〈觀 〉81v
靜作无時，	二〈觀 〉81v
先後无 O 名。	二〈觀 〉81v
无晦无明，	二〈觀 〉82v
无晦无明，	二〈觀 〉82v
无與守地；	二〈觀 〉84v
无與守天。	二〈觀 〉84v
而盈口无匡。	二〈觀 〉86^
重時而无光，	二〈觀 〉89^
不爭【者】亦无成功。	二〈五正〉94v
若夫人事則无常，	二〈姓爭〉111^
德則无有，	二〈姓爭〉111v
居則无法，	二〈姓爭〉111v
兵无成功。	二〈兵容〉118^
國家无幸，	二〈兵容〉118v
事无成功，	二〈兵容〉119^
民无亂紀。	二〈成法〉120v

民无亂紀。	二〈成法〉122^
胡爲而无長？	二〈成法〉122^
唯（雖）无大利，	二〈本伐〉127v
亦无大害焉。	二〈本伐〉127v
成功而无以求也，	二〈本伐〉129^
則无窮。	二〈本伐〉129^
道有原而无端，	二〈前道〉133v
奪之而无予，	二〈行守〉135^
无一行，	二〈行守〉136v
无刑（形）无名，	二〈行守〉137^
无刑（形）无名，	二〈行守〉137^
是我无爲。	二〈？〉141^
我无不能應。	二〈？〉142^
道无始而有應。	三〈稱〉143^
无之；	三〈稱〉143^
无隋傷道。	三〈稱〉143v
戴角者无上齒。	三〈稱〉151v
弗因无犝也。	三〈稱〉152v
耆（嗜）欲无窮死，	三〈稱〉156^
天无事焉。	三〈稱〉158^
地亦无事焉。	三〈稱〉158v
大（太）上无刑，	三〈稱〉161^
有事陽而无事陰。	三〈稱〉165^
恒无之初，	四〈道原〉168^
古（故）无有刑（形），	四〈道原〉168^
大迵无名。	四〈道原〉168v
无爲其素也，	四〈道原〉169v
故唯耶（聖）人能察无刑（形），	四〈道原〉171^
能聽无【聲】。	四〈道原〉171^
通同而无間，	四〈道原〉171v
无好without无亞（惡），	四〈道原〉172^
无好无亞（惡），	四〈道原〉172^
信能无欲，	四〈道原〉172v
上信无事，	四〈道原〉172v
索之未无，	四〈道原〉174^

五　畫

世

前世法之，	二〈果童〉98v
後世既員，	二〈果童〉98v
以正一世之士。	二〈成法〉121v
世兵道三，	二〈本伐〉127^
世利萬夫百生（姓）。	二〈前道〉130^
貴道以並世，	二〈前道〉131^

·世恒不可，	三〈稱〉149v

且

皮（彼）且自氏（抵）其刑。	一〈論約〉68v
慶且不鄉（饗）其功。	二〈兵容〉119^
地且天，	二〈前道〉134^
鬼且人。	二〈前道〉134^

丘

剛強而虎質者丘，	二〈三禁〉125v

主

而弗爲主。	一〈道法〉8v
大臣主，	一〈六分〉24v
主失立（位），	一〈六分〉25v
主失立（位），	一〈六分〉26^
主暴臣亂，	一〈六分〉26v
主兩，	一〈六分〉26v
主不失其立（位）則國【有本】，	一〈六分〉27^
主惠臣忠者，	一〈六分〉27v
主主臣臣，	一〈六分〉27v
主主臣臣，	一〈六分〉27v
主執度，	一〈六分〉28^
主得【位】臣楅（輻）屬者，王。	一〈六分〉28^
主上者執六分以生殺，	一〈六分〉28v
爲人主，	一〈六分〉29v
不敢敝（蔽）其主。	一〈六分〉29v
萬民和輯而樂爲其主上用，	一〈六分〉30^
觀國者觀主，	一〈六分〉22^
能爲國則能爲主，	一〈六分〉23^
其臣主，	一〈六分〉23^
其主不音（悟）則社稷殘。	一〈六分〉23v
其主失立（位）則國无本，	一〈六分〉23v
主失立（位）則國芒（荒），	一〈六分〉24^
主兩則失其明，	一〈六分〉24^
朝（霸）主積甲士而正（征）不備（服），	一〈六分〉34v
其主道離人理，	一〈四度〉45^
人主者，	一〈論〉46v
臣不親其主，	一〈論〉55v
三曰強主威（滅）而无名。	一〈論〉55^
二曰大臣主。	一〈亡論〉61v
一人主擅主，	一〈亡論〉63v
一人主擅主，	一〈亡論〉63v
國乃无主。	一〈論約〉67v
无主之國，	一〈論約〉67v
是故爲人主者，	二〈觀〉87^
萬乘【之】主口口希不自此始，	二〈本伐〉128^
主上用之，	二〈前道〉130^

欺其主者死。	三〈 稱 〉	144v
主樹以知與治合積化以知時，	三〈 稱 〉	164^
主陽臣陰。	三〈 稱 〉	165^
客陽主人陰。	三〈 稱 〉	166^

乏

母乏吾禁，	二〈正亂〉	105^

乎

后能慎勿爭乎？	二〈五正〉	93^
一者一而已乎？	二〈成法〉	122^
其亦有長乎？	二〈成法〉	122^
能一乎？	二〈 ？ 〉	141v
能止乎？	二〈 ？ 〉	141v
能自擇而尊理乎？	二〈 ？ 〉	141v
廣乎蜀（獨）見，	三〈 稱 〉	147v

以

引得失以繩，	一〈道法〉	1^
口能自引以繩，	一〈道法〉	1v
以不足爲有餘。	一〈道法〉	2v
或以死，	一〈道法〉	2v
或以生；	一〈道法〉	3^
或以敗，	一〈道法〉	3^
或以成。	一〈道法〉	3^
稱以權衡，	一〈道法〉	4v
參以天當，	一〈道法〉	4v
以禍爲福，	一〈道法〉	5v
以奇相御。	一〈道法〉	7v
然后可以爲天下正。	一〈道法〉	9^
O是胃（謂）口逆以芒（荒），	一〈國次〉	11v
以封賢者，	一〈國次〉	12^
土敝者天加之以兵，	一〈國次〉	13^
【五年而以刑正】，	一〈君正〉	15^
七年而可以正（征）。	一〈君正〉	15^
五年以刑正，	一〈君正〉	15v
【七】年而可以正（征），	一〈君正〉	16^
以刑正者，	一〈君正〉	16v
可以正（征）者，	一〈君正〉	17^
然后可以守單（戰）矣。	一〈君正〉	17v
以有餘守，	一〈君正〉	18v
以不足功（攻），	一〈君正〉	18v
因天之生也以養生，	一〈君正〉	19^
因天之殺也以伐死，	一〈君正〉	19^
節民力以使，	一〈君正〉	20^
而以法度治者，	一〈君正〉	20v
所以治也。	一〈君正〉	21^
主上者執六分以生殺，	一〈六分〉	28v
以賞口，	一〈六分〉	28v

以必伐。	一〈六分〉	28v
正以明德，	一〈六分〉	28v
王天下而天下莫知其所以。	一〈六分〉	33v
自此以下，	一〈六分〉	35^
可以定天下，	一〈四度〉	38^
毋御死以生，	一〈四度〉	40v
極陽以殺，	一〈四度〉	40v
極陰以生，	一〈四度〉	40v
以強下弱，	一〈四度〉	42v
以何國不克。	一〈四度〉	42v
以貴下賤，	一〈四度〉	42v
以賢下不宵（肖），	一〈四度〉	42v
王公執口以爲天下正。	一〈四度〉	44v
武刃而以文隨其後，	一〈四度〉	44v
天執一以明三。	一〈 論 〉	49^
天明三以定二，	一〈 論 〉	49v
口口口口口口口【天】定二以建八正，	一〈 論 〉	50^
天建【八正以行七法】。	一〈 論 〉	50v
明以正者，	一〈 論 〉	50v
天之所以爲物命也。	一〈 論 〉	51^
是以守天地之極，	一〈 論 〉	52v
執六枋（柄）以令天下，	一〈 論 〉	52v
審三名以爲萬事口，	一〈 論 〉	53^
察逆順以觀于朝（霸）王危王之理，	一〈 論 〉	53^
以其有事起之則天下聽，	一〈 論 〉	56v
以其无事安之則天下靜。	一〈 論 〉	56v
下邪恒以地界爲私者口。	一〈亡論〉	61^
五日左右比周以雍（壅）塞。	一〈亡論〉	62^
六日父兄黨以價。	一〈亡論〉	62v
以此有國，	一〈亡論〉	63^
養其所以死，	一〈名理〉	72^
伐其所以生。	一〈名理〉	72^
以剛爲柔者栝（活），	一〈名理〉	73v
以柔爲剛者伐。	一〈名理〉	73v
以法斷之。	一〈名理〉	74v
以法爲符。	一〈名理〉	74v
是以能爲天下宗。	二〈立命〉	78v
以當日月之行。	二〈立命〉	79^
以觀无恒善之法，	二〈 觀 〉	80v
口口口口口口口口以爲天下正，	二〈 觀 〉	82^
吾未有以名。	二〈 觀 〉	82v
口口口口口口口口口口因以爲常，	二〈 觀 〉	83^
其明者以爲法而微道是行。	二〈 觀 〉	83^
所以食之也。	二〈 觀 〉	85^
【所】以繼之也。	二〈 觀 〉	85v
而正之以刑與德。	二〈 觀 〉	85v

先德後刑以養生。	二〈觀〉85v
以明其當,	二〈觀〉86^
夫並時以養民功,	二〈觀〉87v
耶(聖)人正以侍(待)天,	二〈觀〉89v
静以須人。	二〈觀〉90^
以司五明。	二〈五正〉91v
以寺(待)逆兵。	二〈五正〉92^
以求內刑(型)。	二〈五正〉92^
談臥三年以自求也。	二〈五正〉94^
以禺(遇)之(蚩)尤,	二〈五正〉94v
其法死亡以窮。	二〈五正〉95^
是以有晦有明,	二〈果童〉96v
地俗德以靜,	二〈果童〉97^
而天正名以作。	二〈果童〉97^
以天爲父,	二〈果童〉98^
以地爲母。	二〈果童〉98^
以視(示)貧賤之極。	二〈果童〉99^
以臨天下。	二〈正亂〉100^
以欲涅(淫)恛(溢),	二〈正亂〉100^
正以侍(待)天,	二〈正亂〉102^
静以須人。	二〈正亂〉102^
以隋(隨)天刑。	二〈正亂〉102v
更置六直而合以信。	二〈正亂〉103^
以其民作而自戲也,	二〈正亂〉103v
不爭亦毋(無)以成功。	二〈姓爭〉107v
以明其當。	二〈姓爭〉108v
其明者以爲法,	二〈姓爭〉109v
時反以爲幾(機)。	二〈姓爭〉109v
乃能操正以正奇,	二〈成法〉123v
勮(剸)其口革以爲干侯,	二〈正亂〉104v
充其胃以爲鞠(鞠)。	二〈正亂〉105^
上帝以禁。	二〈正亂〉105^
以視(示)後人。	二〈正亂〉106v
是以僇受其刑。	二〈姓爭〉111v
以辯(辨)雌雄之節,	二〈雌雄節〉112^
夫雄節以得,	二〈雌雄節〉112v
雌節以亡,	二〈雌雄節〉113^
以守不寧,	二〈雌雄節〉114v
以作事【不成】,	二〈雌雄節〉115^
【以求不得】,	二〈雌雄節〉115^
【以戰不】克。	二〈雌雄節〉115^
以守則寧,	二〈雌雄節〉115v
以作事則成,	二〈雌雄節〉115v
以求則得,	二〈雌雄節〉115v
以單(戰)則克。	二〈雌雄節〉115v
反隋(隨)以央(殃)。	二〈兵容〉118^
其國家以危,	二〈兵容〉119^
社稷以匡,	二〈兵容〉119^
吾恐或用之以亂天下。	二〈成法〉120^
請問天下有成法可以正民者?	二〈成法〉120^
口以守一名。	二〈成法〉120v
以㭘(扚)天地,	二〈成法〉121^
【以】楼(探)四海,	二〈成法〉121^
以壞(懷)下民,	二〈成法〉121v
以正一世之士。	二〈成法〉121v
何以知紃之至,	二〈成法〉122v
一以騶(趨)化,	二〈成法〉123^
少以知多。	二〈成法〉123^
各以其道。	二〈成法〉123^
握一以知多,	二〈成法〉124^
乃可以知天地之禍福。	二〈成法〉124^
剛不足以,	二〈三禁〉125v
專利及削浴(谷)以大居者虛。	二〈三禁〉126^
是故以一國戉(攻)天下,	二〈本伐〉128^
成功而无以求也,	二〈本伐〉129^
是以方行不留。	二〈本伐〉129v
是故君子卑身以從道,	二〈前道〉130v
知(智)以辯之,	二〈前道〉130v
強以行之,	二〈前道〉131^
責道以並世,	二〈前道〉131^
柔身以寺(待)之時。	二〈前道〉131v
故王者不以幸治國,	二〈前道〉132v
小夫得之以成,	二〈前道〉133^
國家得之以寧。	二〈前道〉133^
小國得之以守其野,	二〈前道〉133^
大國【得之以】并兼天下。	二〈前道〉133v
以居軍口,	二〈前道〉134^
以居國其國昌。	二〈前道〉134v
得而勿以。	二〈行守〉136v
而天開以時,	二〈順道〉137v
地成以財。	二〈順道〉137v
正信以仁,	二〈順道〉138^
茲(慈)惠以愛人,	二〈順道〉138^
弗敢以先人。	二〈順道〉138v
不以兵邾,	二〈順道〉139v
以隋(隨)天地之從(蹤)。	二〈順道〉140^
以寺(待)逆節所窮。	二〈順道〉140^

建以其刑（形），	三〈稱〉143^
名以其名。	三〈稱〉143^
故以人之自爲，	三〈稱〉147^
所以脍合之也。	三〈稱〉148^
是以生禍。	三〈稱〉149v
○淺口以力，	三〈稱〉150v
提正名以伐，	三〈稱〉151v
雷口爲車隆隆以爲馬。	三〈稱〉152v
因地以爲齎（資），	三〈稱〉152v
因民以爲師。	三〈稱〉152v
以守不固，	三〈稱〉161^
以單（戰）不克。	三〈稱〉161^
以其逆也。	三〈稱〉162^
賣（觀）前口以知反，	三〈稱〉163v
審其名以稱斷之。	三〈稱〉164^
主樹以知與治積化以知時，	三〈稱〉164^
主樹以知與治積化以知時，	三〈稱〉164^
・凡論必以陰陽口大義。	三〈稱〉164v
古（故）未有以，	四〈道原〉168^
萬物莫以。	四〈道原〉168^
小以成小，	四〈道原〉168v
大以成大。	四〈道原〉168v
萬物得之以生，	四〈道原〉169^
百事得之以成。	四〈道原〉169^
人皆以之，	四〈道原〉169^
分之以其分，	四〈道原〉173^
授之以其名，	四〈道原〉173^
握少以知多；	四〈道原〉173v
操正以政（正）畸（奇）。	四〈道原〉173v
周其所以。	四〈道原〉174^
得之所以。	四〈道原〉174^

代

不爽不代（忒），	一〈論約〉66^
四時代正，	一〈論約〉66v
而投之代，	二〈正亂〉102^
人莫能代。	三〈稱〉150v

令

四年而發號令，	一〈君正〉15^
四年發號令，	一〈君正〉15v
號令者，	一〈君正〉16v
若號令發，	一〈君正〉17^
號令發必行，	一〈君正〉17v
有侔（恥）則號令成俗而刑伐（罰）不犯，	一〈君正〉20^
號令成俗而刑伐（罰）不犯	一〈君正〉20v
號令闔（合）於民心，	一〈君正〉22v

則民聽令。	一〈君正〉22v
臣失處則令不行，	一〈六分〉24^
戰朕（勝）而令不口口，	一〈六分〉32^
故身貴而令行。	一〈六分〉34^
故令行天下而莫敢不聽，	一〈六分〉34v
號令之所出也，	一〈論〉46v
執六枋（柄）以令天下，	一〈論〉52v
廢令者亡。	一〈亡論〉58^
從中令外【謂之】惑，	一〈亡論〉63^
從外令中胃（謂）之口，	一〈亡論〉63^
【黃帝】令力黑浸行伏匿，	二〈觀〉80v
將令之死而不得悔，	二〈正亂〉101^
失令者，	二〈三禁〉124v
是故王公愼令。	二〈三禁〉126^
弗能令者弗得有。	三〈稱〉145v
・強則令，	三〈稱〉154^
令不得與死者從事。	三〈稱〉159v
萬物莫之能令。	四〈道原〉170^

充

充其胃以爲鞠（鞫）。	二〈正亂〉104v

兄

上殺父兄，	一〈亡論〉65^
吾愛地而地不兄（曠）。	二〈立命〉79v
胡不來相教順弟兄茲，	三〈稱〉155v
兄陽弟陰。	三〈稱〉165v

冉

黃帝問閹冉曰：	二〈五正〉90v
閹冉乃上起黃帝曰：	二〈五正〉94^

冬；（終）

冬（終）而復始。	一〈論約〉66v
大盈冬（終）天地之間而莫知其名。	一〈名理〉71v
審察名理名冬（終）始，	一〈名理〉75^
能與（舉）冬（終）始。	一〈名理〉75v
秋冬爲刑。	二〈觀〉85v
鮮能冬（終）之，	二〈本伐〉128v
毋從我冬（終）始。	三〈稱〉152^
夏陽冬陰。	三〈稱〉164v

出

故同出冥冥，	一〈道法〉2v
出與反。	一〈四度〉37^
號令之所出也，	一〈論〉46v
日信出信入，	一〈論〉49^
刑名出聲，	一〈名理〉75v

執（蟄）虫不出，	二〈觀　〉88^
黃帝於是出其鏘鉞，	二〈五正〉94v
於是出其鏘鉞，	二〈正亂〉104^

兵

土敝者天加之以兵，	一〈國次〉13^

功

至明者有功。	一〈道法〉　4v
是胃（謂）天功。	一〈國次〉10^
而毋擅天功。	一〈國次〉11^
不過三功。	一〈國次〉11v
功成而不止，	一〈國次〉11v
是胃（謂）天功。	一〈國次〉12v
功成不廢，	一〈國次〉12v
黨別【者】口內相功（攻）。	一〈國次〉13v
以不足功（攻）	一〈君正〉18v
費少而有功，	一〈六分〉31^
費多而无功，	一〈六分〉32^
故功得而財生；	一〈六分〉34^
功成而傷。	一〈四度〉38v
功成而亡。	一〈四度〉38v
功成而不廢，	一〈四度〉39^
雖〇无成功，	一〈四度〉40^
則有成功矣。	一〈四度〉44v
名功相抱（孚），	一〈四度〉45v
名功不相抱（孚），	一〈四度〉45v
德溥（薄）而功厚者隋（墮），	一〈亡論〉58v
夏起大土功，	一〈亡論〉61v
三時成功，	一〈論約〉66^
功洫（溢）於天，	一〈論約〉66v
功不及天，	一〈論約〉67^
功合於天，	一〈論約〉67^
逆順相功（攻）。	一〈論約〉67v
伐本隋（墮）功，	一〈論約〉67v
周遷而无功。	一〈論約〉68^
三者皆動於度之外而欲成功者也，	一〈名理〉73^
功必不成，	一〈名理〉73^
兩逆相功（攻），	一〈名理〉77^
口口口口民功者，	二〈觀　〉85^
毋亂民功，	二〈觀　〉87^
夫並時以養民功，	二〈觀　〉87v
不爭【者】亦无成功。	二〈五正〉94v
不爭亦毋（無）以成功。	二〈姓爭〉107v
耶（聖）人之功，	二〈兵容〉117^
是必有成功。	二〈兵容〉117v

兵无成功。	二〈兵容〉118^
兵有成【功】，	二〈兵容〉118^
口不鄉（饗）其功，	二〈兵容〉118v
有（又）重有功，	二〈兵容〉119^
事无成功，	二〈兵容〉119^
慶且不鄉（饗）其功。	二〈兵容〉119v
毋逆土毋逆土功，	二〈三禁〉125^
成功而无以求也，	二〈本伐〉129^
既成其功，	三〈稱　〉150v

包

又包其外。	四〈道原〉168v

北

南北有極，	一〈論　〉49^

半

而中達君臣之半，	一〈道法〉　8v

去

去私而立公。	一〈道法〉　7v
而名口弗去。	一〈道法〉　8^
去私而立公。	一〈四度〉44^
后能去四者，	二〈五正〉93v
去自往。	二〈　？〉141v
鄉（向）者已去，	二〈　？〉142^

可

然后可以爲天下正。	一〈道法〉　9^
七年而可以正（征）。	一〈君正〉15^
【七】年而可以正（征），	一〈君正〉16^
可以正（征）者，	一〈君正〉17^
然后可以守單（戰）矣。	一〈君正〉17v
不可拔也。	一〈君正〉18v
不可亂也。	一〈君正〉20v
不可亂也。	一〈君正〉21v
可以定天下，	一〈四度〉38^
可安一國。	一〈四度〉38^
則存亡興壞可知也。	一〈論　〉52^
言而不可易也。	一〈名理〉70v
靜而不可移也。	一〈名理〉70v
動而〇不可化也。	一〈名理〉71^
不險則不可平，	二〈果童〉96^
不諶則不可正。	二〈果童〉96^
可矣。	二〈五正〉94^
何不可矣？	二〈五正〉94v
可矣。	二〈正亂〉104^

外

其 O 謀臣在外立（位）者，	一〈六分〉 23v
謀臣【在】外立（位）者，	一〈六分〉 25^
命曰外根，	一〈六分〉 25v
外戎內戎，	一〈六分〉 26v
逆用於外，	一〈四度〉 38v
順用其外，	一〈四度〉 38v
內外皆逆，	一〈四度〉 38v
內外皆順，	一〈四度〉 39^
極陽殺於外，	一〈四度〉 41^
外內之處，	一〈四度〉 43v
不處外內之立（位），	一〈 論 〉 47^
則事害（害）於內而舉害（害）於【外】。	一〈 論 〉 47^
【處】外【內之位】，	一〈 論 〉 47v
而得舉得於外，	一〈 論 〉 48^
而外內有處。	一〈 論 〉 50^
外立（位）朕（勝）胃（謂）之價，	一〈亡論〉 62v
外內皆朕（勝）則君孤直（特）。	一〈亡論〉 63^
從中令外【謂之】惑，	一〈亡論〉 63^
從外令中胃（謂）之口，	一〈亡論〉 63^
外內遂靜（爭），	一〈亡論〉 63v
從中外周，	一〈亡論〉 63v
外內爲一，	一〈亡論〉 64^
外約不信，	一〈亡論〉 65^
處於度之內而見於度之外者也。	一〈名理〉 70^
見於度之外者，	一〈名理〉 70v
見於度之外者，	一〈名理〉 71^
三者皆動於度之外欲成功者也，	一〈名理〉 73^
亂積於內而稱失於外者伐。	一〈名理〉 76v
亡刑（形）成於內而舉失於外者威（滅）。	一〈名理〉 76v
后及外人。	二〈五正〉 90v
外內交綏（接）	二〈五正〉 90v
后中實而外正，	二〈五正〉 91^
爭者外脂膚也。	二〈五正〉 93^
單（戰）朕（勝）於外，	二〈順道〉140v
不得言外。	三〈 稱 〉151^
胃（謂）外其膚而內其勮。	三〈 稱 〉157^
必有外客。	三〈 稱 〉157v
外客乃卻。	三〈 稱 〉157v
又包其外。	四〈道原〉168v

央

反受其央（殃）。	一〈國次〉 9v
天將降央（殃）。	一〈國次〉 10v
身危又（有）央（殃）。	一〈國次〉 12^
後不奉（逢）央（殃）。	一〈國次〉 12v
身危有【殃】，	一〈國次〉 14^
天將降央（殃）；	一〈六分〉 26v
是胃（謂）重央（殃），	一〈四度〉 39^
後不奉（逢）央（殃）。	一〈四度〉 39^
亦无天央（殃）。	一〈四度〉 40^
小則身受其央（殃）。	一〈四度〉 41v
天降二央（殃）。	一〈亡論〉 59v
國危有央（殃）。	一〈名理〉 77v
交相爲央（殃），	一〈名理〉 77v
環視其央（殃）。	二〈姓爭〉108v
【殃】積者亡。	二〈雌雄節〉116^
反隋（隨）以央（殃）。	二〈兵容〉118^
環（還）受其央（殃）。	二〈兵容〉118v
當者受央（殃）。	二〈兵容〉118v
反受其央（殃）。	三〈 稱 〉149v
先人餘央（殃）。	三〈 稱 〉155^

失

引得失以繩。	一〈道法〉 1^
是胃（謂）失道。	一〈道法〉 6^
國失其次，	一〈國次〉 9^
過極失【當】，	一〈國次〉 10^
人執者失民，	一〈國次〉 13v
是胃（謂）過極失當。	一〈國次〉 14v
其主失立（位）則國无本，	一〈六分〉 23v
臣不失處則下有根，	一〈六分〉 24^
主失立（位）則國芒（荒），	一〈六分〉 24^
臣失處則令不行，	一〈六分〉 24^
主兩則失其明，	一〈六分〉 24^
主兩則失其明，	一〈六分〉 24^
主失立（位），	一〈六分〉 25v
臣不失處，	一〈六分〉 25v
主失立（位），	一〈六分〉 26^
臣失處，	一〈六分〉 26^
主不失其立（位）則國【有本】，	一〈六分〉 27^
【臣】失其處則下无根，	一〈六分〉 27v
口口失口口口口，	一〈六分〉 32v
逆則失本，	一〈四度〉 36^
亂則失職，	一〈四度〉 36^
逆則失天，	一〈四度〉 36^
【暴】則失人，	一〈四度〉 36v
失本則口，	一〈四度〉 36v
失職則侵，	一〈四度〉 36v
失天則几（飢），	一〈四度〉 36v
失人則疾。	一〈四度〉 36v
君臣不失其立（位），	一〈四度〉 43v
士不失其處，	一〈四度〉 44^

是胃（謂）失道，	一〈四度〉45v
不天天則失其神，	一〈 論 〉46v
不重地則失其根。	一〈 論 〉47^
胃（謂）之失理。	一〈 論 〉51v
失理之所在，	一〈 論 〉51v
【八】正皆失，	一〈 論 〉47v
八正不失，	一〈 論 〉48^
而不失其行，	一〈 論 〉49v
種樹失地之宜，	一〈 論 〉55^
槫（轉）則不失諱（韙）非之口，	一〈 論 〉54^
興兵失理，	一〈亡論〉59^
是胃（謂）失天。	一〈亡論〉60^
失口口名。	一〈論約〉67^
是故萬舉不失理，	一〈論約〉69v
亂積於內而稱失於外者伐。	一〈名理〉76v
亡刑（形）成於內而舉失於外者威（滅）。	一〈名理〉76v
涅（淫）恤（溢）口失，	二〈正亂〉100^
靜作失時，	二〈姓爭〉110v
過極失當，	二〈正亂〉106^
毋失吾恒刑，	二〈正亂〉106v
則不失所守。	二〈姓爭〉108^
望失其當，	二〈姓爭〉108v
過極失當，	二〈姓爭〉111v
口口所失，	二〈成法〉122v
夫唯一不失，	二〈成法〉123^
失令者，	二〈三禁〉124v
得而勿失。	二〈行守〉136^
常後而不失體（體），	二〈順道〉138^
欲知得失請（情），	二〈 ？ 〉141^
・失其天者死，	三〈 稱 〉144v
毋失天極，	三〈 稱 〉154^
正亂者失其理，	三〈 稱 〉159^
制人而失其理，	三〈 稱 〉159^
失君必危。	三〈 稱 〉160^
失君不危者，	三〈 稱 〉160^
【失親必】危。	三〈 稱 〉160^
失親不亂，	三〈 稱 〉160v

奴

奴（駑）犬制其余。	三〈 稱 〉161^

它

民无它志，	一〈君正〉17v

巧

必有巧驗。	一〈道法〉 5^
耵（聖）人不巧，	二〈 觀 〉89v

左

五曰左右比周以雍（壅）塞。	一〈亡論〉62^
左參右參，	二〈立命〉78^
左執規，	二〈五正〉91v
左右執規，	二〈五正〉91v
有左有右，	三〈 稱 〉152^

市

發禁扡（弛）關市之正（征）殹（也）。	一〈君正〉16v

布

布其齎（資）財，	一〈國次〉12^
力黑已布制建極，	二〈 觀 〉81^
是口口贏陰布德，	二〈 觀 〉85^
吾欲布施五正，	二〈五正〉90v
五正既布，	二〈五正〉91v

平

平衡而止。	一〈道法〉 6^
天下大（太）平，	一〈六分〉28v
水之曰平。	一〈四度〉42v
靜則平，	一〈 論 〉52^
平則寧，	一〈 論 〉52^
均而平之，	二〈果童〉95v
不險則不可平，	二〈果童〉96^
均而平之，	二〈果童〉98^
險若得平，	二〈果童〉98^

法

生法而弗敢犯殹（也），	一〈道法〉 1^
法立而弗敢廢【也】。	一〈道法〉 1^
而名口弗去。	一〈道法〉 8^
而弗爲主。	一〈道法〉 8v
口耶（聖）之人弗留，	一〈六分〉32v
天下弗與。	一〈六分〉33^
救人而弗能存，	一〈亡論〉61^
弗因則不成，	二〈 觀 〉84^
【弗】養則不生。	二〈 觀 〉84v
部（踣）而救弗也。	二〈正亂〉101^
天佑而弗成，	二〈正亂〉101v
有祥口口口口口弗受，	二〈兵容〉118^
弗用者蕫。	二〈前道〉133v
弗敢以先人。	二〈順道〉138v
有身弗能葆（保），	三〈 稱 〉143v
弗能令者弗得有。	三〈 稱 〉145v
弗能令者弗得有。	三〈 稱 〉145v
天子弗臣也。	三〈 稱 〉146v
弗與犯難。	三〈 稱 〉146v

天下弗能亡也。	三〈稱〉150^
天下弗能存也。	三〈稱〉150^
弗因无犢也。	三〈稱〉152v
爲者弗居,	三〈稱〉153v
父弗得子。	三〈稱〉154v
君弗得臣。	三〈稱〉154v
・弗同而同,	三〈稱〉156v
弗異而異,	三〈稱〉157^
弗爲而自成,	三〈稱〉157^
天弗能復（覆）,	四〈道原〉168v
地弗能載。	四〈道原〉168v
顯明弗能爲名,	四〈道原〉170^
廣大弗能爲刑（形）,	四〈道原〉170^
道弗爲益少;	四〈道原〉170v
道弗爲益多。	四〈道原〉170v
弗務及也。	四〈道原〉173^
弗索得也。	四〈道原〉173^

必

生必動,	一〈道法〉2^
事必有言,	一〈道法〉2v
必有刑（形）名。	一〈道法〉3^
必有巧驗。	一〈道法〉5^
必虛（墟）其國。	一〈國次〉10^
必盡天極,	一〈國次〉10v
必殿而上九,	一〈君正〉17^
號令發必行,	一〈君正〉17v
衣食足而刑伐（罰）必也。	一〈君正〉18v
以必伐。	一〈六分〉28v
必從本始,	一〈四度〉39v
必中天理。	一〈四度〉40^
身必有瘳（戮）。	一〈四度〉45^
其卒必口身咎。	一〈四度〉45v
必者,	一〈論〉50v
天誅必至。	一〈亡論〉57v
赢極必靜,	一〈亡論〉60^
動舉必正。	一〈亡論〉60^
天誅必至。	一〈亡論〉61v
必有天刑。	一〈論約〉68^
必審觀事之所始起,	一〈論約〉68v
後必亂而卒於无名。	一〈名理〉72v
其死必應之。	一〈名理〉73^
功必不成,	一〈名理〉73^
禍必反口口口。	一〈名理〉73^
已若（諾）必信,	一〈名理〉74^
必審其名。	一〈名理〉74^
是必爲福,	一〈名理〉74v
非必爲材（災）。	一〈名理〉74v

身必无名。	一〈名理〉77^
【貴】賤必諶貧富又（有）等。	二〈果童〉98v
非德必頃（傾）。	二〈姓爭〉109^
必得將有賞。	二〈雌雄節〉113^
是必有成功。	二〈兵容〉117v
罷（彼）必正人也,	二〈成法〉123v
怒必有爲也。	二〈本伐〉129^
必審名察刑（形）。	二〈？〉141^
必有覈（核）。	三〈稱〉152^
覈（核）中必有意。	三〈稱〉152^
唯（雖）居必路。	三〈稱〉153^
必有外客。	三〈稱〉157v
至其子孫必行焉。	三〈稱〉159^
其國必危。	三〈稱〉159v
失君必危。	三〈稱〉160^
家必亂。	三〈稱〉160^
【失親必】危。	三〈稱〉160v
・凡論必以陰陽口大義。	三〈稱〉164v

本

人之本在地,	一〈君正〉19v
地之本在宜,	一〈君正〉19v
其主失立（位）則國无本,	一〈六分〉23v
命曰无本,	一〈六分〉26^
主不失其立（位）則國【有本】,	一〈六分〉27v
王之本也。	一〈六分〉30v
逆則失本,	一〈四度〉36^
失本則口,	一〈四度〉36v
安得本,	一〈四度〉37^
必從本始,	一〈四度〉39v
怨之本也。	一〈四度〉46^
守怨之本,	一〈四度〉46v
伐本隋（墮）功,	一〈論約〉67v
伐其本而離其親。	一〈名理〉72^
道其本也,	二〈成法〉122v
夫百言有本,	二〈成法〉123v
〈本伐〉	二〈本伐〉章名129v
得道之本,	四〈道原〉173v

未

優未愛民,	二〈觀〉89v
未有陰陽。	二〈觀〉82v
陰陽未定,	二〈觀〉82v
吾未有以名,	二〈觀〉82v
吾身未自知,	二〈五正〉92^
后身未自知,	二〈五正〉92^
單（戰）數盈六十而高陽未夫,	二〈正亂〉101^

其上帝未先而擅興兵，	二〈正亂〉106^
至今未成。	二〈行守〉137^
其未來也，	三〈 稱 〉143^
【時】若未可，	三〈 稱 〉149^
・時極未至，	三〈 稱 〉150^
其時未能也，	三〈 稱 〉159^
未有明晦。	四〈道原〉168^
古（故）未有以，	四〈道原〉168^
索之未无，	四〈道原〉174^

正；（征，政）

則无所逃迹匿正矣。	一〈道法〉 4^
至正者靜，	一〈道法〉 4v
正奇有立（位）。	一〈道法〉 7v
物自爲正。	一〈道法〉 8^
然后可以爲天下正。	一〈道法〉 9^
【五年而以刑正】，	一〈君正〉15^
七年而可以正（征）。	一〈君正〉15^
五年以刑正，	一〈君正〉15v
【七】年而可以正（征），	一〈君正〉16^
發禁拕（弛）關市之正（征）殹（也）。	一〈君正〉16v
以刑正者，	一〈君正〉16v
可以正（征）者，	一〈君正〉17^
國有死生之正（政）。	一〈君正〉19^
正之至也。	一〈君正〉20v
〈君正〉	一〈君正〉章名 22v
正以明德，	一〈六分〉28v
朝（霸）主積甲士而正（征）不備（服），	一〈六分〉34v
賢不宵（肖）當立（位）胃（謂）之正，	一〈四度〉37^
正治，	一〈四度〉37v
正者，	一〈四度〉39v
【縣】之下曰正，	一〈四度〉42v
王公執□以爲天下正。	一〈四度〉44v
剛正而□者□□而不殹。	一〈四度〉45v
【八】正皆失，	一〈 論 〉47v
八正不失，	一〈 論 〉48^
建八正，	一〈 論 〉48v
□□□□□□□【天】定二以建八正，	一〈 論 〉50^
天建【八正以行七法】。	一〈 論 〉50^
明以正者，	一〈 論 〉50v
惠（慧）生正，	一〈 論 〉52^
【正】生靜。	一〈 論 〉52v
一曰正名一曰立（位）而偃，	一〈 論 〉54v
勿（物）自正也，	一〈 論 〉57^
動舉必正。	一〈亡論〉60^

動舉而不正，	一〈亡論〉60^
四時代正，	一〈論約〉66v
慎毋【先】正，	一〈論約〉68v
□見正道循理，	一〈名理〉75v
故執道者能虛靜公正，	一〈名理〉76^
正名脩刑，	二〈 觀 〉88^
正名施（弛）刑，	二〈 觀 〉88v
耵（聖）人正以侍（待）天，	二〈 觀 〉89v
□□□□□□□以爲天下正，	二〈 觀 〉82^
而正之刑與德。	二〈 觀 〉85v
吾欲布施五正，	二〈五正〉90v
中有正度。	二〈五正〉90v
乃正於事之所成。	二〈五正〉91^
吾既正既靜，	二〈五正〉91^
后中實而外正，	二〈五正〉91^
五正既布，	二〈五正〉91v
〈五正〉	二〈五正〉章名 95^
今余欲畜而正之，	二〈果童〉95v
不謀則不可正。	二〈果童〉96^
而天正名以作。	二〈果童〉97^
今余欲畜而正之，	二〈果童〉98^
夫天行正信，	二〈正亂〉100^
上人正一，	二〈正亂〉102^
正以侍（待）天，	二〈正亂〉102^
謹守吾正名，	二〈正亂〉106v
〈正亂〉	二〈正亂〉章名 106v
請問天下有成法可以正民者？	二〈成法〉120^
正若有名，	二〈成法〉120^
以正一世之士。	二〈成法〉121v
夫非正人也，	二〈成法〉123v
罷（彼）必正人也，	二〈成法〉123v
乃能操正以正奇，	二〈成法〉123v
□□□□□□□□□□【名】正者治，	二〈前道〉132v
正名不奇，	二〈前道〉132v
正道不台（殆），	二〈前道〉132v
安徐正靜，	二〈順道〉138^
正信以仁，	二〈順道〉138^
端正勇，	二〈順道〉138^
□□□正德，	二〈順道〉138v
正從正，	三〈 稱 〉143v
正從正，	三〈 稱 〉143v
奇與正，	三〈 稱 〉143v
立正敵（嫡）者，	三〈 稱 〉148v
立正妻者，	三〈 稱 〉148v
提正名以伐，	三〈 稱 〉151v

・埤（卑）而正者增，	三〈 稱 〉155^
正亂者失其理，	三〈 稱 〉158v
□□□正貴□存亡。	三〈 稱 〉164v
天貴正，	三〈 稱 〉166^
過正曰詭□□□□祭乃反。	三〈 稱 〉166^
地【之】德安徐正靜。	三〈 稱 〉166v
上虛下靜而道得其正。	四〈道原〉172v
操正以政（正）畸（奇）。	四〈道原〉173v

母

无母之德，	一〈君正〉21v
父母之行備，	一〈君正〉21v
以地爲母。	二〈果童〉98^
行母（侮）而索敬，	三〈 稱 〉154v

民

萬民有恒事，	一〈道法〉 6v
使民有恒度。	一〈道法〉 6v
萬民之恒事，	一〈道法〉 7^
使民之恒度，	一〈道法〉 7v
人埶者失民，	一〈國次〉13v
三年而民有得，	一〈君正〉14v
【六年而】民畏敬，	一〈君正〉15^
則知民則。	一〈君正〉15^
民則力。	一〈君正〉15v
則民有得。	一〈君正〉15v
則民畏敬。	一〈君正〉15v
則民不幸（倖）。	一〈君正〉15v
俗者順民心殹（也）。	一〈君正〉16^
民死節殹（也）。	一〈君正〉17^
民无它志，	一〈君正〉17v
民无不聽，	一〈君正〉17v
民无邪心，	一〈君正〉18v
時之用在民，	一〈君正〉19v
民之用在力，	一〈君正〉19v
節民力以使，	一〈君正〉20^
則民富，	一〈君正〉20^
民富則有佴（恥），	一〈君正〉20^
毋奪民時，	一〈君正〉21^
不能盡民之力。	一〈君正〉21v
號令闔（合）於民心，	一〈君正〉22v
則民聽令。	一〈君正〉22v
則民親上。	一〈君正〉22v
萬民和輯而樂爲其主上用，	一〈六分〉29v
則國富而民□□□□□□，	一〈六分〉31v
則國貧而民芒（荒）。	一〈六分〉32v
闔（合）於民心，	一〈四度〉38^
不順【四時之度】而民疾。	一〈 論 〉47^

順四【時之度】□□□而民不□疾。	一〈 論 〉47v
大殺服民，	一〈亡論〉60^
二曰殺服民。	一〈亡論〉62v
不節民力，	一〈論約〉68^
吾畏天愛地親【民】，	二〈立命〉79^
吾畏天愛【地】親民，	二〈立命〉79v
吾愛民而民不亡，	二〈立命〉79v
吾受民□□□□□□□死。	二〈立命〉80^
而民生，	二〈 觀 〉81v
夫民之生也，	二〈 觀 〉84v
□□□□民功者，	二〈 觀 〉85^
夫是故使民毋人埶，	二〈 觀 〉86v
毋亂民功，	二〈 觀 〉87^
民【乃】蕃茲（滋）。	二〈 觀 〉87^
夫並時以養民功，	二〈 觀 〉87v
優未愛民，	二〈 觀 〉89v
夫民卬（仰）天而生，	二〈果童〉97v
民生有極，	二〈正亂〉100^
以其民作而自戲也，	二〈正亂〉103v
毋亂吾民，	二〈正亂〉105v
亂民，	二〈正亂〉105v
因民之力，	二〈兵容〉118v
滑（猾）民將生，	二〈成法〉119v
請問天下有成法可以正民者？	二〈成法〉120^
民无亂紀。	二〈成法〉120v
以壞（懷）下民，	二〈成法〉121v
夫是故龜（讒）民皆退，	二〈成法〉121v
民无亂紀。	二〈成法〉122^
除民之所害，	二〈成法〉124^
而寺（持）民之所宜。	二〈成法〉124v
毋壅民明。	二〈三禁〉125^
民知所繇（由）。	二〈三禁〉126^
民自則之，	二〈三禁〉126v
順於民，	二〈前道〉129v
使民同利，	二〈前道〉130^
與民同事，	二〈行守〉134v
若此者其民勞不□，	二〈順道〉139^
因民以爲師。	三〈 稱 〉152v
【・】天有明而不憂民之晦也。	三〈 稱 〉158^
地有【財】而不憂民之貧也。	三〈 稱 〉158v
上用□□而民不麋（迷）惑。	四〈道原〉172v
可爲民命。	四〈道原〉172v
而萬民不爭。	四〈道原〉173^

氏

皮（彼）且自氏（抵）其刑。	一〈論約〉68v
進不氏，	二〈三禁〉125^

犯

生法而弗敢犯殹（也），	一〈道法〉 1^
有佴（恥）則號令成俗而刑伐（罰）不犯，	一〈君正〉20v
號令成俗而刑伐（罰）不犯	一〈君正〉20v
凡犯禁絕理，	一〈亡論〉57v
犯禁絕理，	一〈亡論〉61v
居不犯凶，	三〈 稱 〉146v
弗與犯難。	三〈 稱 〉146v

玄

王天下者有玄德，	一〈六分〉33^

玉

黃金珠玉臧（藏）積，	一〈四度〉46^

甘

使甘其簌。	二〈正亂〉106^

生；（性）

道生法。	一〈道法〉 1^
生法而弗敢犯殹（也），	一〈道法〉 1^
萬物之所從生。	一〈道法〉 1v
生有害，	一〈道法〉 1v
生必動，	一〈道法〉 2^
或以生；	一〈道法〉 3^
莫知其所從生。	一〈道法〉 3^
死而復生，	一〈道法〉 5v
故知禍福之所從生。	一〈道法〉 6^
生殺，	一〈道法〉 7^
逆順死生，	一〈道法〉 8^
詐偽不生，	一〈君正〉18v
天有死生之時，	一〈君正〉19^
國有死生之正（政）。	一〈君正〉19^
因天之生也以養生，	一〈君正〉19^
因天之生也以養生，	一〈君正〉19^
宜之生在時，	一〈君正〉19v
則財生。	一〈君正〉20^
而生法度者，	一〈君正〉21^
主上者執六分以生殺，	一〈六分〉28v
故功得而財生；	一〈六分〉34^
生殺不當胃（謂）之暴。	一〈四度〉36^
毋御死以生，	一〈四度〉40v
極陰以生，	一〈四度〉40v
極陰生於內。	一〈四度〉41^
□□□□□□□建生。	一〈四度〉41v
【月信生信】死，	一〈 論 〉49v

天之生（性）也。	一〈 論 〉50v
【強生威】，	一〈 論 〉52^
【威】生惠（慧），	一〈 論 〉52^
惠（慧）生正，	一〈 論 〉52^
【正】生靜。	一〈 論 〉52v
觀則知死生之國，	一〈 論 〉54^
變則伐死養生，	一〈 論 〉54^
胃（謂）之生國，	一〈 論 〉56^
生國養之。	一〈 論 〉56^
一生一殺，	一〈論約〉66v
順則生，	一〈論約〉67^
亂生國亡。	一〈論約〉67^
養死伐生，	一〈論約〉68^
逆節始生，	一〈論約〉68^
死生有分，	一〈論約〉69^
乃定禍福死生存亡興壞之所在。	一〈論約〉69^
物乃下生，	一〈名理〉72^
伐其所以生。	一〈名理〉72^
生之反也。	一〈名理〉72v
而民生，	二〈 觀 〉81v
【弗】養則不生。	二〈 觀 〉84v
夫民之生也，	二〈 觀 〉84v
規規生食與繼。	二〈 觀 〉84v
先德後刑以養生。	二〈 觀 〉85v
姓生已定，	二〈 觀 〉86^
而適（敵）者生爭，	二〈 觀 〉86^
此材（災）囗生，	二〈 觀 〉88v
物化變乃生。	二〈果童〉97^
夫民印（仰）天而生，	二〈果童〉97v
民生有極，	二〈正亂〉100^
囗囗自生，	二〈正亂〉102v
胥備自生。	二〈正亂〉103^
黔首乃生。	二〈姓爭〉107^
黔首乃生。	二〈姓爭〉108^
敵者O生爭，	二〈姓爭〉108^
胜（姓）生已定，	二〈姓爭〉108^
不死不生，	二〈正亂〉106v
是胃（謂）方（妨）生。	二〈雌雄節〉114v
滑（猾）民將生，	二〈成法〉119v
世利萬夫百生（姓）。	二〈前道〉130^
逆節夢（萌）生，	二〈行守〉135^
先天地生，	二〈行守〉137^
卑約生柔。	二〈順道〉138^
所生乃柔。	二〈順道〉138v
福生於內。	二〈順道〉140v

囗囗人者其生危，	三〈 稱 〉146v
是以生禍。	三〈 稱 〉149v
·生人有居，	三〈 稱 〉159^
其生危，	三〈 稱 〉162^
萬物得之以生，	四〈道原〉169^
皆取生，	四〈道原〉170v

用

不知所爲用。	一〈道法〉 2^
能用天當。	一〈國次〉11v
二年用其德，	一〈君正〉14v
二年用其德，	一〈君正〉15^
時之用在民，	一〈君正〉19v
民之用在力，	一〈君正〉19v
力之用在節。	一〈君正〉19v
不得子之用。	一〈君正〉21v
參（三）者參用之，	一〈六分〉29^
萬民和輯而樂爲其主上用，	一〈六分〉30^
俱與天下用兵，	一〈六分〉31^
俱與天下用兵，	一〈六分〉32^
逆用於外，	一〈四度〉38v
順用其外，	一〈四度〉38v
O聲華囗囗者用也。	一〈四度〉39v
用之稽也。	一〈四度〉43^
用二文一武者王。	一〈四度〉44v
用國而侍（恃）其強者弱。	一〈亡論〉59^
凡人好用雄節，	二〈雌雄節〉114v
凡人好用【雌】，	二〈雌雄節〉115^
年（佞）辯用知（智），	二〈成法〉119v
吾恐或用之以亂天下。	二〈成法〉120^
五帝用之，	二〈成法〉121^
主上用之，	二〈前道〉130^
用者實，	二〈前道〉133v
弗用者雚。	二〈前道〉133v
用力甚少，	二〈順道〉140v
不埶用兵。	三〈 稱 〉147v
擇（釋）法而用我。	三〈 稱 〉149v
用我不可，	三〈 稱 〉149v
·不用輔佐之助，	三〈 稱 〉160v
胥時而用賈（觀），	三〈 稱 〉164^
人皆用之，	四〈道原〉169v
和其用也。	四〈道原〉169v
耵（聖）王用此，	四〈道原〉172^
上用囗囗而民不麋（迷）惑。	四〈道原〉172^

甲

靹（霸）主積甲士而正（征）不備（服），	一〈六分〉34v

白

則黑白之分已。	一〈道法〉 3v
見白則白。	二〈 觀 〉80v
見白則白。	二〈 觀 〉81^
有黑有白，	二〈果童〉96v

皮（彼）

皮（彼）且自氏（抵）其刑。	一〈論約〉68v

目

唯目之瞻。	二〈行守〉136^

石

斗石已具，	一〈道法〉 5v
斗石之量曰小（少）多有數。	一〈四度〉43^

禾（和）

壹朵壹禾（和），	二〈正亂〉103v

穴

穴處者知雨，	三〈 稱 〉145v

立；（位）

法立而弗敢廢【也】。	一〈道法〉 1^
刑（形）名立，	一〈道法〉 3v
刑（形）名已立，	一〈道法〉 4v
貴賤有恒立（位），	一〈道法〉 6v
貴賤之恒立（位），	一〈道法〉 7^
去私而立公。	一〈道法〉 7v
正奇有立（位）。	一〈道法〉 7v
天地立（位），	一〈國次〉10^
其O謀臣在外立（位）者，	一〈六分〉23v
其主失立（位）則國无本，	一〈六分〉23v
主失立（位）則國芒（荒），	一〈六分〉24v
謀臣【在】外立（位）者，	一〈六分〉25^
主失立（位），	一〈六分〉25v
主失立（位），	一〈六分〉26^
主不失其立（位）則國【有本】，	一〈六分〉27^
南面而立。	一〈六分〉29v
君臣易立（位）胃（謂）之逆，	一〈四度〉35v
賢不宵（肖）並立胃（謂）之亂，	一〈四度〉36v
君臣當立（位）胃（謂）之靜，	一〈四度〉37^
賢不宵（肖）當立（位）胃（謂）之正，	一〈四度〉37v
文武並立，	一〈四度〉38^
有（又）逆其立（位）。	一〈四度〉41^
【動靜】之立（位），	一〈四度〉43v

君臣不失其立（位），	一〈四度〉44^
去私而立公，	一〈四度〉44^
處狂惑之立（位）處不吾（悟），	一〈四度〉45^
不處外內之立（位），	一〈論〉47^
動靜有立（位），	一〈論〉50^
一曰正名一曰立（位）而偃，	一〈論〉54v
內立（位）朕（勝）胃（謂）之塞，	一〈亡論〉62v
外立（位）朕（勝）胃（謂）之償，	一〈亡論〉62v
一立一廢，	一〈論約〉66v
逆順有立（位），	一〈論約〉69^
故能立天子，	一〈論約〉69v
禍材（災）廢立，	一〈名理〉76^
賤立（位）履參，	二〈立命〉78^
定立（位）於地，	二〈立命〉78v
乃立王、	二〈立命〉78v
立國，	二〈立命〉79^
立有命，	二〈立命〉79v
〈立【命】〉	二〈立命〉章名 80^
天地立名，	二〈正亂〉102^
不能並止；	二〈姓爭〉110v
立不讓，	二〈三禁〉125^
奇名不立。	二〈前道〉132v
立於不敢，	二〈順道〉138v
故立天子【者】，	三〈稱〉148^
立正敵（嫡）者，	三〈稱〉148v
立正妻者，	三〈稱〉148v
立爲□王。	三〈稱〉149^
獨立不偶，	四〈道原〉170^

乜（施）

O事恒自乜（施），	二〈？〉141^
乜（弛）欲傷法。	三〈稱〉143v
後將反乜（施）。	三〈稱〉156v

六　畫
交

交相爲央（殃），	一〈名理〉77v
交得其志。	二〈觀〉87v
外內交緩（接），	二〈五正〉90v
交爲之備，	二〈正亂〉101v

亦

亦无夭央（殃）。	一〈四度〉40^
吾不遺亦至矣。	二〈立命〉80^
不爭【者】亦无成功。	二〈五正〉94v
不爭亦毋（無）以成功。	二〈姓爭〉107v
先亦不凶，	二〈雌雄節〉114^
後亦不凶，	二〈雌雄節〉114v
先亦不吉，	二〈雌雄節〉114^
後亦不吉，	二〈雌雄節〉114v
其亦有長乎？	二〈成法〉122^
亦无大害焉。	二〈本伐〉127v
地亦无事焉。	三〈稱〉158v

伍

連爲什伍，	一〈君正〉16v

伐

禁伐當罪當亡，	一〈國次〉9v
故耶（聖）人之伐殹（也），	一〈國次〉12^
衣食足而刑伐（罰）必也。	一〈君正〉18v
反自伐也。	一〈君正〉18v
因天之殺也以伐死，	一〈君正〉19^
有佴（恥）則號令成俗而刑伐（罰）不犯，	一〈君正〉20v
號令成俗而刑伐（罰）不犯	一〈君正〉20v
以必伐。	一〈六分〉28v
禁伐當罪，	一〈四度〉39v
伐天毀，	一〈四度〉44v
伐之。	一〈論〉56^
變則伐死養生，	一〈論〉54v
所伐不當，	一〈亡論〉59v
所伐當罪，	一〈亡論〉60v
所伐不當，	一〈亡論〉60v
伐當罪，	一〈亡論〉64v
伐本隋（隳）功，	一〈論約〉67v
養死伐生，	一〈論約〉68^
伐其所以生。	一〈名理〉72^
伐其本而離其親。	一〈名理〉72^
伐其與而□□□，	一〈名理〉72^
以柔爲剛者伐。	一〈名理〉73v
亂積於內而稱失於外者伐。	一〈名理〉76v
伐亂禁暴，	二〈本伐〉128^
〈本伐〉	二〈本伐〉章名 129v
直木伐，	二〈行守〉137^
提正名以伐，	三〈稱〉151v
如伐於□。	三〈稱〉154v
如伐於山。	三〈稱〉154v

休

昏而休，	三〈稱〉154^

伏

【黃帝】令力黑浸行伏匿，	二〈觀 〉80v
乃深伏於淵，	二〈五正〉92^

任

任能毋過其所長。	一〈道法〉 7v
任能毋過其所長，	一〈四度〉44^
任百則輕。	二〈果童〉97v

光

陽竊者天奪【其】光，	一〈國次〉13^
命曰蔽光。	一〈亡論〉63v
陽察者奪光，	二〈觀 〉87^
重時而无光，	二〈觀 〉89^
·自光（廣）者人絕之；	三〈稱 〉146^

先

先屈後信（伸），	一〈國次〉10v
當罪先亡。	一〈論 〉57v
慎毋【先】正，	一〈論約〉68v
先後无O名。	二〈觀 〉81v
先德後刑以養生。	二〈觀 〉85v
先德後刑，	二〈觀 〉87v
其上帝未先而擅興兵，	二〈正亂〉106^
先者恒凶，	二〈雌雄節〉113v
先而不凶者，	二〈雌雄節〉113v
先亦不凶，	二〈雌雄節〉114^
先亦不吉，	二〈雌雄節〉114^
先天地生，	二〈行守〉137^
柔節後定。	二〈順道〉138^
弗敢以先人。	二〈順道〉138v
其刑（形）先之。	三〈稱 〉143^
·毋先天成，	三〈稱 〉153v
先天成則毀，	三〈稱 〉153v
先人餘央（殃）。	三〈稱 〉155^
先人之連（烈）。	三〈稱 〉155^
柔節後定，	三〈稱 〉166v

共；（恭）

視之（蚩）尤共工。	二〈正亂〉106^
口口共（恭）驗（儉），	二〈雌雄節〉112v
晃濕共（恭）僉（儉），	二〈順道〉138^

列；（裂）

列（裂）其地土，	一〈國次〉12^

列星有數，	一〈論 〉49v

刑；（形）

虛无刑（形），	一〈道法〉 1v
必有刑（形）名。	一〈道法〉 3v
刑（形）名立，	一〈道法〉 3v
无不自爲刑（形）名聲號矣。	一〈道法〉 4^
刑（形）名已立，	一〈道法〉 4^
反索之无刑（形），	一〈道法〉 6v
名刑（形）已定，	一〈道法〉 8^
恬（浩）彌无刑（形），	一〈道法〉 9^
【五年而以刑正】，	一〈君正〉15^
五年以刑正，	一〈君正〉15v
以刑正者，	一〈君正〉16^
衣食足而刑伐（罰）必也。	一〈君正〉18v
有俱（恥）則號令成俗而刑伐（罰）不犯，	一〈君正〉20v
號令成俗而刑伐（罰）不犯	一〈君正〉20v
達刑則傷。	一〈四度〉40^
高【下】不敝（蔽）其刑（形），	一〈四度〉43v
逆順有刑（形），	一〈四度〉44v
下洫者刑。	一〈亡論〉58v
達刑，	一〈亡論〉58v
天將不盈其命而重其刑。	一〈亡論〉59v
刑无罪	一〈亡論〉60^
三曰刑无罪	一〈亡論〉62v
胃（謂）之達刑。	一〈亡論〉65^
一時刑殺，	一〈論約〉66^
故有死刑。	一〈論約〉67^
必有天刑。	一〈論約〉68^
皮（彼）且自氐（抵）其刑。	一〈論約〉68v
審其刑（形）名。	一〈論約〉68v
刑（形）名已定，	一〈論約〉68v
莫見其刑（形），	一〈名理〉71v
故有逆刑。	一〈名理〉72^
刑名出聲，	一〈名理〉75v
如景（影）之隋（隨）刑（形），	一〈名理〉76^
亡刑（形）成於內而舉失於外者威（滅）。	一〈名理〉76v
德瘧（虐）无刑，	二〈觀 〉81v
牝牡若刑（形）。	二〈觀 〉83v
宿陽脩刑，	二〈觀 〉85^
而正之以刑與德。	二〈觀 〉85v
秋多爲刑。	二〈觀 〉85v
先德後刑以養生。	二〈觀 〉85v

在刑與德。	二〈觀〉86^
刑德皇皇，	二〈觀〉86^
先德後刑，	二〈觀〉87v
正名脩刑，	二〈觀〉88^
正名施（弛）刑，	二〈觀〉88v
不達天刑，	二〈觀〉90^
以求內刑（型）。	二〈五正〉92^
內刑（型）已得，	二〈五正〉92^
其刑視之（蚩）尤。	二〈五正〉95^
物又（有）其刑（形），	二〈果童〉97v
以隋（隨）天刑。	二〈正亂〉102v
天刑不擇。	二〈正亂〉102v
寺（待）其來【事】之逢刑（形）而私（和）焉。	二〈正亂〉103v
在刑與德。	二〈姓爭〉108v
刑德皇皇，	二〈姓爭〉108v
非刑不行。	二〈姓爭〉109^
繆（穆）繆（穆）天刑，	二〈姓爭〉109^
刑德相養，	二〈姓爭〉109^
刑晦而德明，	二〈姓爭〉109^
刑陰而德陽，	二〈姓爭〉109^
刑微而德章。	二〈姓爭〉109^
毋失吾恒刑，	二〈正亂〉106v
昔（措）刑不當。	二〈姓爭〉111v
是以僇受其刑。	二〈姓爭〉112^
兵不刑天，	二〈兵容〉116v
刑法不人，	二〈兵容〉116v
天地刑（形）之，	二〈兵容〉117^
耵（聖）人不達刑，	二〈兵容〉117v
合若有刑（形），	二〈成法〉120^
刑於雄節，	二〈行守〉134v
无刑（形）无名，	二〈行守〉137^
刑於女節。	二〈順道〉138v
必審名察刑（形）。	二〈？〉141^
刑（形）恒自定，	二〈？〉141^
其刑（形）先之。	三〈稱〉143^
建以其刑（形），	三〈稱〉143^
天有環（還）刑，	三〈稱〉149v
大（太）上无刑，	三〈稱〉161^
古（故）无有刑（形），	四〈道原〉168v
莫見其刑（形）。	四〈道原〉169v
廣大弗能爲刑（形），	四〈道原〉170^
故唯耵（聖）人能察无刑（形），	四〈道原〉171^

匡

則社稷大匡。	一〈國次〉9^

而盈口无匡。	二〈觀〉86v
社稷以匡，	二〈兵容〉119^

危

國危破亡。	一〈國次〉11v
身危又（有）央（殃）。	一〈國次〉12^
身危有【殃】，	一〈國次〉14^
在強國危，	一〈六分〉25^
在中國危，	一〈六分〉25v
危亡无日，	一〈六分〉35^
身危爲僇（戮），	一〈四度〉39^
國危破亡。	一〈四度〉39^
察逆順以觀于朝（霸）王危王之理，	一〈論〉53^
一國而服（備）六危者威（滅），	一〈亡論〉57v
是胃（謂）危根。	一〈亡論〉61^
危國亡土。	一〈亡論〉61^
六危：	一〈亡論〉61v
危不朕（勝），	一〈亡論〉62^
則危都國。	一〈亡論〉63v
國危有央（殃）。	一〈名理〉77v
國皆危亡。	一〈名理〉77v
其國家以危，	二〈兵容〉119^
危於死亡。	二〈行守〉134v
翟其上者危。	三〈稱〉145^
【危者】臣，	三〈稱〉146^
口口人者其生危，	三〈稱〉146v
其國必危。	三〈稱〉159v
國若不危。	三〈稱〉160^
失君必危。	三〈稱〉160^
失君不危者，	三〈稱〉160^
【失親必】危。	三〈稱〉160v
其生危，	三〈稱〉162^

吉

重柔者吉，	一〈名理〉73v
皇后屯曆（歷）吉凶之常，	二〈雌雄節〉112^
後者恒吉。	二〈雌雄節〉113v
後【而不吉者】，	二〈雌雄節〉114^
先亦不吉，	二〈雌雄節〉114v
後亦不吉，	二〈雌雄節〉114v
【是謂吉】節，	二〈雌雄節〉116^

同

故同出冥冥，	一〈道法〉2v

□□□□□□□□□□【名】正者治，	二〈前道〉132v
名奇者亂。	二〈前道〉132v
正名不奇，	二〈前道〉132v
奇名不立。	二〈前道〉132v
无刑（形）无名，	二〈行守〉137^
名殸（聲）章明。	二〈順道〉140v
必審名察刑（形）。	二〈 ? 〉141^
名以其名，	三〈 稱 〉143^
名以其名。	三〈 稱 〉143^
名臣，	三〈 稱 〉145v
名臣，	三〈 稱 〉145v
名臣也，	三〈 稱 〉146^
名臣也，	三〈 稱 〉146^
名臣也，	三〈 稱 〉146^
提正名以伐，	三〈 稱 〉151v
審其名以稱斷之。	三〈 稱 〉164^
大迵无名。	四〈道原〉168v
莫知其名。	四〈道原〉169v
顯明弗能為名，	四〈道原〉170^
授之以其名，	四〈道原〉173^

合

怀（倍）逆合當，	一〈四度〉40^
物有不合於道者，	一〈 論 〉51v
功合於天，	一〈論約〉67^
聲調實合，	一〈名理〉75v
合□□常，	二〈果童〉96^
更置六直而合以信。	二〈正亂〉103^
合若有刑（形），	二〈成法〉120^
合之而涅於美，	二〈前道〉133v
所以朕合之也。	三〈 稱 〉148v
主樹以知與治合積化以知時，	三〈 稱 〉164^

后

然后見知天下而不惑矣。	一〈道法〉1v
然后可以為天下正。	一〈道法〉9^
然后可以守單（戰）矣。	一〈君正〉17v
然后□□□□□□之中无不□□矣。	一〈 論 〉48v
然后帝王之道成。	一〈 論 〉53v
然后參於天地之恒道，	一〈論約〉69^
后及外人。	二〈五正〉90v
后中實而外正，	二〈五正〉91^
后身未自知，	二〈五正〉92^
后□自知屈后身。	二〈五正〉92^
后□自知屈后身。	二〈五正〉92v

后能慎勿爭乎？	二〈五正〉93^
后能去四者，	二〈五正〉93v
皇后屯曆（歷）吉凶之常，	二〈雌雄節〉112^
后能大虛。	四〈道原〉171v
后□精明。	四〈道原〉173v

因

因與俱行。	一〈國次〉10v
因天之生也以養生，	一〈君正〉19^
因天之殺也以伐死，	一〈君正〉19^
因天時，	一〈四度〉44v
因而勒之，	二〈 觀 〉82^
□□□□□□□□□因以為常，	二〈 觀 〉83^
天因而成之。	二〈 觀 〉84^
弗因則不成，	二〈 觀 〉84^
天因成而之。	二〈 觀 〉87v
因而禽之。	二〈五正〉95^
因之若成。	二〈果童〉97v
【吾】將因其事，	二〈正亂〉101v
因而阰（掊）之，	二〈正亂〉104^
耵（聖）人因而成之。	二〈兵容〉117^
因時秉□，	二〈兵容〉117^
因天時，	二〈兵容〉117v
因民之力，	二〈兵容〉118v
胥雄節之窮而因之。	二〈順道〉139^
因而飾（飭）之，	二〈順道〉140^
因天之則。	三〈 稱 〉144v
因地以為齎（資），因民以為師。	三〈 稱 〉152v
因民以為師。	三〈 稱 〉152v
弗因无犐也。	三〈 稱 〉152v
因而建事。	三〈 稱 〉157^

地

天地有恒常，	一〈道法〉6^
天地之恒常，	一〈道法〉6v
天地无私，	一〈國次〉10^
天地立（位），	一〈國次〉10^
天地之道，	一〈國次〉11v
列（裂）其地土，	一〈國次〉12^
【陰竊】者土地芒（荒）	一〈國次〉13^
土敝者亡地，	一〈國次〉13v
□□□□地之剛（綱），	一〈國次〉14^
人之本在地，	一〈君正〉19v
地之本在宜，	一〈君正〉19v
知地宜，	一〈君正〉20^
則天地之德也。	一〈君正〉21v
參之於天地，	一〈六分〉28v

又（有）地焉。	一〈六分〉29^
地廣人眾兵強，	一〈六分〉30^
動靜參於天地胃（謂）之文。	一〈四度〉37^
參於天地，	一〈四度〉38^
天地之道也，	一〈四度〉41v
地之稽也。	一〈四度〉43v
天地之口也，	一〈論〉46v
不重地則失其根。	一〈論〉46v
【重地】則得其根。	一〈論〉47v
則與天地總矣。	一〈論〉48^
是以守天地之極，	一〈論〉52v
種樹失地之宜，	一〈論〉55^
則天地之道逆矣。	一〈論〉55v
亡地更君。	一〈亡論〉58^
守國而侍（恃）其地險者削，	一〈亡論〉59^
下邪恒以地界爲私者口。	一〈亡論〉61^
天地之道也。	一〈論約〉65v
天地之李（理）也。	一〈論約〉65v
天地之紀也。	一〈論約〉66^
天地之道也。	一〈論約〉66^
亡地更君。	一〈論約〉67v
然后參之於天地之恒道，	一〈論約〉69^
建於地而洫（溢）於天，	一〈名理〉71v
大盈冬（終）天地之間而莫知其名。	一〈名理〉71v
定立（位）於地，	二〈立命〉78v
允地廣裕，	二〈立命〉79^
吾畏天愛地親【民】，	二〈立命〉79^
吾畏天愛【地】親民，	二〈立命〉79v
吾愛地而地不兄（曠）。	二〈立命〉79v
吾愛地而地不兄（曠）。	二〈立命〉79v
地□□□□□□□則亞（惡）。	二〈觀〉81^
天地已成，	二〈觀〉81v
下會於地，	二〈觀〉83v
寺（待）地氣之發也，	二〈觀〉84^
无與守地；	二〈觀〉84v
童（重）陰O長夜氣閉地繩（孕）者，	二〈觀〉85v
力地毋陰敝。	二〈觀〉86v
地尤復收。	二〈觀〉88^
地尤不收。	二〈觀〉88v
地物乃備。	二〈觀〉89^
視地於下，	二〈果童〉96^
地有恒常。	二〈果童〉96^
夫地有山有澤，	二〈果童〉96v
地俗德以靜，	二〈果童〉96v
侍（待）地而食。	二〈果童〉97v
以地爲母。	二〈果童〉98^
天官地一也。	二〈正亂〉101v
天地立名，	二〈正亂〉102^
此天地之奇也。	二〈正亂〉103v
天地【已】成，	二〈姓爭〉107^
天地已定，	二〈姓爭〉107v
天地已成，	二〈姓爭〉108^
天地與之。	二〈姓爭〉110^
天地與之。	二〈姓爭〉110v
天地奪之。	二〈姓爭〉110v
憼爲地桯。	二〈正亂〉106v
夫天地之道，	二〈姓爭〉110v
不法地，	二〈兵容〉116v
天地刑（形）之，	二〈兵容〉117^
昔天地既成，	二〈成法〉120^
以朾（扐）天地，	二〈成法〉121^
察於天地，	二〈成法〉122v
與天地同極，	二〈成法〉124^
乃可以知天地之禍福。	二〈成法〉124v
地禁之。	二〈三禁〉124v
地之禁，	二〈三禁〉124v
闔（合）於天地，	二〈前道〉129v
下知地利，	二〈前道〉132v
地且天，	二〈前道〉134^
地有恒常，	二〈行守〉134v
地亞（惡）廣，	二〈行守〉135^
地將絕之。	二〈行守〉135v
先天地生，	二〈行守〉137^
地成以財。	二〈順道〉137v
以隋（隨）天地之從（蹤）。	二〈順道〉140^
見地奪力，	二〈順道〉140v
取地不反。	二〈順道〉140v
察地之理，	三〈稱〉147v
耵（聖）人鑒論天地之紀，	三〈稱〉147v
·天子之地方千里，	三〈稱〉148^
地制高下，	三〈稱〉149v
·天地之道，	三〈稱〉152^
因地以爲齎（資），	三〈稱〉152v
地有【財】而不憂民之貧也。	三〈稱〉158^
地亦无事焉。	三〈稱〉158v
天陽地陰。	三〈稱〉164v
諸陰者法地，	三〈稱〉166^
地【之】德安徐正靜，	三〈稱〉166v
此地之度而雌之節也。	三〈稱〉166v
地弗能載。	四〈道原〉168v
天地陰陽，	四〈道原〉170^
乃通天地之精，	四〈道原〉171v

在

人之本在地，	一〈君正〉19v

地之本在宜，	一〈君正〉19v
宜之生在時，	一〈君正〉19v
時之用在民，	一〈君正〉19v
民之用在力，	一〈君正〉19v
力之用在節。	一〈君正〉20^
其O謀臣在外立（位）者，	一〈六分〉23v
在強國削，	一〈六分〉25^
在中國破，	一〈六分〉25^
在小國亡。	一〈六分〉25^
謀臣【在】外立（位）者，	一〈六分〉25^
在強國危，	一〈六分〉25^
在中國削，	一〈六分〉25^
在小國破。	一〈六分〉25v
在強國憂，	一〈六分〉25v
在中國危，	一〈六分〉25v
在小國削。	一〈六分〉26^
在強國破，	一〈六分〉26^
在中國亡，	一〈六分〉26^
在小國威（滅）。	一〈六分〉26^
在強國破，	一〈六分〉27^
在中國亡，	一〈六分〉27^
在小國威（滅）。	一〈六分〉27^
理之所在，	一〈 論 〉51v
失理之所在，	一〈 論 〉51v
逆之所在，	一〈 論 〉55v
反此之胃（謂）順之所在，	一〈 論 〉56^
論則知存亡興壞之所在，	一〈 論 〉54^
乃定禍福死生存亡興壞之所在。	一〈論約〉69v
在刑與德，	二〈 觀 〉86^
始在於身。	二〈五正〉90v
在刑與德，	二〈姓爭〉108v
□□蜀（獨）□□□□□□蜀（獨）在。	三〈 稱 〉148v
唯口所在。	三〈 稱 〉150v
在陰不腐，	四〈道原〉168v
在陽不焦。	四〈道原〉168v

多

多如倉粟。	一〈道法〉 5^
費多而无功，	一〈六分〉32^
斗石之量曰小（少）多有數。	一〈四度〉43^
多中者賞。	二〈正亂〉104v
多中者賞。	二〈正亂〉105^
故曰不多，	二〈成法〉120v
少以知多，	二〈成法〉123^
萬物之多，	二〈成法〉123v
握一以知多，	二〈成法〉124^
道弗爲益多。	四〈道原〉171^

握少以知多；	四〈道原〉173v

夸

曰虛夸，	一〈道法〉 2v

妄

一曰妄殺賢。	一〈亡論〉62v

好

玩好嬛好而不惑心，	一〈六分〉31^
玩好嬛好而不惑心，	一〈六分〉31^
玩好嬛好則或（惑）心；	一〈六分〉32^
玩好嬛好則或（惑）心；	一〈六分〉32^
女樂玩好燔材，	一〈四度〉46^
一曰好凶器。	一〈亡論〉64^
昔者黃宗質始好信，	二〈立命〉78^
凡人好用雄節，	二〈雌雄節〉114v
凡人好用【雌節】，	二〈雌雄節〉115^
驕洫（溢）好爭，	二〈行守〉134v
好德不爭。	二〈順道〉138v
无好无亞（惡），	四〈道原〉172^

如

事如直木，	一〈道法〉 5^
多如倉粟。	一〈道法〉 5^
如此而有（又）不能重士而師有道，	一〈六分〉33^
如燔如卒（淬），	一〈名理〉72v
如燔如卒（淬），	一〈名理〉72v
如繇（由）如驕（矯），	一〈名理〉72v
如繇（由）如驕（矯），	一〈名理〉72v
如景（影）之隋（隨）刑（形），	一〈名理〉76^
如向（響）之隋（隨）聲，	一〈名理〉76^
如衡之不臧（藏）重與輕。	一〈名理〉76^
如此者舉事將不成。	二〈 觀 〉88v
如此者舉事將不行。	二〈 觀 〉89^
其如莫存。	二〈 ？ 〉141v
如之。	三〈 稱 〉143v
·隱忌妒妹賊妾如此者，	三〈 稱 〉151^
如伐於口。	三〈 稱 〉154v
如伐於山。	三〈 稱 〉154v

存

亡而復存，	一〈道法〉 5v
【國】憂而存。	一〈六分〉24^
國憂而存。	一〈六分〉27v
六順六逆口存亡【興壞】之分也。	一〈六分〉28^
則存亡興壞可知也。	一〈 論 〉52^
論則知存亡興壞之所在，	一〈 論 〉54^

救人而弗能存，	一〈亡論〉61^
存亡興壞有處。	一〈論約〉69^
乃定禍福死生存亡興壞之所在。	一〈論約〉69^
是恒備雌節存也。	二〈雌雄節〉114^
是恒備雌雄節存也。	二〈雌雄節〉114^
是恒備雌雄節存也。	二〈雌雄節〉114^
是恒備雌雄節存也。	二〈雌雄節〉114v
其如莫存。	二〈 ？ 〉141v
憂存故也。	三〈 稱 〉145^
·有國存，	三〈 稱 〉150^
天下弗能存也。	三〈 稱 〉150^
君臾存也，	三〈 稱 〉160^
親臾存也。	三〈 稱 〉160^
口口口口正貴口存亡。	三〈 稱 〉164v

宇

不謀劫人之宇。	二〈順道〉140^

守

然后可以守單（戰）矣。	一〈君正〉17v
以有餘守，	一〈君正〉18v
則守固單（戰）朕（勝）之道也。	一〈君正〉20v
則守御（禦）之備具矣。	一〈君正〉22^
守怨之本，	一〈四度〉46^
是以守天地之極，	一〈 論 〉52v
守國而侍（恃）其地險者削，	一〈亡論〉59^
國受兵而不知固守，	一〈亡論〉60v
守不固，	一〈亡論〉63^
逆順是守。	一〈論約〉66v
守道是行，	一〈名理〉77v
无與守地；	二〈 觀 〉84v
无與守天。	二〈 觀 〉84v
時反是守。	二〈 觀 〉89v
謹守吾正名，	二〈正亂〉106v
則不失所守。	二〈姓爭〉108^
以守不寧，	二〈雌雄節〉114v
以守則寧，	二〈雌雄節〉115v
口以守一名，	二〈成法〉120v
莫能守一。	二〈成法〉122v
絑（總）凡守一，	二〈成法〉124^
小國得之以守其野，	二〈前道〉133^
〈行守〉	二〈行守〉章名137^
守弱節而堅之，	二〈順道〉139^

何國能守？	三〈 稱 〉143v
以守不固，	三〈 稱 〉161^

安

治之安。	一〈君正〉21v
其國安。	一〈六分〉27v
其國不安，	一〈六分〉23v
故國重而身安；	一〈六分〉34^
靜則安，	一〈四度〉37v
安得本，	一〈四度〉37v
可安一國。	一〈四度〉38^
以其无事安之則天下靜。	一〈 論 〉56v
安徐正靜，	二〈順道〉138^
安之則久。	三〈 稱 〉145v
地【之】德安徐正靜，	三〈 稱 〉166v

寺；（待，恃）

寺（待）地氣之發也，	二〈 觀 〉84^
以寺（待）逆兵。	二〈五正〉92^
盈其寺，	二〈正亂〉102^
寺（待）其來【事】之遂刑（形）而私〈和〉焉。	二〈正亂〉103^
而寺（持）民之所宜。	二〈成法〉124^
柔不足寺（恃）。	二〈三禁〉125v
柔身以寺（待）之時。	二〈前道〉131^
故言寺首，	二〈行守〉136v
以寺（待）逆節所窮。	二〈順道〉140^

州

施於九州。	二〈三禁〉126^

并；（餅）

負并（餅）而𧺆。	二〈果童〉99^
大國【得之以】并兼天下。	二〈前道〉133v

年

一年從其俗，	一〈君正〉14v
二年用其德，	一〈君正〉14v
三年而民有得，	一〈君正〉14v
四年而發號令，	一〈君正〉14v
【五年而以刑正】，	一〈君正〉15^
【六年而】民畏敬，	一〈君正〉15^
七年而可以正（征）。	一〈君正〉15^
一年從其俗，	一〈君正〉15^
二年用其德，	一〈君正〉15^
三年无賦斂，	一〈君正〉15v
四年發號令，	一〈君正〉15v
五年以刑正，	一〈君正〉15v
六年口口口口口口。	一〈君正〉16^
【七】年而可以正（征），	一〈君正〉16^

談臥三年以自求也。	二〈五正〉94^
年（侯）辯用知（智），	二〈成法〉119v
年（侯）辯乃止。	二〈成法〉121v

式

常有法式，	一〈論約〉66^

戒

外戒內戒，	一〈六分〉26v
外戒內戒，	一〈六分〉26v
奪其戒兵，	二〈五正〉94v
奮其戒兵。	二〈正亂〉104^

成

或以成。	一〈道法〉3^
秋稿（毫）成之，	一〈道法〉3^
功成而不止，	一〈國次〉11v
功成不廢，	一〈國次〉12v
五逆皆成，	一〈國次〉14^
有佴（恥）則號令成俗而刑伐（罰）不犯，	一〈君正〉20^
號令成俗而刑伐（罰）不犯	一〈君正〉20v
命曰逆成，	一〈六分〉25^
物曲成焉。	一〈六分〉35v
功成而傷。	一〈四度〉38v
功成而亡。	一〈四度〉38v
功成而不廢，	一〈四度〉39^
雖O无成功，	一〈四度〉40^
則有成功矣。	一〈四度〉44v
然后帝王之道成。	一〈論〉53v
逆節不成，	一〈亡論〉59v
逆節果成，	一〈亡論〉59v
三時成功，	一〈論約〉66^
名乃大成。	一〈論約〉67^
理則成，	一〈論約〉67^
故有逆成，	一〈名理〉71v
三者皆動於度之外而欲成功者也，	一〈名理〉73^
功必不成。	一〈名理〉73^
亡刑（形）成於內而舉失於外者威（滅）。	一〈名理〉76v
其事若不成，	一〈名理〉77^
其事若果成，	一〈名理〉77^
成名於人。	二〈立命〉78v
天地已成，	二〈觀〉81v
柔剛相成，	二〈觀〉83v
天因而成之。	二〈觀〉84^
弗因則不成。	二〈觀〉84v
天因成而之。	二〈觀〉87v
如此者舉事將不成。	二〈觀〉88v

散流相成，	二〈觀〉89v
乃正於事之所成。	二〈五正〉91^
不爭【者】亦无成功。	二〈五正〉94v
德瘧（虐）相成。	二〈果童〉97^
相與則成。	二〈果童〉97^
因之若成。	二〈果童〉97v
事成勿發，	二〈正亂〉103^
天地【已】成，	二〈姓爭〉107^
不爭亦毋（無）以成功。	二〈姓爭〉107^
天地已成，	二〈姓爭〉108^
逆順若成。	二〈姓爭〉109^
時相成。	二〈姓爭〉111^
其事若易成。	二〈姓爭〉111^
以作事【不成】，	二〈雌雄節〉115^
以作事則成，	二〈雌雄節〉115v
兵不可成。	二〈兵容〉116v
耵（聖）人因而成之。	二〈兵容〉117^
是必有成功。	二〈兵容〉117v
兵无成功。	二〈兵容〉118^
兵有成【功】，	二〈兵容〉118v
事无成功，	二〈兵容〉119^
請問天下有成法可以正民者？	二〈成法〉120^
昔天地既成，	二〈成法〉120^
吾聞天下成法，	二〈成法〉120v
〈成法〉	二〈成法〉章名 124^
成功而无以求也，	二〈本伐〉129^
小夫得之以成，	二〈前道〉133^
至今未成。	二〈行守〉137^
地成以財。	二〈順道〉137v
既成其功。	三〈稱〉150v
·毋先天成。	三〈稱〉153v
先天成則毀，	三〈稱〉153v
弗爲而自成。	三〈稱〉157^
小以成小，	四〈道原〉168v
大以成大。	四〈道原〉168v
百事得之以成。	四〈道原〉169^

收

能收天下豪桀（傑）票（驃）雄	一〈君正〉22^
地尤復收。	二〈觀〉88^
地尤不收。	二〈觀〉88v
收而爲之咎。	二〈正亂〉100v

曲

而明曲直者殹（也）。	一〈道法〉1^
物曲成焉。	一〈六分〉35v

| 能與（舉）曲直， | 一〈名理〉75v |
| 故口口賣（觀）今之曲直， | 三〈稱〉164^ |

有

生有害，	一〈道法〉1v
動有害，	一〈道法〉2^
動有事，	一〈道法〉2^
事有害，	一〈道法〉2^
事必有言，	一〈道法〉2v
言有害，	一〈道法〉2v
以不足爲有餘。	一〈道法〉2v
唯虛无有。	一〈道法〉3^
虛无有，	一〈道法〉3^
必有刑（形）名。	一〈道法〉3^
是故天下有事，	一〈道法〉4^
至明者有功。	一〈道法〉4v
天下有事，	一〈道法〉5^
必有巧驗。	一〈道法〉5^
天地有恒常，	一〈道法〉6v
萬民有恒事，	一〈道法〉6v
貴賤有恒立（位），	一〈道法〉6v
畜臣有恒道，	一〈道法〉6v
使民有恒度。	一〈道法〉6v
正奇有立（位）。	一〈道法〉7v
身危有【殃】，	一〈國次〉14^
三年而民有得，	一〈君正〉14v
則民有得。	一〈君正〉15v
【有】得者，	一〈君正〉16^
巽（選）練賢不宵（肖）有別殹（也）。	一〈君正〉16v
貴賤有別，	一〈君正〉18^
以有餘守，	一〈君正〉18v
天有死生之時，	一〈君正〉19^
國有死生之正（政）。	一〈君正〉19^
賦斂有度，	一〈君正〉20^
民富則有佴（恥），	一〈君正〉20^
有佴（恥）則號令成俗而刑伐（罰）不犯，	一〈君正〉20v
國有亂兵，	一〈六分〉24v
國中有師；	一〈六分〉27^
有大（六）順：	一〈六分〉27^
主不失其立（位）則國【有本】，	一〈六分〉27v
有天焉，	一〈六分〉29^
有人焉，	一〈六分〉29^
口口而有天下矣。	一〈六分〉29v
費少而有功，	一〈六分〉31^
有六逆：	一〈六分〉23^
臣不失處則下有根，	一〈六分〉24^

如此而有（又）不能重士而師有道，	一〈六分〉33^
如此而有（又）不能重士而師有道，	一〈六分〉33^
王天下者有玄德，	一〈六分〉33^
有口口獨知口口口口，	一〈六分〉33^
賤財而貴有知（智），	一〈六分〉34^
賤身而貴有道，	一〈六分〉34^
有（又）逆其立（位）。	一〈四度〉41^
當者有口。	一〈四度〉41v
斗石之量曰小（少）多有數。	一〈四度〉43^
美亞（惡）有名，	一〈四度〉44^
逆順有刑（形），	一〈四度〉44^
請（情）僞有實，	一〈四度〉44^
則有成功矣。	一〈四度〉44v
身必有瘳（戮）。	一〈四度〉45^
雖有耵（聖）人，	一〈四度〉46^
南北有極，	一〈論〉49^
進退有常，	一〈論〉49v
列星有數，	一〈論〉49v
則四時有度，	一〈論〉50^
動靜有立（位），	一〈論〉50^
而外內有處。	一〈論〉50^
物有不合於道者，	一〈論〉51v
三名察則事有應矣。	一〈論〉55^
逆順有理，	一〈論〉56^
不足者視（示）人有餘。	一〈論〉56v
以其有事起之則天下聽，	一〈論〉56v
有國將昌，	一〈論〉57v
以此有國，	一〈亡論〉63^
有國將亡，	一〈亡論〉65^
四時有度，	一〈論約〉65v
日月星晨（辰）有數，	一〈論約〉66^
常有法式，	一〈論約〉66^
故有死刑。	一〈論約〉66v
不有人僇（戮），	一〈論約〉68^
必有天刑。	一〈論約〉68^
逆順有立（位），	一〈論約〉69^
死生有分，	一〈論約〉69^
存亡興壞有處。	一〈論約〉69^
之胃（謂）有道。	一〈論約〉69v
有物始口，	一〈名理〉71^
故有逆成，	一〈名理〉71v
故有逆刑。	一〈名理〉72^
天下有事，	一〈名理〉74^
是非有分，	一〈名理〉74v
國危有央（殃）。	一〈名理〉77v
立有命，	二〈立命〉79v
未有陰陽。	二〈觀〉82v

吾未有以名。	二〈觀〉82v
已陽而有（又）陽，	二〈觀〉89^
中有正度，	二〈五正〉90v
兼有天下。	二〈果童〉95v
夫天有榦，	二〈果童〉96^
地有恒常。	二〈果童〉96^
是以晦有明，	二〈果童〉96v
是以晦有明，	二〈果童〉96v
有陰有陽。	二〈果童〉96v
有陰有陽。	二〈果童〉96v
夫地有山有澤，	二〈果童〉96v
夫地有山有澤，	二〈果童〉96v
有黑有白，	二〈果童〉96v
有黑有白，	二〈果童〉96v
有美有亞（惡）。	二〈果童〉96v
有美有亞（惡）。	二〈果童〉96v
兩若有名，	二〈果童〉97^
有□□□重，	二〈果童〉97^
人有其中，	二〈果童〉97v
民生有極，	二〈正亂〉100^
逆順有類。	二〈正亂〉102v
居則有法，	二〈姓爭〉111^
德則无有。	二〈姓爭〉111v
必得將有賞。	二〈雌雄節〉113^
是必有成功。	二〈兵容〉117v
天固有奪有予，	二〈兵容〉118^
天固有奪有予，	二〈兵容〉118^
有祥□□□□□弗受，	二〈兵容〉118^
兵有成【功】，	二〈兵容〉118^
國家有幸，	二〈兵容〉118v
有延其命。	二〈兵容〉118v
有（又）重有功，	二〈兵容〉119^
有（又）重有功，	二〈兵容〉119^
唯余一人兼有天下，	二〈成法〉119v
請問天下有成法可以正民者？	二〈成法〉120^
正若有名，	二〈成法〉120^
合若有刑（形），	二〈成法〉120^
請問天下猷（猶）有一虖（乎）？	二〈成法〉121^
其亦有長乎？	二〈成法〉122^
夫百言有本，	二〈成法〉123^
千言有要，	二〈成法〉123^
萬【言】有蔥（總）。	二〈成法〉123v
天有恒日，	二〈三禁〉126v
皆有兵道。	二〈本伐〉127^
有爲利者，	二〈本伐〉127^
有爲義者，	二〈本伐〉127^
有行忿者。	二〈本伐〉127^

怒必有爲也。	二〈本伐〉129^
治國固有前道，	二〈前道〉132^
道有原而无端，	二〈前道〉133v
循之而有常。	二〈前道〉133v
天有恒榦，	二〈行守〉134v
地有恒常。	二〈行守〉134v
有人將來，	二〈行守〉135v
有一言，	二〈行守〉136v
大茥（庭）氏之有天下也，	二〈順道〉137^
大茥（庭）之有天下也，	二〈順道〉137v
能毋有己，	二〈？〉141v
我有所周。	二〈？〉142^
道无始而有應。	三〈稱〉143^
有物將來，	三〈稱〉143^
有身弗能葆（保），	三〈稱〉143v
·有義（儀）而義（儀）則不過，	三〈稱〉144^
弗能令者弗得有。	三〈稱〉145v
天有環（還）刑，	三〈稱〉149v
·有國存，	三〈稱〉150^
有國將亡，	三〈稱〉150^
必有覈（核），	三〈稱〉152^
覈（核）中必有意。	三〈稱〉152^
有左有右，	三〈稱〉152^
有左有右，	三〈稱〉152^
有牝有牡。	三〈稱〉152^
有牝有牡。	三〈稱〉152^
·有宗將興，	三〈稱〉154v
有宗將壞，	三〈稱〉154v
·山有木，	三〈稱〉155^
·天下有參（三）死：	三〈稱〉156^
不有內亂，	三〈稱〉157v
必有外客。	三〈稱〉157v
【·】天有明而不憂民之晦也。	三〈稱〉158^
地有【財】而不憂民之貧也。	三〈稱〉158^
·諸侯有亂，	三〈稱〉158v
·生人有居，	三〈稱〉159^
【死】人有墓。	三〈稱〉159v
·臣有兩位者，	三〈稱〉159v
子有兩位者，	三〈稱〉160^
大（太）下不鬭不訟有（又）不果。	三〈稱〉161v
有事陽而无事陰。	三〈稱〉165^
有喪陰。	三〈稱〉165v
未有明晦。	四〈道原〉168^
古（故）未有以，	四〈道原〉168^
古（故）无有刑（形），	四〈道原〉168v

朵

我將觀其往事之卒而朵焉，	二〈正亂〉103^
壹朵壹禾（和），	二〈正亂〉103v

次

國失其次，	一〈國次〉 9^
〈國次〉	二〈國次〉章名 14v
陰節復次，	二〈 觀 〉88^
陽節復次，	二〈 觀 〉88v
其【次】囗囗，	三〈 稱 〉161^
其次爭於明，	三〈 稱 〉161v

此

此胃（謂）五逆。	一〈國次〉13v
此之胃（謂）頹（類）國。	一〈六分〉24^
此胃（謂）亡國。	一〈六分〉24v
如此而有（又）不能重士而師有道，	一〈六分〉33^
自此以下，	一〈六分〉35^
此之胃（謂）七法。	一〈 論 〉51^
執此道也。	一〈 論 〉52v
反此之胃（謂）順之所在，	一〈 論 〉56^
此五者，	一〈亡論〉59^
此三不辜。	一〈亡論〉62v
以此有國，	一〈亡論〉63^
此胃（謂）一雍（壅）。	一〈亡論〉63^
此胃（謂）二雍（壅）。	一〈亡論〉63v
此胃（謂）重雍（壅），	一〈亡論〉63v
此胃（謂）三雍（壅）。	一〈亡論〉64^
此胃（謂）【三凶】。	一〈亡論〉64^
此材（災）囗生，	二〈 觀 〉88^
如此者舉事將不成。	二〈 觀 〉88v
如此者舉事將不行。	二〈 觀 〉89^
此天地之奇也。	二〈正亂〉103v
此天之道也。	二〈兵容〉119^
孰能治此？	二〈成法〉123v
萬乘【之】主囗囗希不自此始，	二〈本伐〉128v
知此道，	二〈前道〉134^
若此者其民勞不囗，	二〈順道〉139^
若此者，	二〈順道〉140v
・隱忌妒妹賊妾如此者，	三〈 稱 〉151^
此地之度而雌之節也。	三〈 稱 〉166v
服此道者，	四〈道原〉171v
耵（聖）王用此，	四〈道原〉172^

死

或以死，	一〈道法〉 2v
死而復生，	一〈道法〉 5v
逆順死生，	一〈道法〉 8^
民死節殹（也）。	一〈君正〉17^
天有死生之時，	一〈君正〉19^
國有死生之正（政）。	一〈君正〉19^
因天之殺也以伐死，	一〈君正〉19^
毋御死以生，	一〈四度〉40v
【月信生信】死，	一〈 論 〉49v
觀則知死生之國，	一〈 論 〉54^
變則伐死養生，	一〈 論 〉54v
胃（謂）之死國，	一〈 論 〉56^
一國而服（偝）三不辜者死，	一〈亡論〉58^
名禁而不王者死。	一〈亡論〉58v
上洫者死，	一〈亡論〉58v
故有死刑。	一〈論約〉67^
逆則死，	一〈論約〉67v
養死伐生，	一〈論約〉68^
死生有分，	一〈論約〉69^
乃定禍福死生存亡興壞之所在。	一〈論約〉69v
養其所以死，	一〈名理〉72^
其死必應之。	一〈名理〉73^
吾受民囗囗囗囗囗囗囗死，	二〈立命〉80^
其法亡以窮。	二〈五正〉95^
將令之死而不得悔，	二〈正亂〉101^
不死不生，	二〈正亂〉106v
幾於死亡。	二〈雌雄節〉 113^
憲古章物不實者死，	二〈三禁〉126^
眾之所死也。	二〈本伐〉128^
危於死亡。	二〈行守〉135^
死不宛（怨）。	二〈順道〉139v
・失其天者死，	三〈 稱 〉144v
欺其主者死。	三〈 稱 〉144v
其死辱翳（也）。	三〈 稱 〉146v
流之死亡。	三〈 稱 〉149v
・天下有參（三）死：	三〈 稱 〉156^
忿不量力死，	三〈 稱 〉156^
耆（嗜）欲无窮死，	三〈 稱 〉156^
寡不辟（避）眾死。	三〈 稱 〉156^
【死】人有墓，	三〈 稱 〉159^
令不得與死者從事。	三〈 稱 〉159v

牝

行法循囗囗囗牝牡，	二〈 觀 〉83v
牝牡相求，	二〈 觀 〉83v
牝牡若刑（形）。	二〈 觀 〉83v
有牝有牡。	三〈 稱 〉152^

百

百族不親其事，	一〈論〉55v
任百則輕。	二〈果童〉97v
夫百言有本，	二〈成法〉123^
世利萬夫百生（姓）。	二〈前道〉130^
諸侯百里，	三〈稱〉148^
【百】姓辟（闢）其戶牖而各取昭焉。	三〈稱〉158^
百姓斬木剌（刈）新（薪）而各取富焉。	三〈稱〉158v
千六百	三〈稱〉總字167^
百事得之以成。	四〈道原〉169^
四百六十	四〈道原〉總字174^

羊（祥）

羊（祥）於鬼神，	二〈前道〉129v
陰謀不羊（祥），	二〈行守〉134v

而

而明曲直者殹（也）。	一〈道法〉1^
生法而弗敢犯殹（也），	一〈道法〉1^
法立而弗敢廢【也】。	一〈道法〉1^
然后見知天下而不惑矣。	一〈道法〉1v
曰時而口。	一〈道法〉2^
則治而制之矣。	一〈道法〉5v
絕而復屬，	一〈道法〉5v
亡而復存，	一〈道法〉5v
死而復生，	一〈道法〉5v
平衡而止。	一〈道法〉6^
去私而立公。	一〈道法〉7v
而名口弗去。	一〈道法〉7v
而中達君臣之半，	一〈道法〉8v
而弗爲主。	一〈道法〉8v
奪而无予，	一〈國次〉9v
兼之而勿擅，	一〈國次〉10^
而毋擅天功。	一〈國次〉10v
功成而不止，	一〈國次〉11v
三年而民有得，	一〈君正〉14v
四年而發號令，	一〈君正〉14v
【五年而以刑正】，	一〈君正〉15^
【六年而】民畏敬，	一〈君正〉15^
七年而可以正（征）。	一〈君正〉15v
【七】年而可以正（征），	一〈君正〉16^
必廄而上九，	一〈君正〉17^
衣食足而刑伐（罰）必也。	一〈君正〉18v
須時而樹，	一〈君正〉20^
有佢（恥）則號令成俗而刑伐（罰）不犯，	一〈君正〉20v
號令成俗而刑伐（罰）不犯	一〈君正〉20v
而以法度治者，	一〈君正〉20v
而生法度者，	一〈君正〉21^
精公无私而賞罰信，	一〈君正〉21^
國憂而存。	一〈六分〉27v
而兼復（覆）載而无私也，	一〈六分〉29^
而兼復（覆）載而无私也，	一〈六分〉29^
口口而有天下矣。	一〈六分〉29v
南面而立。	一〈六分〉29v
萬民和輯而樂爲其主上用，	一〈六分〉30^
然而不知王述（術），	一〈六分〉30v
驅騁馳獵而不禽芒（荒），	一〈六分〉30v
飲食喜樂而不面（湎）康，	一〈六分〉30v
玩好嬛好而不惑心，	一〈六分〉31^
費少而有功，	一〈六分〉31^
則國富而民口口口口口，	一〈六分〉31v
德溥（薄）而功厚者隋（墮），	一〈亡論〉58^
名禁而不王者死。	一〈亡論〉58v
守國而侍（恃）其地險者削，	一〈亡論〉59^
用國而侍（恃）其強者弱。	一〈亡論〉59^
天將不盈其命而重其刑。	一〈亡論〉59v
贏極而不靜，	一〈亡論〉60^
動舉而不正，	一〈亡論〉60^
【國】憂而存。	一〈六分〉24^
費多而无功，	一〈六分〉32^
單（戰）朕（勝）而令不口口，	一〈六分〉32^
則國貧而民芒（荒）。	一〈六分〉32v
如此而有（又）不能重士而師有道，	一〈六分〉33^
如此而有（又）不能重士而師有道，	一〈六分〉33^
王天下而天下莫知其所以。	一〈六分〉33v
輕縣國而重士，	一〈六分〉33v
故國重而身安；	一〈六分〉34^
賤財而貴有知（智），	一〈六分〉34^
故功得而財生；	一〈六分〉34^
賤身而貴有道，	一〈六分〉34^
故身貴而令行。	一〈六分〉34^
朝（霸）主積甲士而正（征）不備（服），	一〈六分〉34v
誅禁當罪而不私其利，	一〈六分〉34v
故令行天下而莫敢不聽，	一〈六分〉35^
而莫知其所從來。	一〈六分〉35^
功成而傷。	一〈四度〉38v
功成而亡。	一〈四度〉38v
功成而不廢，	一〈四度〉39^
極而反，	一〈四度〉41v
盛而衰，	一〈四度〉41v
逆順同道而異理，	一〈四度〉42^
去私而立公，	一〈四度〉44^

武刃而以文隨其後，	一〈四度〉	44v
柔弱者无罪而幾，	一〈四度〉	45^
不及而翟，	一〈四度〉	45^
剛正而口者口口而不廄。	一〈四度〉	45v
剛正而口者口口而不廄。	一〈四度〉	45v
不順【四時之度】而民疾。	一〈論〉	47^
則事害（寔）於內而舉害（寔）於【外】。	一〈論〉	47^
順四【時之度】口口口而民不口疾。	一〈論〉	47v
而得舉得於外。	一〈論〉	48^
而不失其行，	一〈論〉	49v
而外內有處。	一〈論〉	50^
極而【反】者，	一〈論〉	50v
盡知請（請）偽而不惑，	一〈論〉	53v
三名察則盡知請（情）偽而【不】惑矣。	一〈論〉	57^
一國而服（偪）六危者威（滅），	一〈亡論〉	57v
一曰正名一曰立（位）而偃，	一〈論〉	54v
二曰倚名法而亂，	一〈論〉	55^
三曰強主威（滅）而无名。	一〈論〉	55^
一國而服（偪）三不辜者死，	一〈亡論〉	58^
一國之君而服（偪）三壅者，	一〈亡論〉	58^
一國而服（偪）三凶者，	一〈亡論〉	58^
國受兵而不知固守，	一〈亡論〉	60v
救人而弗能存，	一〈亡論〉	61^
約而倍之，	一〈亡論〉	64v
見利而反，	一〈亡論〉	65^
始於文而卒於武，	一〈論約〉	65v
四時時而定，	一〈論約〉	66^
冬（終）而復始。	一〈論約〉	66v
退而无名。	一〈論約〉	67^
周遷而无功。	一〈論約〉	68^
論天下而无遺荚。	一〈論約〉	69v
而天下化之，	一〈論約〉	69v
處於度之內而見於度之外者也。	一〈名理〉	70^
不言而信。	一〈名理〉	70v
言而不可易也。	一〈名理〉	70v
靜而不可移也。	一〈名理〉	70v
動而○不可化也。	一〈名理〉	71^
動而靜而不移，	一〈名理〉	71^
動而靜而不移，	一〈名理〉	71^
動而不化，	一〈名理〉	71^
建於地而洫（溢）於天，	一〈名理〉	71v
大盈冬（終）天地之間而莫知其名。	一〈名理〉	71v
伐其本而離其親。	一〈名理〉	72^
伐其與而口口口，	一〈名理〉	72^
後必亂而卒於无名。	一〈名理〉	72v
三者皆動於度之外而欲成功者也。	一〈名理〉	73^
亂積於內而稱失於外者伐。	一〈名理〉	76v
亡刑（形）成於內而舉失於外者威（滅）。	一〈名理〉	76v
逆則上洫（溢）而不知止者亡。	一〈名理〉	77^
吾愛民而民不亡，	二〈立命〉	79v
吾愛地而地不兄（曠），	二〈立命〉	79v
吾句（苟）能親親而興賢，	二〈立命〉	80^
而民生，	二〈觀〉	81v
因而勒之，	二〈觀〉	82^
其明者以為法而微道是行。	二〈觀〉	83^
乃夢（萌）者夢（萌）而茲（孳）者茲（孳），	二〈觀〉	84^
天因而成之。	二〈觀〉	84^
而正之以刑與德。	二〈觀〉	85v
而適（敵）者生爭，	二〈觀〉	86^
而盈口无匡。	二〈觀〉	86^
天因成而之。	二〈觀〉	87v
其時贏而事絀，	二〈觀〉	88^
其時絀而事贏，	二〈觀〉	88v
已陽而有（又）陽，	二〈觀〉	89^
重時而无光，	二〈觀〉	89v
后中實而外正，	二〈五正〉	91^
因而禽之。	二〈五正〉	95^
今余欲畜而正之，	二〈果童〉	95v
均而平之，	二〈果童〉	95v
而稽之男女。	二〈果童〉	96^
而天正名以作。	二〈果童〉	97^
夫民卬（仰）天而生，	二〈果童〉	97v
侍（待）地而食。	二〈果童〉	98^
今余欲畜而正之，	二〈果童〉	98^
均而平之，	二〈果童〉	98^
果童於是衣褐而穿，	二〈果童〉	98v
負幷（缾）而㙊。	二〈果童〉	99^
豐而【為】口，	二〈正亂〉	100^
口而為既，	二〈正亂〉	100v
致而為費，	二〈正亂〉	100v
緩而為口。	二〈正亂〉	100v
憂桐（恫）而君（窘）之，	二〈正亂〉	100v
收而為之咎。	二〈正亂〉	100v
纍而高之，	二〈正亂〉	100v
部（踣）而救弗也。	二〈正亂〉	101^
將令之死而不得悔，	二〈正亂〉	101^
單（戰）數盈六十而高陽未夫，	二〈正亂〉	101^
天佑而弗戒，	二〈正亂〉	101v
而投之代，	二〈正亂〉	102^
吾將遂是其逆而僇（戮）其身，	二〈正亂〉	102v
更置六直而合以信。	二〈正亂〉	103^
我將觀其往事之卒而朵焉，	二〈正亂〉	103^

寺（侍）其來【事】之遂刑（形）而私〈和〉焉。	二〈正亂〉103v
以其民作而自戲也，	二〈正亂〉103v
刑晦而德明，	二〈姓爭〉109^
刑晦而德明，	二〈姓爭〉109^
刑微而德章。	二〈姓爭〉109^
而微道是行。	二〈姓爭〉109v
因而肣（擒）之。	二〈正亂〉104^
劃（薅）其髮而建之天，	二〈正亂〉104v
非而行之，	二〈正亂〉105v
其上帝未先而擅興兵，	二〈正亂〉106^
夫雄節而數得，	二〈雌雄節〉113^
雌節而數亡，	二〈雌雄節〉113^
先而不凶者，	二〈雌雄節〉113v
後【而不吉者】，	二〈雌雄節〉114^
耵（聖）人因而成之。	二〈兵容〉117^
一言而止。	二〈成法〉120v
昔者皇天使馮（鳳）下道一言而止。	二〈成法〉121^
一者一而已乎？	二〈成法〉122^
胡爲而无長？	二〈成法〉122^
而寺（持）民之所宜。	二〈成法〉124^
剛強而虎質者丘，	二〈三禁〉125v
康沉而流面（湎）者亡。	二〈三禁〉125v
舉兵而栽（誅）之，	二〈本伐〉127v
窮而反（返）矣。	二〈本伐〉128v
成功而无以求也，	二〈本伐〉129^
壹言而利之者，	二〈前道〉130v
壹言而利國者，	二〈前道〉130v
而不□□□□□□幸也。	二〈前道〉131^
道有原而无端，	二〈前道〉133v
合之而涅於美，	二〈前道〉133v
循之而有常。	二〈前道〉133v
奪之而无予，	二〈行守〉135^
高而不已【，】	二〈行守〉135v
廣而不已，	二〈行守〉135v
苛而不已，	二〈行守〉135v
得而勿失。	二〈行守〉136^
得而勿以。	二〈行守〉136v
而天開以時，	二〈順道〉137v
常後而不失體（體），	二〈順道〉138^
守弱節而堅之，	二〈順道〉139^
胥雄節之窮而因之。	二〈順道〉139v
因而飾（飭）之，	二〈順道〉140^
能自擇而尊理乎？	二〈 ？ 〉141v
道无始而有應。	三〈 稱 〉143^

非益而損，	三〈 稱 〉144^
非進而退。	三〈 稱 〉144^
·有義（儀）而義（儀）則不過，	三〈 稱 〉144^
侍（恃）表而望則不惑，	三〈 稱 〉144^
案法而治則不亂。	三〈 稱 〉144^
兵者不得已而行。	三〈 稱 〉147v
擇（釋）法而用我。	三〈 稱 〉149v
而隱於德。	三〈 稱 〉150^
下其等而遠其身。	三〈 稱 〉151^
得所欲而止。	三〈 稱 〉151v
行而行，	三〈 稱 〉152v
處而處。	三〈 稱 〉152v
大水至而可也。	三〈 稱 〉153v
毋非時而榮。	三〈 稱 〉153v
非時而榮則不果。	三〈 稱 〉153v
昏而休，	三〈 稱 〉154^
明而起。	三〈 稱 〉154^
殴（究）數而止。	三〈 稱 〉154^
敵則循繩而爭。	三〈 稱 〉154^
·行曾（憎）而索愛，	三〈 稱 〉154^
行母（侮）而索敬，	三〈 稱 〉154v
貞良而亡，	三〈 稱 〉155^
商（狷）闕（狹）而栝（活），	三〈 稱 〉155^
·坤（卑）而正者增，	三〈 稱 〉155^
高而倚者傰（崩）。	三〈 稱 〉155^
·弗同而同，	三〈 稱 〉156v
舉而爲同。	三〈 稱 〉156v
弗異而異，	三〈 稱 〉157^
舉而爲異。	三〈 稱 〉157^
弗爲而自成，	三〈 稱 〉157^
因而建事。	三〈 稱 〉157^
·陽親而陰亞（惡），	三〈 稱 〉157^
胃（謂）外其膚而內其勮。	三〈 稱 〉157^
【·】天有明而不憂民之晦也。	三〈 稱 〉158^
【百】姓辟（闢）其戶牖而各取昭焉。	三〈 稱 〉158^
地有【財】而不憂民之貧也。	三〈 稱 〉158v
百姓斬木刜（刈）新（薪）而各取富焉。	三〈 稱 〉158v
制人而失其理，	三〈 稱 〉159^
·惑而極（亟）反（返），	三〈 稱 〉159v
而侍（恃）其城郭之固，	三〈 稱 〉160v
·寒時而獨暑，	三〈 稱 〉162^
暑時而獨寒，	三〈 稱 〉162^
而不信其可也，	三〈 稱 〉163^
而不信其□□□□□□□□□	三〈 稱 〉163^
積者積而居，	三〈 稱 〉164^
胥時而用賈（覬），	三〈 稱 〉164^

有事陽而无事陰。	三〈 稱 〉165^
信（仲）者陰者屈者陰。	三〈 稱 〉165^
此地之度而雌之節也。	三〈 稱 〉166v
恒一而止。	四〈道原〉168^
鳥得而蜚（飛），	四〈道原〉169^
魚得而流（游），	四〈道原〉169^
獸得而走，	四〈道原〉169^
是故上道高而不可察也，	四〈道原〉170^
深而不可則（測）也。	四〈道原〉170^
堅強而不撌，	四〈道原〉171^
柔弱而不可化。	四〈道原〉171^
通同而无間，	四〈道原〉171v
周襲而不盈。	四〈道原〉171v
上用□□而民不麋（迷）惑。	四〈道原〉172v
上虛下靜而道得其正。	四〈道原〉172v
而萬民不爭。	四〈道原〉173^
而萬物自定。	四〈道原〉173^
夫爲一而不化。	四〈道原〉173v

肉

腐其骨肉，	二〈正亂〉105^

臣

畜臣有恒道，	一〈道法〉 6v
畜臣之恒道，	一〈道法〉 7^
而中達君臣之半，	一〈道法〉 8v
其臣主，	一〈六分〉23^
其○謀臣在外立（位）者，	一〈六分〉23v
臣不失處則下有根，	一〈六分〉23v
臣失處則令不行，	一〈六分〉24^
群臣离（離）志；	一〈六分〉24v
大臣主，	一〈六分〉24v
謀臣【在】外立（位）者，	一〈六分〉25^
臣不失處，	一〈六分〉25v
臣失處，	一〈六分〉26^
主暴臣亂。	一〈六分〉26v
【臣】失其處則下无根，	一〈六分〉27v
主惠臣忠者，	一〈六分〉27v
主主臣臣，	一〈六分〉27v
主主臣臣，	一〈六分〉27v
臣循理者，	一〈六分〉28^
主得【位】臣楅（輻）屬者，王。	一〈六分〉28^
臣肅敬，	一〈六分〉29v
君臣易立（位）胃（謂）之逆，	一〈四度〉35v
君臣當立（位）胃（謂）之靜，	一〈四度〉37^
君臣不失其立（位），	一〈四度〉43v
臣不親其主，	一〈 論 〉55v
二曰大臣主。	一〈亡論〉61v

三曰謀臣【離】其志。	一〈亡論〉61v
君臣上下，	二〈 觀 〉87v
·帝者臣，	三〈 稱 〉145v
名臣，	三〈 稱 〉145v
王者臣，	三〈 稱 〉145v
名臣，	三〈 稱 〉145v
朝（霸）者臣，	三〈 稱 〉146^
名臣也，	三〈 稱 〉146^
【危者】臣，	三〈 稱 〉146^
名臣也，	三〈 稱 〉146^
亡者臣，	三〈 稱 〉146^
名臣也，	三〈 稱 〉146^
天子弗臣也。	三〈 稱 〉146^
君弗得臣。	三〈 稱 〉154v
·臣有兩位者，	三〈 稱 〉159v
臣故跜（差）也。	三〈 稱 〉160v
主陽臣陰。	三〈 稱 〉165^

自

口能自引以繩，	一〈道法〉 1v
曰自誣，	一〈道法〉 2v
无不自爲刑（形）名聲號矣。	一〈道法〉 4^
物自爲舍，	一〈道法〉 8^
物自爲名，	一〈道法〉 8^
物自爲正。	一〈道法〉 8^
反自伐也。	一〈君正〉18v
自此以下，	一〈六分〉35^
逆順各自命也，	一〈 論 〉51v
勿（物）自正也，	一〈 論 〉57^
名自命也，	一〈 論 〉57^
事自定也，	一〈 論 〉57^
禍反【自】及也。	一〈亡論〉58^
禍皆反自及也。	一〈亡論〉59^
過（禍）皆反自及也。	一〈亡論〉60v
皮（彼）且自氐（抵）其刑。	一〈論約〉68v
作自爲象（像），	二〈立命〉78^
四達自中，	二〈立命〉78^
吾身未自知，	二〈五正〉92^
后身未自知，	二〈五正〉92^
后口自知屈后身，	二〈五正〉92v
談臥三年以自求也。	二〈五正〉94^
口口自生，	二〈正亂〉102^
胥備自生。	二〈正亂〉103^
以其民作而自戲也，	二〈正亂〉103v
吾或（又）使之自靡也。	二〈正亂〉103v
民自則之，	二〈三禁〉126v
環（還）自服之，	二〈三禁〉126v
萬乘【之】主口口希不自此始，	二〈本伐〉128v

刑（形）恒自定，	二〈　？　〉141^
○事恒自怉（施），	二〈　？　〉141^
來自至，	二〈　？　〉141v
去自往。	二〈　？　〉141v
能自擇而尊理乎？	二〈　？　〉141v
・自光（廣）者人絕之；	三〈　稱　〉146^
故以人之自爲，	三〈　稱　〉147^
弗爲而自成，	三〈　稱　〉157^
而萬物自定。	四〈道原〉173^

至

至明者有功。	一〈道法〉4^
至正者靜，	一〈道法〉4v
至靜者耶（聖）。	一〈道法〉4v
至知（智）者爲天下稽。	一〈道法〉4v
故能至素至精，	一〈道法〉9^
故能至素至精，	一〈道法〉9^
天誅必至。	一〈亡論〉61v
至神之極，	一〈　論　〉52^
天誅必至。	一〈亡論〉57v
吾不遺亦至矣。	二〈立命〉80^
時至矣，	二〈五正〉93^
明明至微，	二〈姓爭〉109v
凶憂重至，	二〈雌雄節〉113^
何以知紃之至？	二〈成法〉122v
至今未成。	二〈行守〉137^
順之至也。	二〈順道〉141^
來自至，	二〈　？　〉141v
萬物群至，	二〈　？　〉142^
至者乃新。	二〈　？　〉142^
・時極未至，	三〈　稱　〉150^
至言不飾，	三〈　稱　〉151v
至樂不笑。	三〈　稱　〉151v
大水至而可也。	三〈　稱　〉153v
內亂不至，	三〈　稱　〉157v
至其子孫必行焉。	三〈　稱　〉159^
精微之所不能至，	四〈道原〉171^

色

色者心之華也，	二〈行守〉136v

虫

執（蟄）虫不出，	二〈　觀　〉88^
執（蟄）虫發聲，	二〈　觀　〉88v

血

怒者血氣也，	二〈五正〉93^

行

因與俱行。	一〈國次〉10v
心欲是行，	一〈國次〉14^
號令發必行，	一〈君正〉17v
文武並行，	一〈君正〉19v
无父之行，	一〈君正〉21v
父母之行備，	一〈君正〉21v
審於行文武之道，	一〈君正〉22^
臣失處則令不行，	一〈六分〉24^
故身貴而令行。	一〈六分〉34^
故令行天下而莫敢不聽，	一〈六分〉34v
強則威行。	一〈四度〉38^
行七法，	一〈　論　〉48v
岐（跂）行喙息，	一〈　論　〉48v
而不失其行，	一〈　論　〉49v
天建【八正以行七法】。	一〈　論　〉50v
二曰行逆德。	一〈亡論〉64^
守道是行，	一〈名理〉77v
以當日月之行。	二〈立命〉79^
【黃帝】令力黑浸行伏匿，	二〈　觀　〉80v
其明者以爲法而微道是行。	二〈　觀　〉83^
行法循口口口牝牡，	二〈　觀　〉83^
如此者舉事將不行。	二〈　觀　〉89^
營行氣（乞）食。	二〈果童〉99^
夫天行正信，	二〈正亂〉100^
非而行之，	二〈正亂〉105v
心欲是行，	二〈正亂〉106v
非刑不行，	二〈姓爭〉109^
而微道是行。	二〈姓爭〉109v
固不兩行。	二〈姓爭〉111^
行非恒者，	二〈三禁〉124v
有行忿者。	二〈本伐〉127^
所胃（謂）行忿者，	二〈本伐〉128v
道之行也，	二〈本伐〉129^
是以方行不留。	二〈本伐〉129v
強以行之，	二〈前道〉131^
道是之行。	二〈前道〉134^
道是之行。	二〈前道〉134^
遠則行之。	二〈行守〉135^
行之壹，	二〈行守〉136^
行之𤏳（熙），	二〈行守〉136^
无一行，	二〈行守〉136v
行志（識）卒。	二〈行守〉136v
〈行守〉	二〈行守〉章名137^
行於不能。	二〈順道〉139^
兵者不得已而行。	三〈　稱　〉147v

・時若可行，	三〈稱〉149^
行而行，	三〈稱〉152v
行而行，	三〈稱〉152v
・行曾（憎）而索愛，	三〈稱〉154^
行母（侮）而索敬，	三〈稱〉154v
亂國反行焉。	三〈稱〉159^
至其子孫必行焉。	三〈稱〉159^
規（蚑）行僥（蟯）重（動），	四〈道原〉170v

衣

衣備（服）不相綸（逾），	一〈君正〉18^
衣食足而刑伐（罰）必也。	一〈君正〉18v
果童於是衣褐而穿，	二〈果童〉98v
・減衣衾，	三〈稱〉153^

伓（倍）

伓（倍）逆合當，	一〈四度〉40^
伓（倍）約則窘（害），	一〈四度〉40^
伓（倍）天之道，	一〈論約〉67v

扙（扒）

以扙（扒）天地，	二〈成法〉121^

㦳（哉）

昆弟之親尚可易㦳（哉）。	三〈稱〉156^

七　畫

位

主得【位】臣楅（輻）屬者，王。	一〈六分〉28^
【處】外【內之位】，	一〈論〉48^
吾位不口。	二〈立命〉80^
・臣有兩位者，	三〈稱〉159v
子有兩位者，	三〈稱〉160^

何

以何國不克。	一〈四度〉42^
何人不得。	一〈四度〉42^
爲之若何？	二〈觀〉82^
若何？	二〈五正〉91^
何【患】不定。	二〈五正〉91^
何患天下？	二〈五正〉91v
何患於國？	二〈五正〉91v
若何？	二〈五正〉92^
屈吾身若何？	二〈五正〉92^
勿爭若何？	二〈五正〉93^
枯骨何能爭矣。	二〈五正〉93v
何不可矣？	二〈五正〉94v
爲之若何？	二〈果童〉95v
口之若何？	二〈正亂〉99v

爲之若何？	二〈正亂〉101v
爲之若何？	二〈姓爭〉107^
何以知紃之至，	二〈成法〉122v
其爲之若何？	二〈順道〉137v
其言胃（謂）何？	三〈稱〉143^
何國能守？	三〈稱〉143v

佐

・不用輔佐之助，	三〈稱〉160v

佑

涅（淫）恤（溢）蚤口口曰天佑，	二〈正亂〉101v
天佑而弗戒，	二〈正亂〉101v
子勿言佑，	二〈正亂〉101v

作

周磨（遷）動作，	一〈四度〉36v
作自爲象（像），	二〈立命〉78^
人作則作。	二〈觀〉81^
人作則作。	二〈觀〉81^
靜作无時，	二〈觀〉81v
靜作之時，	二〈觀〉82^
夫作爭者凶，	二〈五正〉94^
而天正名以作。	二〈果童〉97^
靜作相養，	二〈果童〉97^
以其民作而自戲也，	二〈正亂〉103v
作爭者凶，	二〈姓爭〉107^
爭（靜）作得時，	二〈姓爭〉110^
可作不作，	二〈姓爭〉110^
可作不作，	二〈姓爭〉110^
靜作得時，	二〈姓爭〉110v
靜作失時，	二〈姓爭〉110v
動作循名，	二〈姓爭〉111^
動作爽名。	二〈姓爭〉111v
以作事【不成】，	二〈雌雄節〉115^
以作事則成，	二〈雌雄節〉115v
不擅作事，	二〈順道〉140^
誥誥作事，	三〈稱〉152^

余

唯余一人口乃肥（配）天，	二〈立命〉78v
唯余一人，	二〈果童〉95v
今余欲畜而正之，	二〈果童〉95v
今余欲畜而正之，	二〈果童〉98^
唯余一人兼有天下，	二〈成法〉119v
奴（駑）犬制其余。	三〈稱〉161^

克

以何國不克。	一〈四度〉42^
單（戰）不克。	一〈亡論〉63^
【以戰不】克。	二〈雌雄節〉115^
以單（戰）則克。	二〈雌雄節〉115v
事環（還）克之。	二〈順道〉140v
以單（戰）不克。	三〈稱〉161^

兵

土敵者天加之以兵，	一〈國次〉13^
國有亂兵，	一〈六分〉24v
地廣人眾兵強，	一〈六分〉30^
俱與天下用兵，	一〈六分〉31^
俱與天下用兵，	一〈六分〉32^
兵單（戰）力掙（爭），	一〈六分〉35^
興兵失理，	一〈亡論〉59^
國受兵而不知固守，	一〈亡論〉60v
人埶者擬兵。	二〈觀〉87^
以寺（待）逆兵。	二〈五正〉92^
奪其戎兵，	二〈五正〉94v
奮其戎兵。	二〈正亂〉104^
其上帝未先而擅興兵，	二〈正亂〉106^
兵不刑天，	二〈兵容〉116v
兵不可動。	二〈兵容〉116v
兵不可昔（措）。	二〈兵容〉116v
兵不可成。	二〈兵容〉116v
兵无成功。	二〈兵容〉118^
兵有成【功】，	二〈兵容〉118^
〈兵容〉	二〈兵容〉章名119v
諸（儲）庫臧（藏）兵之國，	二〈本伐〉127^
皆有兵道。	二〈本伐〉127^
世兵道三，	二〈本伐〉127^
舉兵而栽（誅）之，	二〈本伐〉127v
不以兵邾，	二〈順道〉139v
【·】口口不埶偃兵，	三〈稱〉147v
不埶用兵，	三〈稱〉147v
兵者得已而行。	三〈稱〉147v
·毋藉賊兵，	三〈稱〉156^
籍（藉）賊兵，	三〈稱〉156v

別

毋黨別。	一〈國次〉12v
黨別【者】口內相功（攻）。	一〈國次〉13^
黨別者亂，	一〈國次〉13v
巽（選）練賢不宵（肖）有別殹（也）。	一〈君正〉16v
貴賤有別，	一〈君正〉18^

判

今始判爲兩，	二〈觀〉82v

利

利其齎（資）財，	一〈國次〉11^
誅禁當罪而不私其利，	一〈六分〉34v
抹（昧）利，	一〈亡論〉58^
【昧】天【下之】利，	一〈亡論〉64v
抹（昧）一國之利者，	一〈亡論〉64v
見利而反。	一〈亡論〉65^
專利及削浴（谷）以大居者虛。	二〈三禁〉126^
有爲利者，	二〈本伐〉127^
所胃（謂）爲利者，	二〈本伐〉127^
唯（雖）无大利，	二〈本伐〉127v
使民同利，	二〈前道〉130^
長利國家社稷，	二〈前道〉130^
世利萬夫百生（姓）。	二〈前道〉130^
壹言而利之者，	二〈前道〉130v
壹言而利國者，	二〈前道〉130v
下知地利，	二〈前道〉132^
·利不兼，	三〈稱〉151v

劫

不謀劫人之宇。	二〈順道〉140^

助

·不用輔佐之助，	三〈稱〉160v

兼

即兼始逆矣。	二〈本伐〉129^

吾

處狂惑之立（位）處不吾（悟），	一〈四度〉45^
吾受命於天，	二〈立命〉78v
吾類天大明。	二〈立命〉79^
吾畏天愛地親【民】，	二〈立命〉79^
吾畏天愛【地】親民，	二〈立命〉79v
吾愛民而民不亡。	二〈立命〉79v
吾愛地而地不兄（曠）。	二〈立命〉79v
吾受民口口口口口口口死。	二〈立命〉80^
吾位不口。	二〈立命〉80^
吾句（苟）能親親而興賢，	二〈立命〉80^
吾不遺亦至矣。	二〈立命〉80^
今吾欲得逆順之紀，	二〈觀〉81v
吾未有以名。	二〈觀〉82v
吾欲布施五正，	二〈五正〉90v
吾既正既靜，	二〈五正〉91^
吾國家俞（愈）不定，	二〈五正〉91v
吾身未自知，	二〈五正〉92^

吾欲屈吾身，	二〈五正〉92v
吾欲屈吾身，	二〈五正〉92v
屈吾身若何？	二〈五正〉92v
【吾】將因其事，	二〈正亂〉101v
吾將遂是其逆而僇（戮）其身，	二〈正亂〉102v
吾或（又）使之自靡也。	二〈正亂〉103v
吾甚患之，	二〈姓爭〉107^
毋乏吾禁，	二〈正亂〉105^
毋留（流）吾酭（醢），	二〈正亂〉105v
毋亂吾民，	二〈正亂〉105v
毋絕吾道。	二〈正亂〉105v
謹守吾正名，	二〈正亂〉106v
毋失吾恒刑，	二〈正亂〉106v
吾恐或用之以亂天下。	二〈成法〉119v
吾聞天下成法，	二〈成法〉120v

君

而中達君臣之半，	一〈道法〉8v
〈君正〉	一〈君正〉章名 22v
君臣易立（位）胃（謂）之逆，	一〈四度〉35v
君臣當立（位）胃（謂）之靜，	一〈四度〉37^
君臣不失其立（位），	一〈四度〉43v
一國之君而服（備）三雍者，	一〈亡論〉58^
亡地更君。	一〈亡論〉58^
外內皆朕（勝）則君孤直（特）。	一〈亡論〉63^
亡地更君。	一〈論約〉67v
置君、	二〈立命〉79^
君臣上下，	二〈觀〉87v
君禁之。	二〈三禁〉124v
是故君子卑身以從道，	二〈前道〉130v
君弗得臣。	三〈稱〉154v
君臾存也，	三〈稱〉160^
失君必危。	三〈稱〉160^
失君不危者，	三〈稱〉160^

困

困極上下，	二〈成法〉123^
困不擇時。	三〈稱〉146v

均

均而平之，	二〈果童〉95v
均而平之，	二〈果童〉98^

妒

·隱忌妒妹賊妾如此者，	三〈稱〉150v

岐（蚑）

岐（蚑）行喙息，	一〈論〉48v

希

萬乘【之】主口口希不自此始，	二〈本伐〉128v

廷

恒不同廷。	三〈稱〉144^

弟

下走子弟，	一〈亡論〉65^
昆弟相居，	三〈稱〉155v
胡不來相教順弟茲，	三〈稱〉155v
昆弟之親尚可易戈（哉）。	三〈稱〉156^
兄陽弟陰。	三〈稱〉165v

役

疾役可發澤，	三〈稱〉153^
師陽役陰。	三〈稱〉166^

忌

·隱忌妒妹賊妾如此者，	三〈稱〉150v

志

民无它志，	一〈君正〉17v
群臣离（離）志；	一〈六分〉24v
三曰謀臣【離】其志。	一〈亡論〉62^
交得其志。	二〈觀〉87v
行志（識）卒。	二〈行守〉136v
不志（識）四時，	二〈順道〉137v
·心之所欲則志歸之，	三〈稱〉145v
志之志之所欲則力歸之。	三〈稱〉145v
志之志之所欲則力歸之。	三〈稱〉145v

戒

天佑而弗戒，	二〈正亂〉101v
勿驚口戒，	二〈正亂〉102v
慎戒毋法，	二〈雌雄節〉113v

我

我將觀其往事之卒而朵焉，	二〈正亂〉103^
是我俞（愈）靜。	二〈？〉141^
是我无爲。	二〈？〉141^
我无不能應。	二〈？〉142^
我不臧（藏）故。	二〈？〉142^
我有所周。	二〈？〉142^
撢（釋）法而用我。	三〈稱〉149v
用我不可，	三〈稱〉149v
毋從我多（終）始。	三〈稱〉152^

投

而投之代，	二〈正亂〉102^
投之苦酭（醢），	二〈正亂〉105^

更

擅制更爽，	一〈國次〉 14^
亡地更君。	一〈亡論〉 58^
國乃更。	一〈亡論〉 64^
亡地更君。	一〈論約〉 67v
更置六直而合以信。	二〈正亂〉103^
擅制更爽，	二〈正亂〉106^

李（理）

人之李（理）也。	一〈四度〉 41v
天地之李（理）也。	一〈論約〉 65v

材

女樂玩好燔材，	一〈四度〉 46^

求

牝牡相求，	二〈 觀 〉 83v
以求內刑（型）。	二〈五正〉 92^
談臥三年以自求也。	二〈五正〉 94^
【以求不得】，	二〈雌雄節〉115^
以求則得，	二〈雌雄節〉115v
成功而无以求也，	二〈本伐〉129^
中請（情）不刲執一毋求。	二〈順道〉138v

沉

康沉而流面（湎）者亡。	二〈三禁〉125v

牝

行法循口口口牝牡，	二〈 觀 〉 83v
牝牡相求，	二〈 觀 〉 83v
牝牡若刑（形）。	二〈 觀 〉 83v
有牝有牡。	三〈 稱 〉152^

狂

處狂惑之立（位）處不吾（悟），	一〈四度〉 45^

男

男農、	一〈道法〉 7^
男女勸勉，	一〈君正〉 17v
男女分威，	一〈六分〉 26v
男女掙（爭）威，	一〈六分〉 24v
而稽之男女。	二〈果童〉 96^
男女畢迵，	二〈五正〉 91v
男陽【女陰】。	三〈 稱 〉165^

矣

然后見知天下而不惑矣。	一〈道法〉 1v
无不自爲刑（形）名聲號矣。	一〈道法〉 4^
則无所逃迹匿正矣。	一〈道法〉 4^
則治而制之矣。	一〈道法〉 5v
然后可以守單（戰）矣。	一〈君正〉 17v
則天下從矣。	一〈君正〉 19v
三者備則事得矣。	一〈君正〉 22^
則守御（禦）之備具矣。	一〈君正〉 22^
則天下賓矣。	一〈君正〉 22v
口口而有天下矣。	一〈六分〉 29v
則有成功矣。	一〈四度〉 44v
則與天地總矣。	一〈 論 〉 48^
然后口口口口口口之中无口口矣。	一〈 論 〉 48v
六枋（柄）備則王矣。	一〈 論 〉 54v
三名察則事有應矣。	一〈 論 〉 55^
則天地之道逆矣。	一〈 論 〉 55v
則內理逆矣。	一〈 論 〉 55v
則請（情）僞密矣。	一〈 論 〉 56^
三名察則盡知請（情）僞而【不】惑矣。	一〈 論 〉 57v
則知（智）大惑矣。	一〈名理〉 74^
吾不遺亦至矣。	二〈立命〉 80^
時至矣。	二〈五正〉 93^
枯骨何能爭矣。	二〈五正〉 93^
可矣。	二〈五正〉 94^
何不可矣？	二〈五正〉 94v
可矣。	二〈正亂〉104^
國家幾矣。	二〈三禁〉124v
窮而反（返）矣。	二〈本伐〉128v
即兼始逆矣。	二〈本伐〉129v
不可矣，	三〈 稱 〉163^

私

无私殹（也）。	一〈道法〉 3v
无私者知（智），	一〈道法〉 4v
去私而立公。	一〈道法〉 7v
天地无私，	一〈國次〉 10^
精公无私而賞罰信。	一〈君正〉 21^
兼愛无私，	一〈君正〉 22v
而兼復（覆）載而无私也，	一〈六分〉 29^
誅禁當罪而不私其利，	一〈六分〉 34v
去私而立公。	一〈四度〉 44^
下邪恒以地界爲私者口。	一〈亡論〉 61^
唯公无私，	一〈名理〉 75^
寺（侍）其來【事】之遂刑（形）而私（和）焉。	二〈正亂〉103v

良

貞良而亡，	三〈 稱 〉155^

芒（荒）

○是胃（謂）口逆以芒（荒），	一〈國次〉11v
【陰竊】者土地芒（荒），	一〈國次〉13^
主失立（位）則國芒（荒），	一〈六分〉24^
命曰大芒（荒），	一〈六分〉26v
驅騁馳獵而不禽芒（荒），	一〈六分〉30v
驅騁馳獵則禽芒（荒），	一〈六分〉31v
則國貧而民芒（荒）。	一〈六分〉32v
陰敝者土芒（荒），	二〈 觀 〉86v

見

然后見知天下而不惑矣。	一〈道法〉 1v
見知之道，	一〈道法〉 3^
見知不惑。	一〈 論 〉52^
與天俱見，	一〈 論 〉52v
見利而反，	一〈亡論〉64v
處於度之內而見於度之外者也。	一〈名理〉70^
見於度之外者，	一〈名理〉70v
見於度之外者，	一〈名理〉70v
見知之稽也。	一〈名理〉71^
莫見其刑（形），	一〈名理〉71v
莫能見知，	一〈名理〉71v
見知不惑，	一〈名理〉75^
口見正道循理，	一〈名理〉75v
乃見口口，	一〈名理〉76^
見黑則黑，	二〈 觀 〉80v
見白則白。	二〈 觀 〉80v
見口口口飢，	二〈本伐〉127^
見地奪力，	二〈順道〉140^
廣乎蜀（獨）見，	三〈 稱 〉148^
毋見其端。	三〈 稱 〉149^
莫見其刑（形）。	四〈道原〉169v

角

戴角者无上齒。	三〈 稱 〉151v

言

事必有言，	一〈道法〉 2v
言有害，	一〈道法〉 2v
夫言朝（霸）王，	一〈六分〉35^
不言而信。	一〈名理〉70v
言而不可易也。	一〈名理〉70v
言之符也。	一〈名理〉73v
已者，言之絕也。	一〈名理〉74^
子勿言佑，	二〈正亂〉101v
子勿言也。	二〈正亂〉102^
一言而止。	二〈成法〉120v

昔者皇天使馮（鳳）下道一言而止。	二〈成法〉121^
夫百言有本，	二〈成法〉123^
千言有要，	二〈成法〉123^
萬【言】有蔥（總）。	二〈成法〉123^
壹言而利之者，	二〈前道〉130v
壹言而利國者，	二〈前道〉130v
言之壹，	二〈行守〉136^
【言】之采，	二〈行守〉136^
是故言者心之符【也】，	二〈行守〉136^
有一言，	二〈行守〉136v
故言寺首，	二〈行守〉136v
其言胃（謂）何？	三〈 稱 〉143^
亟應勿言。	三〈 稱 〉149^
不得言外。	三〈 稱 〉151^
不得言【大】。	三〈 稱 〉151^
至言不飾，	三〈 稱 〉151v
言陽黑（默）陰。	三〈 稱 〉166^

走

下走子弟，	一〈亡論〉65^
獸得而走，	四〈道原〉169^

足

曰不知足。	一〈道法〉 2^
以不足爲有餘。	一〈道法〉 2v
衣食足而刑伐（罰）必也。	一〈君正〉18v
以不足功（攻），	一〈君正〉18v
不足者視（示）人有餘。	一〈 論 〉56v
剛不足以，	二〈三禁〉125v
柔不足寺（恃）。	二〈三禁〉125v

身

身危又（有）央（殃）。	一〈國次〉11v
身危有【殃】，	一〈國次〉14^
禍及於身。	一〈亡論〉62v
故國重而身安；	一〈六分〉34^
賤身而貴有道，	一〈六分〉34^
故身而貴令行。	一〈六分〉34^
身危爲僇（戮），	一〈四度〉39^
小則身受其央（殃）。	一〈四度〉41^
身必有僇（戮）。	一〈四度〉45^
其卒口身咎。	一〈四度〉46^
禍及其身。	一〈名理〉72^
身必无名。	一〈名理〉77^
始在於身。	二〈五正〉90v
吾身未自知，	二〈五正〉92^
后身未自知，	二〈五正〉92^
乃深伏於淵，	二〈五正〉92^

后口自知屈后身。	二〈五正〉92v
吾欲屈吾身，	二〈五正〉92v
屈吾身若何？	二〈五正〉92v
身提鼓鞄（枹），	二〈五正〉94v
吾將遂是其逆而僇（戮）其身，	二〈正亂〉103^
黃帝身禺（遇）之（蚩）尤，	二〈正亂〉104^
厥身不壽，	二〈雌雄節〉115^
厥身【則壽】，	二〈雌雄節〉116^
身載於前，	二〈前道〉130^
是故君子卑身以從道，	二〈前道〉130v
柔身以寺（待）之時。	二〈前道〉131^
口身載於後，	二〈前道〉131^
有身弗能葆（保），	三〈稱〉143v
下其等而遠其身。	三〈稱〉151^
不遠其身，	三〈稱〉151^
是胃（謂）身薄。	三〈稱〉161^
身薄則貸（殆）。	三〈稱〉161^

車

雷口為車隆隆以為馬。	三〈稱〉152v

辰

日月星辰之期，	一〈四度〉43^
星辰雲氣，	四〈道原〉170v

邪

民无邪心，	一〈君正〉18v
下邪恒以地界為私者口。	一〈亡論〉61^
五邪乃逃，	二〈成法〉121v

里

·天子之地方千里，	三〈稱〉148^
諸侯百里，	三〈稱〉148^
觀之大古，	四〈道原〉174^

戎（攻）

是故以一國戎（攻）天下，	二〈本伐〉128^

八 畫

並

文武並行，	一〈君正〉19v
賢不宵（肖）並立胃（謂）之亂，	一〈四度〉36^
文武並立，	一〈四度〉38^
夫並時以養民功，	二〈觀〉87v
不能並立；	二〈姓爭〉110v
貴道以並世，	二〈前道〉131^

事

動有事，	一〈道法〉2^
事有害，	一〈道法〉2^
事必有言，	一〈道法〉2^
是故天下有事，	一〈道法〉4^
天下有事，	一〈道法〉5^
事如直木，	一〈道法〉5^
萬民有恒事，	一〈道法〉6v
萬民之恒事，	一〈道法〉7^
凡事无小大，	一〈道法〉8^
苟事，	一〈君正〉21^
三者備則事得矣。	一〈君正〉22^
事之根也。	一〈四度〉39v
為若又（有）事，	一〈四度〉40^
則事宭（窘）於內而舉宭（窘）於【外】。	一〈論〉47^
【則事】得於內，	一〈論〉48^
審三名以為萬事口，	一〈論〉53^
百族不親其事，	一〈論〉55v
以其有事起之則天下聽，	一〈論〉56v
以其无事安之則天下靜。	一〈論〉56v
事自定也。	一〈論〉57^
三名察則事有應矣。	一〈論〉55^
【人】事之理也。	一〈論約〉66v
人事之理也。	一〈論約〉67^
必審觀事之所始起，	一〈論約〉68v
事之反也。	一〈名理〉72v
天下有事，	一〈名理〉74^
其事若不成，	一〈名理〉77^
其事若果成，	一〈名理〉77^
其時贏而事絀，	二〈觀〉88^
如此者舉事將不成。	二〈觀〉88v
其時絀而事贏，	二〈觀〉88v
如此者舉事將不行。	二〈觀〉89^
耵（聖）人之事。	二〈觀〉89v
舉事毋陽察，	二〈觀〉86v
乃正於事之所成。	二〈五正〉91^
道同者其事同，	二〈五正〉92v
道異者其事異。	二〈五正〉92v
今天下大爭，	二〈五正〉93^
【吾】將因其事，	二〈正亂〉102^
其逆事乃始。	二〈正亂〉102v
事成勿發，	二〈正亂〉103^
我將觀其往事之卒而朵焉，	二〈正亂〉103^
寺（待）其來【事】之遂刑（形）而私（和）焉。	二〈正亂〉103^

其事若易成。	二〈姓爭〉111^
若夫人事則无常。	二〈姓爭〉111^
以作事【不成】，	二〈雌雄節〉115^
以作事則成，	二〈雌雄節〉115v
事无成功，	二〈兵容〉119^
爽事，	二〈三禁〉124v
耵（聖）【人】舉事也，	二〈前道〉129v
中知人事。	二〈前道〉132^
與民同事，	二〈行守〉134v
不擅作事，	二〈順道〉140^
事環（還）克之。	二〈順道〉140v
O 事恒自包（施），	二〈 ？ 〉141^
・內事不和，	三〈 稱 〉151^
細事不察，	三〈 稱 〉151^
誥誥作事，	三〈 稱 〉152^
因而建事。	三〈 稱 〉157^
天无事焉。	三〈 稱 〉158^
地亦无事焉。	三〈 稱 〉158v
令不得與死者從事。	三〈 稱 〉159v
有事陽而无事陰。	三〈 稱 〉165^
有事陽而无事陰。	三〈 稱 〉165^
百事得之以成。	四〈道原〉169^
上信无事，	四〈道原〉172v
得事之要，	四〈道原〉173v

亞（惡）

美亞（惡）不匿其請（情），	一〈四度〉43v
美亞（惡）有名，	一〈四度〉44^
地□□□□□□□□則亞（惡）。	二〈 觀 〉81^
有美有亞（惡）。	二〈果童〉96v
天亞（惡）高，	二〈行守〉135^
地亞（惡）廣，	二〈行守〉135v
人亞（惡）荷（苛）。	二〈行守〉135v
上帝所亞（惡），	三〈 稱 〉153^
・陽親而陰亞（惡），	三〈 稱 〉157^
无好无亞（惡），	四〈道原〉172^

侍（恃，待）

守國而侍（恃）其地險者削，	一〈亡論〉59^
用國而侍（恃）其強者弱。	一〈亡論〉59^
耵（聖）人正以侍（待）天，	二〈 觀 〉89v
侍（恃）地而食，	二〈果童〉97v
正以侍（待）天，	二〈正亂〉102^
侍（恃）表而望則不惑，	三〈 稱 〉144^
而侍（恃）其城郭之固，	三〈 稱 〉160v

使

使民有恒度。	一〈道法〉 6v
使民之恒度，	一〈道法〉 7v
節民力以使，	一〈君正〉20^
吾或（又）使之自靡也。	二〈正亂〉103v
夫是故使民毋人執，	二〈 觀 〉86v
使人射之，	二〈正亂〉104v
使人執之，	二〈正亂〉105^
使天下醮（喋）之。	二〈正亂〉105v
使甘其籥。	二〈正亂〉106v
昔者皇天使馮（鳳）下道一言而止。	二〈成法〉121^
使者也。	二〈本伐〉129v
使民同利，	二〈前道〉129v
【不】使諸侯疑焉。	三〈 稱 〉148v
O 不使庶孽疑焉。	三〈 稱 〉148v
不使婢（嬖）妾疑焉。	三〈 稱 〉148v

來

而莫知其所從來。	一〈六分〉35^
寺（待）其來【事】之遂刑（形）而私（和）焉。	二〈正亂〉103^
有人將來，	二〈行守〉136^
來自至，	二〈 ？ 〉141v
其未來也，	三〈 稱 〉143^
其已來，	三〈 稱 〉143^
有物將來，	三〈 稱 〉143^
□□□來，	三〈 稱 〉155v
胡不來相教順弟兄茲，	三〈 稱 〉155v

兩

主兩，	一〈六分〉26v
主兩則失其明，	一〈六分〉24^
兩逆相功（攻），	一〈名理〉77v
今始判為兩，	二〈 觀 〉82v
兩若有名，	二〈果童〉97^
固不兩行。	二〈姓爭〉111^
兩相養，	二〈姓爭〉111^
・臣有兩位者，	三〈 稱 〉159v
子有兩位者，	三〈 稱 〉160^
・兩虎相爭，	三〈 稱 〉161^

具

斗石已具，	一〈道法〉 5^
度量已具，	一〈道法〉 5v
則守御（禦）之備具矣。	一〈君正〉22^

其

其緊冥冥，	一〈道法〉 1v
莫知其所從生。	一〈道法〉 3^

則无所逃其神。	一〈道法〉	5^	高【下】不敝（蔽）其刑（形），	一〈四度〉	43v
孰知其神。	一〈道法〉	5v	美亞（惡）不匿其請（情），	一〈四度〉	43v
孰知其極。	一〈道法〉	6^	君臣不失其立（位），	一〈四度〉	44^
任能无過其所長。	一〈道法〉	7v	士不失其處，	一〈四度〉	44^
國失其次，	一〈國次〉	9^	任能毋過其所長，	一〈四度〉	44^
反受其央（殃）。	一〈國次〉	9v	武刃而以文隨其後，	一〈四度〉	44v
必虛（墟）其國。	一〈國次〉	10^	其主道離人理，	一〈四度〉	45^
脩其國郭，	一〈國次〉	11^	其卒必口身咎。	一〈四度〉	45v
處其郎（廊）廟，	一〈國次〉	11^	不天天則失其神，	一〈 論 〉	46v
聽其鐘鼓，	一〈國次〉	11^	不重地則失其根，	一〈 論 〉	47^
利其齎（資）財，	一〈國次〉	11^	【天天則得其神】，	一〈 論 〉	47v
妻其子女，	一〈國次〉	11^	【重地】則得其根。	一〈 論 〉	47v
隋（墮）其郭城，	一〈國次〉	12^	无口口口口口口口口不失其常者，	一〈 論 〉	49^
焚（焚）其鐘鼓，	一〈國次〉	12^	而不失其行，	一〈 論 〉	49v
布其齎（資）財，	一〈國次〉	12^	七法各當其名，	一〈 論 〉	51^
散其子女，	一〈國次〉	12^	臣不親其主，	一〈 論 〉	55v
列（裂）其地土，	一〈國次〉	12^	下不親其上，	一〈 論 〉	55v
陽竊者天奪【其光】，	一〈國次〉	13^	百族不親其事，	一〈 論 〉	55v
一年從其俗，	一〈君正〉	14v	以其有事起之則天下聽，	一〈 論 〉	56v
二年用其德，	一〈君正〉	14v	以其无事安之則天下靜。	一〈 論 〉	56v
一年從其俗，	一〈君正〉	15^	守國而侍（恃）其地險者削，	一〈亡論〉	59^
二年用其德，	一〈君正〉	15^	用國而侍（恃）其強者弱。	一〈亡論〉	59^
主不失其立（位）則國【有本】，	一〈六分〉	27^	天將不盈其命而重其刑。	一〈亡論〉	59v
【臣】失其處則下无根，	一〈六分〉	27v	天將不盈其命而重其刑。	一〈亡論〉	59v
其國安。	一〈六分〉	27v	其禍五之。	一〈亡論〉	60v
其國強，	一〈六分〉	27v	其禍什之。	一〈亡論〉	60v
其國朝（霸）昌。	一〈六分〉	28^	三日謀臣【離】其志。	一〈亡論〉	62^
不敢敝（蔽）其主。	一〈六分〉	29v	皮（彼）且自氏（抵）其刑。	一〈論約〉	68v
不敢敝（蔽）其上。	一〈六分〉	29v	審其刑（形）名。	一〈論約〉	68v
萬民和輯而樂爲其主上用，	一〈六分〉	30^	莫見其刑（形），	一〈名理〉	71v
其口【不】知王述（術）者，	一〈六分〉	31v	大盈冬（終）天地之間而莫知其名。	一〈名理〉	71v
其子父，	一〈六分〉	23^	禍及其身。	一〈名理〉	72^
其臣主，	一〈六分〉	23^	養其所以死，	一〈名理〉	72^
其O謀臣在外立（位）者，	一〈六分〉	23v	伐其所以生。	一〈名理〉	72^
其國不安，	一〈六分〉	23v	伐其本而離其親。	一〈名理〉	72^
其主不晉（悟）則社稷殘。	一〈六分〉	23v	伐其本而離其親。	一〈名理〉	72^
其主失立（位）則國无本，	一〈六分〉	23v	伐其與而口口口，	一〈名理〉	72^
主兩則失其明，	一〈六分〉	24v	其死必應之。	一〈名理〉	73^
王天下而天下莫知其所以。	一〈六分〉	33v	必審其名。	一〈名理〉	74^
誅禁當罪而不私其利，	一〈六分〉	34v	其事若不成，	一〈名理〉	77^
而莫知其所從來。	一〈六分〉	35^	其事若果成，	一〈名理〉	77^
其口口口唯王者能兼復（覆）載天下，	一〈六分〉	35^	其明者以爲法而微道是行。	二〈 觀 〉	83^
順治其內，	一〈四度〉	38v	以明其當，	二〈 觀 〉	86^
逆治其內，	一〈四度〉	38v	交得其志。	二〈 觀 〉	87v
順用其外，	一〈四度〉	38v	其時贏而事絀，	二〈 觀 〉	87v
有（又）逆其立（位）。	一〈四度〉	41^	其時絀而事贏，	二〈 觀 〉	88v
小則身受其央（殃）。	一〈四度〉	41v			

反受其亂。	二〈觀〉90^	其國乃不遂亡。	二〈行守〉135^
道同者其事同，	二〈五正〉92v	其誰骨當之。	二〈行守〉135^
道異者其事異。	二〈五正〉92v	其爲之若何？	二〈順道〉137v
黃帝於是辭其國大夫，	二〈五正〉93v	若此者其民勞不□，	二〈順道〉139^
黃帝於是出其鏘鉞，	二〈五正〉94v	不廣（曠）其眾，	二〈順道〉139v
奪其戎兵，	二〈五正〉94v	慎案其眾，	二〈順道〉140^
其刑視之（蚩）尤。	二〈五正〉95^	天逆其時，	二〈順道〉140^
其法死亡以窮。	二〈五正〉95^	其如莫存。	二〈 ？ 〉141v
人有其中，	二〈果童〉97v	其未來也，	三〈 稱 〉143^
物又（有）其刑（形），	二〈果童〉97v	其已來，	三〈 稱 〉143^
【吾】將因其事，	二〈正亂〉102^	其刑（形）先之。	三〈 稱 〉143^
盈其寺，	二〈正亂〉102^	建以其刑（形），	三〈 稱 〉143^
軵其力，	二〈正亂〉102^	名以其名。	三〈 稱 〉143^
其逆事乃始。	二〈正亂〉102v	其言胃（謂）何？	三〈 稱 〉143^
吾將遂是其逆而僇（戮）其身，	二〈正亂〉102v	·失其天者死，	三〈 稱 〉144v
吾將遂是其逆而僇（戮）其身，	二〈正亂〉103^	欺其主者死。	三〈 稱 〉144v
我將觀其往事之卒而朵焉，	二〈正亂〉103^	翟其上者危。	三〈 稱 〉145^
寺（待）其來【事】之遂刑（形）而私〈和〉焉。	二〈正亂〉103^	其實師也。	三〈 稱 〉145v
以其民作而自戲也，	二〈正亂〉103v	其實友也。	三〈 稱 〉145v
於是出其鏘鉞，	二〈正亂〉104^	其實【賓也】。	三〈 稱 〉146^
奮其戎兵。	二〈正亂〉104^	其時庸也。	三〈 稱 〉146^
勮（剝）其口革以爲干侯，	二〈正亂〉104^	其實虜也。	三〈 稱 〉146^
劗（翦）其髮而建之天，	二〈正亂〉104v	□□人者其生危，	三〈 稱 〉146v
充其胃以爲鞫（鞠）。	二〈正亂〉104v	其死辱翳（也）。	三〈 稱 〉146v
腐其骨肉，	二〈正亂〉105^	塗其門，	三〈 稱 〉149^
其上帝未先而擅興兵，	二〈正亂〉106^	毋見其端。	三〈 稱 〉149^
屈其脊，	二〈正亂〉106^	反受其央（殃）。	三〈 稱 〉149v
使甘其籥。	二〈正亂〉106^	既得其極，	三〈 稱 〉150^
以明其當。	二〈姓爭〉108v	遠其德。	三〈 稱 〉150^
望失其當，	二〈姓爭〉108v	既成其功，	三〈 稱 〉150v
環視其央（殃）。	二〈姓爭〉108v	環（還）復其從，	三〈 稱 〉150v
其明者以爲法，	二〈姓爭〉109v	下其等而遠其身，	三〈 稱 〉151^
其事若易成。	二〈姓爭〉111^	下其等而遠其身，	三〈 稱 〉151^
是以僇受其刑。	二〈姓爭〉112^	不下其德等，	三〈 稱 〉151^
觀其所積，	二〈雌雄節〉116^	不遠其身，	三〈 稱 〉151^
反受其亂。	二〈兵容〉117v	其實屯屯。	三〈 稱 〉155^
□不鄉（饗）其功，	二〈兵容〉118v	胃（謂）外其膚而內其勴。	三〈行守〉157^
環（還）受其央（殃）。	二〈兵容〉118v	胃（謂）外其膚而內其勴。	三〈行守〉157^
有延其命。	二〈兵容〉118v	·得焉者不受其賜。	三〈順稱〉158^
其國家以危，	二〈兵容〉119^	【百】姓辟（闢）其戶牖而各取昭焉。	三〈 稱 〉158^
慶且不鄉（饗）其功。	二〈兵容〉119^	正亂者失其理，	三〈 稱 〉159^
其亦有長乎？	二〈成法〉122^	其時未能也，	三〈 稱 〉159^
道其本也，	二〈成法〉122^	至其子孫必行焉。	三〈 稱 〉159^
各以其道。	二〈成法〉123^	制人而失其理，	三〈 稱 〉159^
小國得之以守其野，	二〈前道〉133^	其國必危。	三〈 稱 〉159v
以居國其國昌。	二〈前道〉134^	而侍（恃）其城郭之固，	三〈 稱 〉160v
		古（怙）其勇力之御，	三〈 稱 〉160v

奴（駑）犬制其余。	三〈稱〉161^
其【次】□□，	三〈稱〉161^
【其】下黬果訟果，	三〈稱〉161v
其次爭於明，	三〈稱〉161v
其下栽（救）患禍。	三〈稱〉161v
其生危，	三〈稱〉162^
以其逆也。	三〈稱〉162^
□□□□□□□□□□不信其□	三〈稱〉162v
而不信其可也，	三〈稱〉163^
而不信其□□□□□□□□	三〈稱〉163^
審其名以稱斷之。	三〈稱〉164^
又包其外。	四〈道原〉168v
莫知其名。	四〈道原〉169v
莫見其刑（形）。	四〈道原〉169v
一者其號也，	四〈道原〉169v
虛其舍也，	四〈道原〉169v
无為其素也，	四〈道原〉169v
和其用也。	四〈道原〉169v
上虛下靜而道得其正。	四〈道原〉172v
分之其分，	四〈道原〉173^
授之其名，	四〈道原〉173^
周其所以。	四〈道原〉174^

制

則治而制之矣。	一〈道法〉5v
擅制更爽，	一〈國次〉14^
力黑已布制建極，	二〈觀〉81^
天制固然。	二〈姓爭〉107v
擅制更爽，	二〈正亂〉106^
·天制寒暑，	三〈稱〉149^
地制高下，	三〈稱〉149^
人制取予。	三〈稱〉149^
制人而失其理，	三〈稱〉159^
反制焉。	三〈稱〉159^
奴（駑）犬制其余。	三〈稱〉161^
制人者陽，	三〈稱〉165v
制人者制於人者陰。	三〈稱〉165v
制人者制於人者陰。	三〈稱〉166^

卒；（淬）

其卒必□身咎。	一〈四度〉45v
始於文而卒於武，	一〈論約〉65v
後必亂而卒於无名。	一〈名理〉72v
如燔如卒（淬），	一〈名理〉72v
我將觀其往事之卒而朵焉，	二〈正亂〉103^
行志（識）卒。	二〈行守〉136v

卑

是故君子卑身以從道，	二〈前道〉130v
卑約生柔。	二〈順道〉138^

取

取地不反。	二〈順道〉140v
人制取予。	三〈稱〉149^
取予當，	三〈稱〉149v
取予不當，	三〈稱〉149v
【百】姓辟（闢）其戶牖而各取昭焉。	三〈稱〉158^
百姓斬木剺（刈）新（薪）而各取富焉。	三〈稱〉158v
取（娶）婦姓（生）子陽，	三〈稱〉165v
皆取生，	四〈道原〉170v

受

反受其央（殃）。	一〈國次〉9v
受賞无德，	一〈君正〉18^
受罪无怨，	一〈君正〉18^
小則身受其央（殃）。	一〈四度〉41^
國受兵而不知固守，	一〈亡論〉60v
受天下之患。	一〈亡論〉64v
受一國之禍。	一〈亡論〉64v
吾受命於天，	二〈立命〉78v
吾受民□□□□□□□死。	二〈立命〉80^
反受其亂。	二〈觀〉90^
是以僇受其刑。	二〈姓爭〉111v
反受其亂。	二〈兵容〉117v
有祥□□□□□弗受，	二〈兵容〉118^
環（還）受其央（殃）。	二〈兵容〉118v
當者受央（殃）。	二〈兵容〉118v
·不受祿者，	三〈稱〉146v
反受其央（殃）。	三〈稱〉149v
·得焉者不受其賜。	三〈稱〉157v
予陽受陰。	三〈稱〉166^

和

萬民和輯而樂為其主上用，	一〈六分〉30^
寺（待）其來【事】之遂刑（形）而私〈和〉焉。	二〈正亂〉103v
壹朵壹禾（和）	二〈正亂〉103v
·內事不和，	三〈稱〉151^
和其用也。	四〈道原〉169v

周

周礜（遷）動作，	一〈四度〉36v
五曰左右比周以雍（壅）塞。	一〈亡論〉62^
從中外周，	一〈亡論〉63v
周遷而无功。	一〈論約〉68^

周留（流）四國，	二〈觀　〉80v
周流四國，	二〈果童〉99^
天稽環周，	二〈姓爭〉110^
我有所周。	二〈？　〉142^
神微周盈，	四〈道原〉168^
周襲而不盈。	四〈道原〉171v
則萬物周扁（遍）	四〈道原〉172v
周其所以。	四〈道原〉174^

命

命曰上曊，	一〈六分〉24v
命曰雍（壅）塞；	一〈六分〉24v
命曰逆成，	一〈六分〉25^
命曰外根，	一〈六分〉25v
命曰无本，	一〈六分〉26^
命曰大芒（荒），	一〈六分〉26v
命曰大麋（迷），	一〈六分〉26v
命之曰上同。	一〈四度〉38^
命曰天當，	一〈四度〉39^
是胃（謂）逆陰陽之命。	一〈四度〉41^
口口之命也。	一〈論　〉46v
天之命也。	一〈論　〉51^
天之所以爲物命也。	一〈論　〉51^
逆順各自命也，	一〈論　〉51v
名自命也，	一〈論　〉57^
天將不盈其命而重其刑。	一〈亡論〉59v
【是】胃（謂）後命。	一〈亡論〉60^
命曰絕理。	一〈亡論〉61v
命曰蔽光。	一〈亡論〉63v
命曰逆成。	一〈論約〉68^
吾受命於天，	二〈立命〉78v
口无命，	二〈立命〉79v
立有命，	二〈立命〉79v
〈立【命】〉	二〈立命〉章名 80^
有延其命。	二〈兵容〉118v
爽則損命，	二〈三禁〉126v
可爲民命。	四〈道原〉172v

咎

| 其卒必口身咎。 | 一〈四度〉46^ |
| 收而爲之咎。 | 二〈正亂〉100v |

固

則守固單（戰）朕（勝）之道也。	一〈君正〉20v
國受兵而不知固守，	一〈亡論〉60v
守不固，	一〈亡論〉63^
天制固然。	二〈姓爭〉107v
固不兩行。	二〈姓爭〉111^

天固有奪有予，	二〈兵容〉117v
治國固有前道，	二〈前道〉132^
而侍（恃）其城郭之固，	三〈稱　〉160v
以守不固，	三〈稱　〉161^
明者固能察極，	四〈道原〉172^

夜

| 童（重）陰 O 長夜氣閉地繩（孕）者， | 二〈觀　〉85^ |
| 晝陽夜陰。 | 三〈稱　〉164v |

奉（逢）

| 後不奉（逢）央（殃）。 | 一〈國次〉12v |
| 後不奉（逢）央（殃）。 | 一〈四度〉39^ |

奇

以奇相御。	一〈道法〉7v
正奇有立（位）。	一〈道法〉7v
此天地之奇也。	二〈正亂〉103v
乃能操正以正奇，	二〈成法〉123v
名奇者亂。	二〈前道〉132v
正名不奇，	二〈前道〉132v
奇名不立。	二〈前道〉132v
【·】奇從奇，	三〈稱　〉143v
【·】奇從奇，	三〈稱　〉143v
奇與正，	三〈稱　〉143v

妾

| 不使婢（嬖）妾疑焉。 | 三〈稱　〉148v |
| ·隱忌妒妹賊妾如此者， | 三〈稱　〉150v |

妻

| 妻其子女， | 一〈國次〉11^ |
| 立正妻者， | 三〈稱　〉148v |

妹

| ·隱忌妒妹賊妾如此者， | 三〈稱　〉150v |

始

富密察於萬物之所終始，	一〈道法〉8v
必從本始，	一〈四度〉39v
始於文而卒於武，	一〈論約〉65v
多（終）而復始。	一〈論約〉66v
逆節始生，	一〈論約〉68v
必審觀事之所始起，	一〈論約〉68v
有物始口，	一〈名理〉71^
審察名理名多（終）始，	一〈名理〉75^
能與（舉）多（終）始。	一〈名理〉75v
昔者黃宗質始好信，	二〈立命〉78^
今始判爲兩，	二〈觀　〉82v
焉止焉始？	二〈五正〉90v

始在於身。	二〈五正〉90v
誰敵（適）繇（由）始？	二〈果童〉98^
繇（由）果童始。	二〈果童〉98v
其逆事乃始。	二〈正亂〉102v
萬乘【之】主口口希不自此始，	二〈本伐〉128v
即兼始逆矣。	二〈本伐〉129^
可後可始。	二〈前道〉133^
道无始而有應。	三〈稱〉143^
・耴（聖）人不爲始，	三〈稱〉144v
・知天之所始，	三〈稱〉147v
毋從我多（終）始。	三〈稱〉152^

姓；（生）

姓生已定，	二〈觀〉85v
〈姓爭〉	二〈姓爭〉章名 112^
【百】姓辟（闢）其戶牖而各取昭焉。	三〈稱〉158^
百姓斬木刜（刈）新（薪）而各取富焉。	三〈稱〉158v
取（娶）婦姓（生）子陽，	三〈稱〉165v

孟；（猛）

孟穀乃蕭（肅），	二〈觀〉88^
虎狼爲孟（猛）可揗，	三〈稱〉155^
外內皆朕（勝）則君孤直（特）。	一〈亡論〉63^

宗

昔者黃宗質始好信，	二〈立命〉78^
是以能爲天下宗。	二〈立命〉78v
・有宗將興，	三〈稱〉154v
有宗將壞。	三〈稱〉154v

定

名刑（形）已定，	一〈道法〉8^
可以定天下，	一〈四度〉38^
定二，	一〈論〉48v
天明三以定二，	一〈論〉49v
口口口口口口口【天】定二以建八正，	一〈論〉50^
名實不相應則定，	一〈論〉57^
事自定也。	一〈論〉57^
四時時而定，	一〈論約〉66v
刑（形）名已定，	一〈論約〉68v
乃定禍福死生存亡興壞之所在。	一〈論約〉69^
定立（位）於地，	二〈立命〉78v
陰陽未定，	二〈觀〉82v
姓生已定，	二〈觀〉86^
不謀不定。	二〈觀〉86^
吾國家毚（愈）不定，	二〈五正〉91^
何【患】不定。	二〈五正〉91v

天地已定，	二〈姓爭〉107v
胜（姓）生已定，	二〈姓爭〉108^
不謀不定。	二〈姓爭〉108^
國家不定。	二〈姓爭〉110^
柔節先定。	二〈順道〉138^
刑（形）恒自定，	二〈？〉141^
柔節先定，	三〈稱〉166v
而萬物自定。	四〈道原〉173^

官

| 天官地一也。 | 二〈正亂〉101v |

宜

地之本在宜，	一〈君正〉19v
宜之生在時，	一〈君正〉19v
知地宜，	一〈君正〉20^
種樹失地之宜，	一〈論〉55^
而寺（持）民之所宜。	二〈成法〉124^

宛（怨）

| 死不宛（怨）。 | 二〈順道〉139v |
| 不爲宛（怨）謀（媒）， | 二〈順道〉139v |

尚

| 昆弟之親尚可易戈（哉）。 | 三〈稱〉156^ |

屈

先屈後信（伸），	一〈國次〉10v
后口自知屈后身。	二〈五正〉92v
吾欲屈吾身，	二〈五正〉92v
屈吾身若何？	二〈五正〉92v
屈其脊，	二〈正亂〉106^
信（伸）者陰者屈者陰。	三〈稱〉165^

居

居則有法，	二〈姓爭〉111^
居則无法，	二〈姓爭〉111v
憲敖（傲）驕居（倨），	二〈雌雄節〉112^
專利及削浴（谷）以大居者虛。	二〈三禁〉126^
以居軍口，	二〈前道〉134^
以居國其國昌。	二〈前道〉134^
故巢居者察風，	三〈稱〉145^
居不犯凶，	三〈稱〉146v
爲者弗居，	三〈稱〉153^
唯（雖）居必路。	三〈稱〉153^
昆弟相居，	三〈稱〉155v
・生人有居，	三〈稱〉159^
積者積而居，	三〈稱〉164^

幸

則民不幸（倖）。	一〈君正〉15v
國家有幸，	二〈兵容〉118v
國家无幸，	二〈兵容〉118v
國家之幸也。	二〈前道〉131^
而不□□□□□□幸也。	二〈前道〉131v
故王者不以幸治國，	二〈前道〉132^

延

有延其命。	二〈兵容〉118v

往

我將觀其往事之卒而朵焉，	二〈正亂〉103^
去自往。	二〈 ？ 〉141v

彼

凡彼禍難也，	二〈雌雄節〉113v

忠

主惠臣忠者，	一〈六分〉27v

忿

有行忿者。	二〈本伐〉127^
所胃（謂）行忿者，	二〈本伐〉128v
心唯（雖）忿，	二〈本伐〉128v
忿不量力死，	三〈 稱 〉156^

或；（惑）

或以死，	一〈道法〉 2v
或以生；	一〈道法〉 3^
或以敗，	一〈道法〉 3^
或以成。	一〈道法〉 3^
玩好囂好而不惑心，	一〈六分〉31^
玩好囂好則或（惑）心；	一〈六分〉32^
吾或（又）使之自靡也。	二〈正亂〉103v
吾恐或用之以亂天下。	二〈成法〉119v

所

萬物之所從生。	一〈道法〉 1v
不知所爲用。	一〈道法〉 2^
莫知其所從生。	一〈道法〉 3^
則无所逃迹匿正矣。	一〈道法〉 4^
則无所逃其神。	一〈道法〉 5^
故知禍福之所從生。	一〈道法〉 6^
任能毋過其所長，	一〈道法〉 7v
富密察於萬物之所終始，	一〈道法〉 8v
所以治也。	一〈君正〉21^
王天下而天下莫知其所以。	一〈六分〉33v
而莫知其所從來。	一〈六分〉35^

任能毋過其所長，	一〈四度〉44^
號令之所出也，	一〈 論 〉46v
天之所以爲物命也。	一〈 論 〉51^
理之所在，	一〈 論 〉51v
失理之所在，	一〈 論 〉51v
知虛實動靜之所爲，	一〈 論 〉53^
論則知存亡興壞之所在，	一〈 論 〉54^
逆之所在，	一〈 論 〉55v
反此之胃（謂）順之所在，	一〈 論 〉56^
所伐不當，	一〈亡論〉59v
所伐當罪，	一〈亡論〉60v
所伐不當，	一〈亡論〉60v
四曰聽諸侯之所廢置。	一〈亡論〉62^
必審觀事之所始起，	一〈論約〉68v
乃定禍福死生存亡興壞之所在。	一〈論約〉69v
養其所以死，	一〈名理〉72^
伐其所以生。	一〈名理〉72^
名口口循名廄（究）理之所之，	一〈名理〉74v
所以食之也。	二〈 觀 〉85^
【所】以繼之也。	二〈 觀 〉85^
乃正於事之所成。	二〈五正〉91^
則不失所守。	二〈姓爭〉108^
觀其所積，	二〈雌雄節〉116^
口口所失，	二〈成法〉122v
除民之所害，	二〈成法〉124v
而寺（持）民之所宜。	二〈成法〉124v
民知所繇（由）。	二〈三禁〉126v
所胃（謂）爲利者，	二〈本伐〉127^
所爲爲義者，	二〈本伐〉127v
所胃（謂）義也。	二〈本伐〉128^
眾之所死也。	二〈本伐〉128^
所胃（謂）行忿者，	二〈本伐〉128v
所胃（謂）義也。	二〈前道〉130^
所生乃柔。	二〈順道〉138v
以寺（待）逆節所窮。	二〈順道〉140v
我有所周。	二〈 ？ 〉142^
·心之所欲則志歸之，	三〈 稱 〉145^
志之志之所欲則力歸之。	三〈 稱 〉145^
·知天之所始，	三〈 稱 〉147v
所以朕合之也。	三〈 稱 〉148^
唯口所在。	三〈 稱 〉150v
得所欲而止。	三〈 稱 〉151v
上帝所亞（惡），	三〈 稱 〉153^
精微之所不能至，	四〈道原〉171^
稽極之所不能過。	四〈道原〉171^
知人之所不能知，	四〈道原〉172^
人服人之所不能得。	四〈道原〉172^

周其所以。	四〈道原〉174^	
得之所以。	四〈道原〉174^	

承

是胃（謂）承祿。	二〈雌雄節〉115v

抹（昧）

抹（昧）利，	一〈亡論〉58v
抹（昧）一國之利者，	一〈亡論〉64v

拔

不可拔也。	一〈君正〉18v

抱；（孚）

名功相抱（孚），	一〈四度〉45v
名功不相抱（孚），	一〈四度〉45v
抱道執度，	四〈道原〉173v

放（妨）

賢不宵（肖）不相放（妨）。	一〈道法〉7^

於

故執道者之觀於天下殹（也），	一〈道法〉3v
故唯執【道】者能上明於天之反，	一〈道法〉8v
富密察於萬物之所終始，	一〈道法〉8v
審於行文武之道，	一〈君正〉22^
號令闔（合）於民心，	一〈君正〉22v
參之於天地，	一〈六分〉28v
文德廏（究）於輕細，	一〈六分〉30^
武刃於口口，	一〈六分〉30^
動靜參於天地胃（謂）之文。	一〈四度〉37^
參於天地，	一〈四度〉38^
闔（合）於民心，	一〈四度〉38^
逆用於外，	一〈四度〉38v
聲洫（溢）於實，	一〈四度〉40v
極陽殺於外，	一〈四度〉41^
極陰生於內。	一〈四度〉41^
則事宭（窘）於內而舉宭（窘）於【外】。	一〈論〉47^
則事宭（窘）於內而舉宭（窘）於【外】。	一〈論〉47^
【則事】得於內，	一〈論〉48^
而得舉得於外。	一〈論〉48^
物有不合於道者，	一〈論〉51v
察逆順以觀於朝（霸）王危王之理，	一〈論〉53^
達於名實【相】應，	一〈論〉53^
禍及於身。	一〈亡論〉62^
始於文而卒於武，	一〈論約〉65v
始於文而卒於武，	一〈論約〉65v
功洫（溢）於天，	一〈論約〉66v
功合於天。	一〈論約〉67^

故執道者之觀於天下也，	一〈論約〉68v
然后參之於天地之恒道，	一〈論約〉69v
處於度之內而見於度之外者也，	一〈名理〉70^
處於度之內而見於度之外者也，	一〈名理〉70^
處於度之【內】者，	一〈名理〉70^
見於度之外者，	一〈名理〉70v
處於度之內者，	一〈名理〉70v
見於度之外者，	一〈名理〉70v
建於地而洫（溢）於天，	一〈名理〉71v
建於地而洫（溢）於天，	一〈名理〉71v
後必亂而卒於无名。	一〈名理〉72v
三者皆動於度之外而欲成功者也，	一〈名理〉73^
則處於度之內也。	一〈名理〉74^
故執道者之觀於天下，	一〈名理〉75^
亂積於內而稱失於外者伐。	一〈名理〉76^
亂積於內而稱失於外者伐。	一〈名理〉76^
亡刑（形）成於內而舉失於外者威（滅）。	一〈名理〉76v
亡刑（形）成於內而舉失於外者威（滅）	一〈名理〉76v
吾受命於天，	二〈立命〉78v
定立（位）於地，	二〈立命〉78v
成名於人，	二〈立命〉78v
下會於地，	二〈觀〉83v
上會於天。	二〈觀〉83v
順於天。	二〈觀〉87v
始在於身。	二〈五正〉90v
乃正於事之所成。	二〈五正〉91^
何患於國？	二〈五正〉91v
乃深伏於淵，	二〈五正〉92^
黃帝於是辭其國大夫，	二〈五正〉93v
上於博望之山，	二〈五正〉94^
黃帝於是出其鐯鉞，	二〈五正〉94v
觀天於上，	二〈果童〉96^
視地於下，	二〈果童〉96^
果童於是衣褐而穿，	二〈果童〉98v
天道環（還）於人，	二〈姓爭〉109v
於是出其鐯鉞，	二〈正亂〉104^
幾於死亡。	二〈雌雄節〉113^
察於天地，	二〈成法〉122v
施於四海。	二〈成法〉122v
施於九州。	二〈三禁〉126^
闔（合）於天地，	二〈前道〉129v
順於民，	二〈前道〉129v
羊（祥）於鬼神，	二〈前道〉129v
身載於前，	二〈前道〉130^

天下名軒執口士於是虛。	二〈前道〉130v
口身載於後，	二〈前道〉131^
合之而涅於美，	二〈前道〉133v
刑於雄節，	二〈行守〉134v
危於死亡。	二〈行守〉134v
刑於女節，	二〈順道〉138v
立於不敢，	二〈順道〉138v
行於不能。	二〈順道〉139^
單（戰）朕（勝）於外，	二〈順道〉140v
福生於內。	二〈順道〉140v
【・】不士（仕）於盛盈之國，	三〈稱〉147^
不嫁子於盛盈之家，	三〈稱〉147^
而隱於德。	三〈稱〉150^
如伐於口。	三〈稱〉154v
如伐於山。	三〈稱〉154v
口大（太）上爭於口，	三〈稱〉161v
其次爭於明，	三〈稱〉161v
制人者制於人者陰。	三〈稱〉166^

昔

昔者黃宗質始好信，	二〈立命〉78^
昔（措）刑不當。	二〈姓爭〉111v
兵不可昔（措）。	二〈兵容〉116v
昔天地既成，	二〈成法〉120^
昔者皇天使馮（鳳）下道一言而止。	二〈成法〉121^

易

君臣易立（位）胃（謂）之逆，	一〈四度〉35v
言而不可易也。	一〈名理〉70v
其事若易成。	二〈姓爭〉111^
變故易常。	二〈姓爭〉111v
不友口口口易之【人】。	三〈稱〉147^
昆弟之親尚可易戈（哉）	三〈稱〉156^

昌

衰者復昌。	一〈國次〉9v
其國朝（霸）昌。	一〈六分〉28^
有國將昌，	一〈論〉57v
當口口昌。	一〈亡論〉65v
順天者昌，	二〈姓爭〉108^
富者則昌	二〈雌雄節〉115v
故德積者昌，	二〈雌雄節〉116^
以居國其國昌。	二〈前道〉134^

昆

昆弟相居，	三〈稱〉155v
昆弟之親尚可易戈（哉）。	三〈稱〉156^

明

而明曲直者殹（也）。	一〈道法〉1^
公者明，	一〈道法〉4^
至明者有功。	一〈道法〉4v
晦明、	一〈道法〉7^
故唯執【道】者能上明於天之反，	一〈道法〉8v
主兩則失其明，	一〈六分〉24v
正以明德，	一〈六分〉28v
文則【明】，	一〈四度〉37v
明則得天，	一〈四度〉37v
明三，	一〈論〉48^
天執一以明三。	一〈論〉49^
天明三以定二，	一〈論〉49v
則壹晦壹明，	一〈論〉50^
明以正者，	一〈論〉50v
化則能明德徐（除）害。	一〈論〉54v
神明之原也。	一〈名理〉70^
神明者，	一〈名理〉70^
神明者，	一〈名理〉71^
吾類天大明。	二〈立命〉79^
无晦无明，	二〈觀〉82v
其明者以爲法而微道是行。	二〈觀〉83^
以明其當。	二〈觀〉86^
以司五明。	二〈五正〉91v
帝箸之明（盟），	二〈五正〉95^
明（盟）曰：	二〈五正〉95^
是以有晦有明，	二〈果童〉96v
以明其當。	二〈姓爭〉108v
刑晦而德明，	二〈姓爭〉109^
其明者以爲法，	二〈姓爭〉109v
明明至微，	二〈姓爭〉109v
明明至微，	二〈姓爭〉109v
毋壅民明。	二〈三禁〉125^
明埶不能。	二〈順道〉139v
名殸（聲）章明。	二〈順道〉140v
・日爲明，	三〈稱〉154^
明而起。	三〈稱〉154^
【・】天有明而不憂民之晦也。	三〈稱〉158^
其次爭於明，	三〈稱〉161v
未有明晦。	四〈道原〉168^
顯明弗能爲名，	四〈道原〉170^
明者固能察極，	四〈道原〉171v
后口精明。	四〈道原〉173v

昏

昏而休，	三〈稱〉154^

服

一國而服（偝）六危者威（滅），	一〈亡論〉57v
一國而服（偝）三不辜者死，	一〈亡論〉58^
一國之君而服（偝）三壅者，	一〈亡論〉58^
一國而服（偝）三凶者，	一〈亡論〉58^
大殺服民，	一〈亡論〉60^
二曰殺服民。	一〈亡論〉62v
毋服川，	二〈三禁〉125^
環（還）自服之，	二〈三禁〉126v
服此道者，	四〈道原〉171v
人服人之所不能得。	四〈道原〉172^
天下服。	四〈道原〉172^

枋（柄）

執六枋（柄）以令天下，	一〈 論 〉52v
六枋（柄）：	一〈 論 〉53v
六枋（柄）備則王矣。	一〈 論 〉54v

果

逆節果成，	一〈亡論〉59v
其事若果成，	一〈名理〉77^
果童對曰：	二〈果童〉95v
繇（由）果童始。	二〈果童〉98v
果童於是衣褐而穿，	二〈果童〉98v
〈果童〉	二〈果童〉章名99^
非時而榮則不果。	三〈 稱 〉154^
【其】下鬮果訟人，	三〈 稱 〉161v
【其】下鬮果訟果，	三〈 稱 〉161v
大（太）下不鬮不訟有（又）不果。	三〈 稱 〉161v

林

草蓯可淺林，	三〈 稱 〉153v

武

胃（謂）之武。	一〈君正〉19^
文武並行，	一〈君正〉19v
審於行文武之道，	一〈君正〉22^
武刃於□□，	一〈六分〉30^
誅□時當胃（謂）之武。	一〈四度〉37v
武則強。	一〈四度〉37v
文武並立，	一〈四度〉38^
胃（謂）之武。	一〈四度〉44v
武刃而以文隨其後，	一〈四度〉44v
用二文一武者王。	一〈四度〉44v
始於文而卒於武，	一〈論約〉65v

法

道生法。	一〈道法〉 1^

法者，	一〈道法〉 1^
生法而弗敢犯殹（也），	一〈道法〉 1^
法立而弗敢廢【也】。	一〈道法〉 1^
〈道法〉	一〈道法〉章名9^
法度者，	一〈君正〉20v
而以法度治者，	一〈君正〉20v
而生法度者，	一〈君正〉21^
此之胃（謂）七法。	一〈 論 〉51^
七法各當其名，	一〈 論 〉51^
行七法，	一〈 論 〉48v
天建【八正以行七法】。	一〈 論 〉50v
二曰倚名法而亂，	一〈 論 〉55^
常有法式，	一〈論約〉66^
以法斷之。	一〈名理〉74v
以法爲符。	一〈名理〉74v
〈經法〉	〈經法〉篇名77v
以觀无恒善之法，	二〈 觀 〉80v
其明者以爲法而微道是行。	二〈 觀 〉83^
行法循□□□牝牡，	二〈 觀 〉83^
其法死亡以窮。	二〈五正〉95^
前世法之，	二〈果童〉98v
其明者以爲法，	二〈姓爭〉109v
居則有法，	二〈姓爭〉111^
居則无法，	二〈姓爭〉111v
慎戒毋法，	二〈雌雄節〉113v
不法地，	二〈兵容〉116v
刑法不人，	二〈兵容〉116v
不可法組。	二〈成法〉119v
請問天下有成法可以正民者？	二〈成法〉120^
吾聞天下成法，	二〈成法〉120v
〈成法〉	二〈成法〉章名124v
佨（弛）欲傷法。	三〈 稱 〉143v
案法而治則不亂。	三〈 稱 〉144^
擇（釋）法而用我。	三〈 稱 〉149v
諸陽者法天，	三〈 稱 〉166^
諸陰者法地，	三〈 稱 〉166v

治

則治而制之矣。	一〈道法〉 5v
正之至也。	一〈君正〉20v
而以法度治者，	一〈君正〉20v
所以治也。	一〈君正〉21^
治之安。	一〈君正〉21^

正治，	一〈四度〉37v
治則得人，	一〈四度〉37v
順治其內，	一〈四度〉38v
逆治其內，	一〈四度〉38v
孰能治此？	二〈成法〉123v
乃能操正以正奇，	二〈成法〉123v
故王者不以幸治國，	二〈前道〉132^
治國固有前道，	二〈前道〉132^
□□□□□□□□□【名】正者治，	二〈前道〉132v
案法而治則不亂。	三〈 稱 〉144^
主樹以知與治合積化以知時，	三〈 稱 〉164^
不爲治勸，	四〈道原〉173^

泊（薄）

祿泊（薄）者，	三〈 稱 〉146v
泊（薄）棺椁，	三〈 稱 〉153^

爭

而適（敵）者生爭，	二〈 觀 〉86^
今天下大爭，	二〈五正〉93^
后能愼勿爭乎？	二〈五正〉93^
勿爭若何？	二〈五正〉93^
爭者外脂膚也。	二〈五正〉93v
枯骨何能爭矣。	二〈五正〉93v
夫作爭者凶，	二〈五正〉94^
不爭【者】亦无成功。	二〈五正〉94^
作爭者凶，	二〈姓爭〉107v
不爭亦毋（無）以成功。	二〈姓爭〉107v
敵者O生爭，	二〈姓爭〉108^
爭（靜）作得時，	二〈姓爭〉110^
爭不衰，	二〈姓爭〉110^
〈姓爭〉	二〈姓爭〉章名112^
驕洫（溢）好爭，	二〈行守〉134v
好德不爭。	二〈順道〉138v
敵則循繩而爭。	三〈 稱 〉154^
·兩虎相爭，	三〈 稱 〉161^
口大（太）上爭於口，	三〈 稱 〉161v
其次爭於明，	三〈 稱 〉161v
善予不爭。	三〈 稱 〉166v
而萬民不爭。	四〈道原〉173^

物

萬物之所從生。	一〈道法〉 1v
物自爲舍。	一〈道法〉 8^
物自爲名。	一〈道法〉 8^
物自爲正。	一〈道法〉 8^

富密察於萬物之所終始，	一〈道法〉 8v
物曲成焉。	一〈六分〉35v
天之所以爲物命也。	一〈 論 〉51^
胃（謂）之物。	一〈 論 〉51^
物各□□□□胃（謂）之理。	一〈 論 〉51^
物有不合於道者，	一〈 論 〉51v
有物始口，	一〈名理〉71^
物乃下生，	一〈名理〉72^
凡萬物群財（材），	一〈名理〉72v
地物乃備。	二〈 觀 〉89^
物化變乃生。	二〈果童〉97^
物又（有）其刑（形），	二〈果童〉97v
萬物之多，	二〈成法〉123v
憲古章物不實者死，	二〈三禁〉126^
萬物群至，	二〈 ？ 〉141v
有物將來，	三〈 稱 〉143v
萬物莫以。	四〈道原〉168^
萬物得之以生，	四〈道原〉169^
萬物莫之能令。	四〈道原〉170^
則萬物周扁（遍）。	四〈道原〉172v
而萬物自定。	四〈道原〉173^

玩

玩好嬛好而不惑心，	一〈六分〉31^
玩好嬛好則或（惑）心；	一〈六分〉32^
女樂玩好燔材，	一〈四度〉46^

直

而明曲直者殹（也）。	一〈道法〉 1^
事如直木，	一〈道法〉 5^
外內皆朕（勝）則君孤直（特）。	一〈亡論〉63^
能與（舉）曲直，	一〈名理〉75v
更置六直而合以信。	二〈正亂〉103^
直木伐，	二〈行守〉136v
直人殺。	二〈行守〉137^
故口口覺（觀）今之曲直，	三〈 稱 〉164^

知

然后見知天下而不惑矣。	一〈道法〉 1v
日不知足。	一〈道法〉 2^
不知所爲用。	一〈道法〉 2^
日不知畏人，	一〈道法〉 2v
莫知其所從生。	一〈道法〉 3^
見知之道，	一〈道法〉 3^
无私者知（智），	一〈道法〉 4v
至知（智）者爲天下稽。	一〈道法〉 4v
孰知其神。	一〈道法〉 5v
孰知其極。	一〈道法〉 5v

故知禍福之所從生。	一〈道法〉 6^
則知民則。	一〈君正〉15^
知地宜，	一〈君正〉20^
然而不知王述（術），	一〈六分〉30v
知王【術】者，	一〈六分〉30v
其口【不】知王述（術）者，	一〈六分〉31v
有口口獨知口口口口，	一〈六分〉33v
王天下而天下莫知其所以。	一〈六分〉33v
賤財而貴有知（智），	一〈六分〉34^
而莫知其所從來。	一〈六分〉35^
審知四度，	一〈四度〉38^
審知逆順，	一〈四度〉42^
則存亡興壞可知也。	一〈 論 〉52^
見知之不惑。	一〈 論 〉52v
知虛實動靜之所爲，	一〈 論 〉53^
盡知請（情）僞而不惑，	一〈 論 〉53v
觀則知死生之國，	一〈 論 〉54^
論則知存亡興壞之所在，	一〈 論 〉54^
三名察則盡知請（情）僞而【不】惑矣。	一〈 論 〉57^
國受兵而不知固守，	一〈亡論〉60v
見知之稽也。	一〈名理〉71^
大盈冬（終）天地之間而莫知其名。	一〈名理〉71v
莫能見知，	一〈名理〉71v
則知（智）大惑矣。	一〈名理〉74^
見知不惑，	一〈名理〉75^
乃可奮起。	一〈名理〉75^
逆則上汕（溢）而不知止者亡。	一〈名理〉77^
吾身未自知，	二〈五正〉92^
后身未自知，	二〈五正〉92^
后口自知屈后身。	二〈五正〉92v
乃知【禍福】之鄉（向）。	二〈雌雄節〉116^
年（佞）辯用知（智），	二〈成法〉119v
何以知細之至，	二〈成法〉122v
少以知多，	二〈成法〉123^
握一以知多，	二〈成法〉124^
乃可以知天地之禍福。	二〈成法〉124^
民知所繇（由）。	二〈三禁〉126^
知（智）以辯之，	二〈前道〉130v
王公若知之，	二〈前道〉131^
上知天時，	二〈前道〉132^
下知地利，	二〈前道〉132^
中知人事。	二〈前道〉132^
知此道，	二〈前道〉134^
欲知得失請（情），	二〈 ？ 〉141^
穴處者知雨，	三〈 稱 〉145^
・知天之所始，	三〈 稱 〉147v

賈（觀）前口以知反，	三〈 稱 〉163v
主樹以知與治合積化以知時，	三〈 稱 〉164^
主樹以知與治合積化以知時，	三〈 稱 〉164^
莫知其名。	四〈道原〉169v
知虛之實，	四〈道原〉171v
知人之所不能知，	四〈道原〉172^
知人之所不能知，	四〈道原〉172^
是胃（謂）察稽知О極。	四〈道原〉172^
握少以知多；	四〈道原〉173v
前知大古，	四〈道原〉173v

社

則社稷大匡。	一〈國次〉 9^
其主不眘（悟）則社稷殘。	一〈六分〉23v
社稷以匡，	二〈兵容〉119^
長利國家社稷，	二〈前道〉130^

秉

因時秉口，	二〈兵容〉117^

空

口口口空口與天口口，	一〈六分〉32v
皆閲一空。	二〈成法〉123v

者

法者，	一〈道法〉 1^
而明曲直者殹（也）。	一〈道法〉 1^
故執道者，	一〈道法〉 1^
故執道者之觀於天下殹（也），	一〈道法〉 3v
公者明。	一〈道法〉 4^
至明者有功。	一〈道法〉 4v
至正者靜，	一〈道法〉 4v
至靜者卽（聖）。	一〈道法〉 4v
无私者知（智），	一〈道法〉 4v
至知（智）者爲天下稽。	一〈道法〉 4v
故唯執【道】者能上明於天之反，	一〈道法〉 8v
衰者復昌。	一〈國次〉 9v
以封賢者，	一〈國次〉12v
陽竊者天奪【其光】，	一〈國次〉13^
【陰竊】者土地芒（荒），	一〈國次〉13^
土敝者天加之以兵，	一〈國次〉13^
人執者流之四方，	一〈國次〉13^
黨別【者】口內相功（攻）。	一〈國次〉13^
陽竊者疾，	一〈國次〉13v
陰竊者几（飢），	一〈國次〉13v
土敝者亡地，	一〈國次〉13v
人執者失民，	一〈國次〉13v
黨別者亂，	一〈國次〉13v

俗者順民心殹（也）。	一〈君正〉	16^
德者愛勉之【也】。	一〈君正〉	16^
【有】得者，	一〈君正〉	16v
號令者，	一〈君正〉	16v
以刑正者，	一〈君正〉	16v
可以正（征）者，	一〈君正〉	17^
法度者，	一〈君正〉	20v
而以法度治者，	一〈君正〉	20v
而生法度者，	一〈君正〉	21^
三者備則事得矣。	一〈君正〉	22^
觀國者觀主	一〈六分〉	22v
其○謀臣在外立（位）者，	一〈六分〉	23v
謀臣【在】外立（位）者，	一〈六分〉	25^
又（有）者威（滅）亡。	一〈六分〉	26v
主惠臣忠者，	一〈六分〉	27v
上下不赾者，	一〈六分〉	27v
臣循理者，	一〈六分〉	28^
主得【位】臣楅（輻）屬者，王。	一〈六分〉	28^
主上者執六分以生殺，	一〈六分〉	28v
王天下者之道，	一〈六分〉	29^
參（三）者參用之，	一〈六分〉	29^
知王【術】者，	一〈六分〉	30v
其口【不】知王述（術）者，	一〈六分〉	31v
王天下者有玄德，	一〈六分〉	33^
王天下者，	一〈六分〉	33v
其口口口唯王者能兼復（覆）載天下，	一〈六分〉	35v
○聲華口口者用也。	一〈四度〉	39v
順者，	一〈四度〉	39v
正者，	一〈四度〉	39v
當者有口。	一〈四度〉	41v
八度者，	一〈四度〉	43^
用二文一武者王。	一〈四度〉	44v
柔弱者无罪而幾，	一〈四度〉	45^
剛正而口者口口而不殹。	一〈四度〉	45v
人主者，	一〈論〉	46v
无口口口口口口口口口不失其常者，	一〈論〉	49^
明以正者，	一〈論〉	50v
適者，	一〈論〉	50v
信者，	一〈論〉	50v
極而【反】者，	一〈論〉	50v
必者，	一〈論〉	50v
口口口口口口口口口者，	一〈論〉	51^
物有不合於道者，	一〈論〉	51v
帝王者，	一〈論〉	52v

實者視（示）【人】虛，	一〈論〉	56^
不足者視（示）人有餘。	一〈論〉	56v
一國而服（偝）六危者威（滅），	一〈亡論〉	57v
一國而服（偝）三不辜者死，	一〈亡論〉	58^
廢令者亡。	一〈亡論〉	58^
一國之君而服（偝）三壅者，	一〈亡論〉	58^
一國而服（偝）三凶者，	一〈亡論〉	58^
上洫者死，	一〈亡論〉	58v
下洫者刑。	一〈亡論〉	58v
德溥（薄）而功厚者隋（墮），	一〈亡論〉	58v
名禁而不王者死。	一〈亡論〉	58v
此五者，	一〈亡論〉	59^
守國而侍（恃）其地險者削，	一〈亡論〉	59^
用國而侍（恃）其強者弱。	一〈亡論〉	59^
下邪恒以地界為私者口。	一〈亡論〉	61^
抹（昧）一國之利者，	一〈亡論〉	64v
故執道者之觀於天下也，	一〈論約〉	68v
道者，	一〈名理〉	70^
神明者，	一〈名理〉	70^
處於度之內而見於度之外者也。	一〈名理〉	70^
處於度之【內】者，	一〈名理〉	70v
見於度之外者，	一〈名理〉	70v
處於度之內者，	一〈名理〉	70v
見於度之外者，	一〈名理〉	71^
神明者，	一〈名理〉	71^
絩（佻）長而非恒者，	一〈名理〉	73^
三者皆動於度之外而欲成功者也，	一〈名理〉	73^
三者皆動於度之外而欲成功者也，	一〈名理〉	73^
以剛為柔者栝（活），	一〈名理〉	73v
以柔為剛者伐。	一〈名理〉	73v
重柔者吉，	一〈名理〉	73v
重剛者威（滅）。	一〈名理〉	73v
若（諾）者，	一〈名理〉	73v
已者，言之絕也。	一〈名理〉	73v
故執道者之觀於天下，	一〈名理〉	75^
故執道者能虛靜公正，	一〈名理〉	76^
亂積於內而稱失於外者伐。	一〈名理〉	76v
亡刑（形）成於內而舉失於外者威（滅）。	一〈名理〉	76v
逆則上洫（溢）而不知止者亡。	一〈名理〉	77^
昔者黃宗質始好信，	二〈立命〉	78^
如此者舉事將不成。	二〈觀〉	88v
如此者舉事將不行。	二〈觀〉	89^
其明者以為法而微道是行。	二〈觀〉	83^
乃夢（萌）者夢（萌）而茲（孳）者茲（孳），	二〈觀〉	84^

乃夢（萌）者夢（萌）而茲（孳）者茲（孳），	二〈觀〉84^
□□□□民功者，	二〈觀〉85^
童（重）陰〇長夜氣閉地繩（孕）者，	二〈觀〉85^
而適（敵）者生爭，	二〈觀〉86^
陰敵者土芒（荒），	二〈觀〉86v
陽察者奪光，	二〈觀〉86v
人執者摐兵。	二〈觀〉87^
是故爲人主者，	二〈觀〉87^
道同者其事同，	二〈五正〉92v
道異者其事異。	二〈五正〉92v
怒者血氣也，	二〈五正〉93^
爭者外脂膚也。	二〈五正〉93^
怒若不發浸廩者是爲癰疽。	二〈五正〉93v
后能去四者，	二〈五正〉93v
夫作爭者凶，	二〈五正〉94^
不爭【者】亦无成功。	二〈五正〉94v
作爭者凶，	二〈姓爭〉107v
順天者昌，	二〈姓爭〉107v
逆天者亡。	二〈姓爭〉108^
敵者〇生爭，	二〈姓爭〉108^
其明者以爲法，	二〈姓爭〉109v
多中者賞，	二〈正亂〉104v
多中者賞。	二〈正亂〉105^
夫雄節者，	二〈雌雄節〉112v
雌節者，	二〈雌雄節〉112v
先者恒凶，	二〈雌雄節〉113v
後者恒吉。	二〈雌雄節〉113v
先而不凶者，	二〈雌雄節〉113v
後【而不吉者】，	二〈雌雄節〉114^
富者則昌，	二〈雌雄節〉115v
貧者則穀。	二〈雌雄節〉115v
故德積者昌，	二〈雌雄節〉116^
【殃】積者亡。	二〈雌雄節〉116^
當者受央（殃）。	二〈兵容〉118v
請問天下有成法可以正民者？	二〈成法〉120^
昔者皇天使馮（鳳）下道一言而止。	二〈成法〉121^
一者一而已乎？	二〈成法〉122^
一者，	二〈成法〉122v
行非恒者，	二〈三禁〉124v
失令者，	二〈三禁〉124v
三者既脩，	二〈三禁〉124v
剛強而虎質者丘，	二〈三禁〉125v
康沉而流面（湎）者亡。	二〈三禁〉125v
憲古章物不實者死，	二〈三禁〉126^
專利及削浴（谷）以大居者虛。	二〈三禁〉126^
有爲利者，	二〈本伐〉127^
有爲義者，	二〈本伐〉127^
有行忿者。	二〈本伐〉127^
所胃（謂）爲利者，	二〈本伐〉127^
所胃（謂）爲爲義者，	二〈本伐〉128^
【義】者，	二〈本伐〉128^
所胃（謂）行忿者，	二〈本伐〉128v
故口者，	二〈本伐〉129^
起者【也】；	二〈本伐〉129^
禁者，	二〈本伐〉129^
使者也。	二〈本伐〉129v
壹言而利之者，	二〈前道〉130v
壹言而利國者，	二〈前道〉130v
故王者不以幸治國，	二〈前道〉132^
□□□□□□□□□【名】正者治，	二〈前道〉132v
名奇者亂。	二〈前道〉132v
用者實，	二〈前道〉133v
弗用者蘿。	二〈前道〉133v
古之堅者，	二〈前道〉134^
古之賢者，	二〈前道〉134^
是故言者心之符【也】，	二〈行守〉136^
色者心之華也。	二〈行守〉136v
氣者心之浮也。	二〈行守〉136v
若此者其民勞不口，	二〈順道〉139^
若此者，	二〈順道〉140v
鄉（向）者已去，	二〈？〉142^
至者乃新。	二〈？〉142^
數舉參（三）者，	三〈稱〉143v
首變者凶。	三〈稱〉144^
·失其天者死，	三〈稱〉144v
欺其主者死。	三〈稱〉144v
翟其上者危。	三〈稱〉145^
故巢居者察風，	三〈稱〉145^
穴處者知雨，	三〈稱〉145^
弗能令者弗得有。	三〈稱〉145v
·帝者臣，	三〈稱〉145v
王者臣，	三〈稱〉145v
朝（霸）者臣，	三〈稱〉146^

是非有分，	一〈名理〉74v
非刑不行。	二〈姓爭〉109^
非德必頃（傾）。	二〈姓爭〉109^
非而行之，	二〈正亂〉105v
夫非正人也，	二〈成法〉123v
行非恒者，	二〈三禁〉124v
非心之恒也，	二〈本伐〉128v
非道也。	二〈本伐〉129^
非益而損，	三〈稱〉144^
非進而退。	三〈稱〉144^
毋非時而榮。	三〈稱〉153v
非時而榮則不果。	三〈稱〉153v

佴（恥）

民富則有佴（恥），	一〈君正〉20^
有佴（恥）則號令成俗而刑伐（罰）不犯，	一〈君正〉20^
不脩佴（恥），	三〈稱〉150v

困

群群□□□□□爲一困，	二〈觀〉82v

肸（擒）

因而肸（擒）之。	二〈正亂〉104^

拕（弛）

發禁拕（弛）關市之正（征）殹（也）。	一〈君正〉16v

材（災）

非必爲材（災）。	一〈名理〉74v
禍材（災）廢立，	一〈名理〉75v
此材（災）□生，	二〈觀〉88^

恤（溢）

以欲涅〈淫〉恤（溢），	二〈正亂〉100^
涅〈淫〉恤（溢）蚤□□日天佑，	二〈正亂〉101^
涅〈淫〉恤（溢）□失，	二〈正亂〉100^

刜（刈）

百姓斬木刜（刈）新（薪）而各取富焉。	三〈稱〉158v

九　畫

亟

亟應勿言。	三〈稱〉149^

信；（伸）

曰不信，	一〈道法〉2v

先屈後信（伸），	一〈國次〉10v
精公无私而賞罰信，	一〈君正〉21^
日信出入，	一〈論〉49^
日信出入，	一〈論〉49^
【月信生信】死，	一〈論〉49v
【月信生信】死，	一〈論〉49v
信之稽也。	一〈論〉49v
信者，	一〈論〉50v
外約不信，	一〈亡論〉65^
不言而信，	一〈名理〉70v
已若（諾）不信，	一〈名理〉74^
已若（諾）必信，	一〈名理〉74^
昔者黃宗質始好信，	二〈立命〉78^
執虛信。	二〈立命〉79^
執虛信。	二〈立命〉79v
夫天行正信，	二〈正亂〉100^
更置六直而合以信。	二〈正亂〉103^
正信以仁，	二〈順道〉138v
□□□□□□□□□□不信其□	三〈稱〉162v
而不信其可也，	三〈稱〉163^
而不信其□□□□□□□□□	三〈稱〉163v
信（伸）者陰者屈者陰。	三〈稱〉165^
信能无欲，	四〈道原〉172v
上信无事，	四〈道原〉172v

侵

失職則侵，	一〈四度〉36v

侯

四曰聽諸侯之所廢置。	一〈亡論〉62^
勒（剢）其口革以爲干侯，	二〈正亂〉104v
諸侯百里，	三〈稱〉148^
【不】使諸侯疑焉。	三〈稱〉148v
・諸侯不報仇，	三〈稱〉150v
・諸侯有亂，	三〈稱〉158v

俗

一年從其俗，	一〈君正〉14v
一年從其俗，	一〈君正〉15^
俗者順民心殹（也）。	一〈君正〉16^
俗也。	一〈君正〉17v
有佴（恥）則號令成俗而刑伐（罰）不犯，	一〈君正〉20v
號令成俗而刑伐（罰）不犯	一〈君正〉20v
地俗德以靜，	二〈果童〉96v

俞（愈）

是我俞（愈）靜。	二〈 ？ 〉141^

削

在強國削，	一〈六分〉25^
在中國削，	一〈六分〉25v
在小國削。	一〈六分〉26^
守國而侍（恃）其地險者削，	一〈亡論〉59^
專利及削浴（谷）以大居者虛。	二〈三禁〉126^
不謀削人之野，	二〈順道〉139v

前

前世法之，	二〈果童〉98v
前參後參，	二〈立命〉78^
身載於前，	二〈前道〉130^
治國固有前道，	二〈前道〉132^
〈前道〉	二〈前道〉章名 134^
賣（覿）前口以知反，	三〈 稱 〉163v
前知大古，	四〈道原〉173v

則

則黑白之分已。	一〈道法〉3v
則无所逃迹匿正矣。	一〈道法〉4^
則无所逃其神。	一〈道法〉5^
則治而制之矣。	一〈道法〉5v
則社稷大匡。	一〈國次〉9^
則知民則。	一〈君正〉15^
則知民則。	一〈君正〉15^
民則力。	一〈君正〉15v
則民有得。	一〈君正〉15v
則民畏敬。	一〈君正〉15v
則民不幸（倖）。	一〈君正〉15v
則朕（勝）強適（敵）。	一〈君正〉16^
則天下從矣。	一〈君正〉19v
則財生。	一〈君正〉20^
則民富，	一〈君正〉20^
民富則有佴（恥），	一〈君正〉20^
有佴（恥）則號令成俗而刑伐（罰）不犯。	一〈君正〉20^
則守固單（戰）朕（勝）之道也。	一〈君正〉20v
則天地之德也。	一〈君正〉21v
三者備則事得矣。	一〈君正〉22^
則守御（禦）之備具矣。	一〈君正〉22^
主不失其立（位）則國【有本】，	一〈六分〉27^
【臣】失其處則下无根，	一〈六分〉27v
則天下賓矣。	一〈君正〉22^
則民聽令。	一〈君正〉22v

則民親上。	一〈君正〉22v
能爲國則能爲主，	一〈六分〉23^
能爲家則能爲父。	一〈六分〉23^
其主不眘（悟）則社稷殘。	一〈六分〉23v
其主失立（位）則國无本，	一〈六分〉23v
臣不失處則下有根，	一〈六分〉24^
主失立（位）則國芒（荒），	一〈六分〉24^
臣失處則令不行。	一〈六分〉24^
主兩則失其明，	一〈六分〉24v
則國富而民口口口口口口，	一〈六分〉31v
驅騁馳獵則禽芒（荒），	一〈六分〉31v
飲食喜樂則面（湎）康，	一〈六分〉32^
玩好嬛好則或（惑）心；	一〈六分〉32^
則國貧而民芒（荒），	一〈六分〉32v
則國人之國已（矣）。	一〈六分〉33^
口口天下口天下則之。	一〈六分〉34v
逆則失本，	一〈四度〉36^
亂則失職，	一〈四度〉36^
逆則失天，	一〈四度〉36^
【暴】則失人。	一〈四度〉36v
失本則口，	一〈四度〉36v
失職則侵，	一〈四度〉36v
失天則几（飢），	一〈四度〉36v
失人則疾。	一〈四度〉36v
靜則安，	一〈四度〉37v
文則【明】，	一〈四度〉37v
武則強。	一〈四度〉37v
治則得人，	一〈四度〉37v
明則得天，	一〈四度〉37v
強則威行。	一〈四度〉38^
怀（倍）約則窘（寒）	一〈四度〉40^
達刑則傷。	一〈四度〉40^
大則國亡，	一〈四度〉41^
小則身受其央（殃）。	一〈四度〉41^
則有成功矣。	一〈四度〉44v
不天天則失其神，	一〈 論 〉46v
不重地則失其根。	一〈 論 〉47^
則事宭（寒）於內而舉宭（寒）於【外】。	一〈 論 〉47^
【天天則得其神】，	一〈 論 〉47v
【重地】則得其根。	一〈 論 〉47v
【則事】得於內，	一〈 論 〉48^
則與天地總矣。	一〈 論 〉48^
則壹晦壹明，	一〈 論 〉49v
則四時有度，	一〈 論 〉50^
則存亡興壞可知也。	一〈 論 〉52^
靜則平，	一〈 論 〉52^
平則寧，	一〈 論 〉52^

寧則素，	一〈 論 〉52^
素則精，	一〈 論 〉52^
精則神。	一〈 論 〉52^
觀則知死生之國，	一〈 論 〉54^
論則知存亡興壞之所在，	一〈 論 〉54^
動則能破強興弱，	一〈 論 〉54^
槫（轉）則不失諱（韙）非之口，	一〈 論 〉54^
變則伐死養生，	一〈 論 〉54v
化則能明德徐（除）害。	一〈 論 〉54v
六枋（柄）備則王矣。	一〈 論 〉54v
三名察則事有應矣。	一〈 論 〉55^
則天地之道逆矣。	一〈 論 〉55^
則內理逆矣。	一〈 論 〉55v
則請（情）偽密矣。	一〈 論 〉56^
以其有事起之則天下聽，	一〈 論 〉56v
以其无事安之則天下靜。	一〈 論 〉56v
名實不相應則定，	一〈 論 〉57^
名實不相應則靜（爭）。	一〈 論 〉57^
三名察則盡知請（情）偽而【不】惑矣。	一〈 論 〉57^
外內皆朕（勝）則君孤直（特）。	一〈亡論〉63^
則危都國。	一〈亡論〉63v
順則生，	一〈論約〉67^
理則成，	一〈論約〉67^
逆則死，	一〈論約〉67^
則知（智）大惑矣。	一〈名理〉74^
則處於度之內也。	一〈名理〉74^
逆則上汕（溢）而不知止者亡。	一〈名理〉76v
然則五穀溜孰（熟），	二〈 觀 〉87^
則力黑視（示）象（像），	二〈 觀 〉80v
見黑則黑，	二〈 觀 〉80v
見白則白。	二〈 觀 〉80v
地□□□□□□□□則亞（惡）。	二〈 觀 〉81^
人則視（示）竞（鏡），	二〈 觀 〉81^
人靜則靜，	二〈 觀 〉81^
人作則作。	二〈 觀 〉81^
弗因則不成，	二〈 觀 〉84^
【弗】養則不生。	二〈 觀 〉84v
不險則不可平，	二〈果童〉96^
不諶則不可正。	二〈果童〉96^
相與則成。	二〈果童〉97^
任百則輕。	二〈果童〉97^
則不失所守。	二〈姓爭〉108^
居則有法，	二〈姓爭〉111^
若夫人事則无常。	二〈姓爭〉111^
德則无有，	二〈姓爭〉111v
居則无法，	二〈姓爭〉111v

大人則毀，	二〈雌雄節〉114v
小人則亡。	二〈雌雄節〉114v
富者則昌，	二〈雌雄節〉115v
貧者則穀。	二〈雌雄節〉115v
以守則寧，	二〈雌雄節〉115v
以作事則成，	二〈雌雄節〉115v
以求則得，	二〈雌雄節〉115v
以單（戰）則克。	二〈雌雄節〉115v
厥身【則壽】，	二〈雌雄節〉116^
【子孫則殖】，	二〈雌雄節〉116^
民自則之，	二〈三禁〉126v
爽則損命，	二〈三禁〉126v
則无窮。	二〈本伐〉129^
近則將之，	二〈行守〉135^
遠則行之。	二〈行守〉135^
·有義（儀）而義（儀）則不過，	三〈 稱 〉144^
侍（恃）表而望則不惑，	三〈 稱 〉144^
案法而治則不亂。	三〈 稱 〉144v
因天之則。	三〈 稱 〉144v
·心之所欲則志歸之，	三〈 稱 〉145^
志之志之所欲則力歸之。	三〈 稱 〉145^
憂之則口，	三〈 稱 〉145v
安之則久。	三〈 稱 〉145v
疑則相傷，	三〈 稱 〉148v
雜則相方。	三〈 稱 〉148v
先天成則毀，	三〈 稱 〉153v
非時而榮則不果。	三〈 稱 〉153v
·強則令，	三〈 稱 〉154^
弱則聽，	三〈 稱 〉154^
敵則循繩而爭。	三〈 稱 〉154^
同則不肯，	三〈 稱 〉155v
離則不能。	三〈 稱 〉155v
身薄則貸（殆）。	三〈 稱 〉161^
深而不可則（測）也。	四〈道原〉170^
則萬物周扁（遍）。	四〈道原〉172v

勇

端正勇，	二〈順道〉138v
古（怙）其勇力之御，	三〈 稱 〉160v

勉

德者愛勉之【也】。	一〈君正〉 16^
男女勸勉，	一〈君正〉 17v

南

南面而立。	一〈六分〉 29v
南北有極，	一〈論〉 49^

卻

外客乃卻。	三〈稱〉157v

厚

德溥（薄）而功厚者隋（墮），	一〈亡論〉 58v

城

隋（墮）其郭城，	一〈國次〉 12^
而侍（恃）其城郭之固，	三〈稱〉160v

威

男女掙（爭）威，	一〈六分〉 24v
男女分威，	一〈六分〉 26v
強則威行。	一〈四度〉 38^
【強生威】，	一〈論〉 52^
【威】生惠（慧），	一〈論〉 52^
・環口傷威。	三〈稱〉143v

室

・宮室過度，	三〈稱〉152v

客

反爲之客。	二〈姓爭〉110^
人反爲之【客】。	二〈姓爭〉110^
必有外客。	三〈稱〉157v
外客乃卻。	三〈稱〉157v
客陽主人陰。	三〈稱〉166^

封

以封賢者，	一〈國次〉 12v

帝

帝王者，	一〈論〉 52v
然后帝王之道成。	一〈論〉 53v
【黃帝】令力黑浸行伏匿，	二〈觀〉 80v
黃帝曰：	二〈觀〉 82^
黃帝問閹冉曰：	二〈五正〉 90v
黃帝曰：	二〈五正〉 91^
黃帝曰：	二〈五正〉 92^
黃帝曰：	二〈五正〉 92v
黃帝曰：	二〈五正〉 93^
黃帝於是辭其國大夫，	二〈五正〉 93v
閹冉乃上起黃帝曰：	二〈五正〉 94^

黃帝於是出其鏘鉞，	二〈五正〉 94v
帝箸之明（盟），	二〈五正〉 95^
黃帝【問四】輔曰：	二〈果童〉 95^
黃帝曰：	二〈果童〉 97v
黃帝身禺（遇）之（蚩）尤，	二〈正亂〉104^
上帝以禁。	二〈正亂〉105^
帝曰：	二〈正亂〉105^
其上帝未先而擅興兵，	二〈正亂〉106^
帝曰：	二〈正亂〉106v
黃帝問力黑，	二〈成法〉119v
黃帝曰：	二〈成法〉121^
五帝用之，	二〈成法〉121^
黃帝曰：	二〈成法〉122^
黃帝問力黑曰：	二〈順道〉137v
・帝者臣，	三〈稱〉145v
上帝所亞（惡），	三〈稱〉153^

度

度量已具，	一〈道法〉 5^
使民有恒度。	一〈道法〉 6v
使民之恒度，	一〈道法〉 7v
變恒過度。	一〈道法〉 7v
賦斂有度，	一〈君正〉 20^
法度者，	一〈君正〉 20v
而以法度治者，	一〈君正〉 20v
而生法度者，	一〈君正〉 21^
主執度，	一〈六分〉 28^
審知四度，	一〈四度〉 38^
尺寸之度曰小大短長，	一〈四度〉 42v
八度者，	一〈四度〉 43^
四時之度，	一〈四度〉 43v
〈四度〉	一〈四度〉章名 46v
不順【四時之度】而民疾。	一〈論〉 47^
順四【時之度】口口口而民不口疾。	一〈論〉 47v
【度之稽也】。	一〈論〉 49^
則四時有度，	一〈論〉 50^
天度也。	一〈論〉 50v
四時有度，	一〈論約〉 65v
處於度之內而見於度之外者也。	一〈名理〉 70^
處於度之內而見於度之外者也。	一〈名理〉 70^
處於度之【內】者，	一〈名理〉 70^
見於度之外者，	一〈名理〉 70^
處於度之內者，	一〈名理〉 70v
見於度之外者，	一〈名理〉 71^
三者皆動於度之外而欲成功者也，	一〈名理〉 73^
則處於度之內也。	一〈名理〉 74^
中有正度，	二〈五正〉 90v

‧宮室過度，	三〈稱〉153^
此地之度而雌之節也。	三〈稱〉166v
一度不變，	四〈道原〉169^
抱道執度，	四〈道原〉174^

建

聲號已建，	一〈道法〉4^
□□□□□□□建生。	一〈四度〉41v
建八正，	一〈論〉48v
□□□□□□□【天】定二以建八正，	一〈論〉50^
天建【八正行七法】。	一〈論〉50^
建於地而洫（溢）於天，	一〈名理〉71v
力黑已布制建極，	二〈觀〉81^
劉（翦）其髮而建之天，	二〈正亂〉104v
建以其刑（形），	三〈稱〉143^
因而建事。	三〈稱〉157^

後

先屈後信（伸），	一〈國次〉10v
後不奉（逢）央（殃）。	一〈國次〉12v
後不奉（逢）央（殃）。	一〈四度〉39^
武刃而以文隨其後，	一〈四度〉44v
【是】胃（謂）後命。	一〈亡論〉60^
後必亂而卒於无名。	一〈名理〉72v
前參後參，	二〈立命〉78^
先後无O名。	二〈觀〉81v
先德後刑，	二〈觀〉87v
先德後刑以養生。	二〈觀〉85v
後世既員，	二〈果童〉98v
以視（示）後人。	二〈正亂〉106v
後者恒吉。	二〈雌雄節〉113v
後【而不吉者】，	二〈雌雄節〉114^
後亦不凶，	二〈雌雄節〉114^
後亦不吉，	二〈雌雄節〉114v
口身載於後，	二〈前道〉131^
可後可始。	二〈前道〉133^
常後而不失體（體），	二〈順道〉138^
後將反包（施）。	三〈稱〉156v

怒

怒者血氣也，	二〈五正〉93^
怒若不發浸廩者是爲癰疽。	二〈五正〉93^
不能徒怒，	二〈本伐〉129^
怒必有爲也。	二〈本伐〉129^

怠

‧敬朕（勝）怠，	三〈稱〉162^

怨

受罪无怨，	一〈君正〉18^
怨之本也。	一〈四度〉46^
守怨之本，	一〈四度〉46^
爲怨媒，	一〈亡論〉59^
胃（謂）之怨媒。	一〈亡論〉65^
亡者不怨大口。	三〈稱〉158^

扁（遍）

則萬物周扁（遍）。	四〈道原〉172v

拴

上拴之天，	二〈成法〉120v

政（正）

操正以政（正）畸（奇）。	四〈道原〉173v

故

故執道者，	一〈道法〉1^
故同出冥冥，	一〈道法〉2v
故執道者之觀於天下殹（也），	一〈道法〉3v
是故天下有事，	一〈道法〉4^
故曰：	一〈道法〉5^
故知禍福之所從生。	一〈道法〉6^
故唯執【道】者能上明於天之反，	一〈道法〉8^
故能至素至精，	一〈道法〉8v
耵（聖）人故載。	一〈國次〉10^
故唯耵（聖）人能盡天極，	一〈國次〉11v
故耵（聖）人之伐殹（也），	一〈國次〉12^
毋故執，	一〈國次〉12v
變故亂常，	一〈國次〉14^
故王天下。	一〈六分〉29^
故國重而身安；	一〈六分〉33v
故功得而財生；	一〈六分〉34^
故身貴而令行。	一〈六分〉34^
故令行天下而莫敢不聽，	一〈六分〉34v
是故長久。	一〈四度〉45v
故有死刑。	一〈論約〉66v
故執道者之觀於天下也，	一〈論約〉68v
是故萬舉不失理，	一〈論約〉69v
故能立天子，	一〈論約〉69v
故曰神。	一〈名理〉71^
故有逆成，	一〈名理〉71v
故有逆刑。	一〈名理〉72^
故執道者之觀於天下	一〈名理〉75^

故能循名廢（究）理。	一〈名理〉75v
故執道者能虛靜公正，	一〈名理〉76^
夫是故使民毋人執，	二〈觀〉86v
是故爲人主者，	二〈觀〉87^
變故易常。	二〈姓爭〉111v
故德積者昌，	二〈雌雄節〉116^
故曰不多，	二〈成法〉120v
夫是故龜（讒）民皆退，	二〈成法〉121v
是故王公慎令，	二〈三禁〉126^
是以一國戍（攻）天下，	二〈本伐〉128^
故口者，	二〈本伐〉129^
是故君子卑身以從道，	二〈前道〉130v
故王者不以幸治國，	二〈前道〉131v
是故言者心之符【也】，	二〈行守〉136^
故言寺首，	二〈行守〉136v
我不臧（藏）故，	二〈？〉142^
新故不翏，	二〈？〉142^
故巢居者察風，	三〈稱〉145^
憂存故也。	三〈稱〉145^
故以人之自爲，	三〈稱〉147^
故立天子【者】，	三〈稱〉148^
故曰：	三〈稱〉159^
臣故齘（齗）也。	三〈稱〉160^
子故齘（齗）也。	三〈稱〉160^
故口口賣（竟）今之曲直，	三〈稱〉163v
是故上道高而不可察也，	四〈道原〉169v
故唯耶（聖）人能察无刑（形），	四〈道原〉171^

施

正名施（弛）刑，	二〈觀〉88v
吾欲布施五正，	二〈五正〉90v
下施之四海。	二〈成法〉120v
施於四海。	二〈成法〉122v
施於九州。	二〈三禁〉126^

既

天道已既，	二〈觀〉89^
吾既正既靜，	二〈五正〉91^
吾既正既靜，	二〈五正〉91v
五正既布，	二〈五正〉91v
後世既員，	二〈果童〉98v
口而爲既，	二〈正亂〉100v
昔天地既成，	二〈成法〉120^
三者既脩，	二〈三禁〉124v
既得其極，	三〈稱〉150^
既成其功，	三〈稱〉150v

膚既爲膚，	三〈稱〉157v
勴既爲勴。	三〈稱〉157v

春

春夏爲德，	二〈觀〉85v
春陽秋陰。	三〈稱〉164v

昭

【百】姓辟（闢）其戶牖而各取昭焉。	三〈稱〉158^

〔昧〕（參「抹」）

【昧】天【下之】利，	一〈亡論〉64v

是

是故天下有事，	一〈道法〉3v
是胃（謂）失道。	一〈道法〉6^
是胃（謂）天功。	一〈國次〉10^
O是胃（謂）口逆以芒（荒），，	一〈國次〉11^
是胃（謂）天功。	一〈國次〉12v
心欲是行，	一〈國次〉14^
是胃（謂）過極失當。	一〈國次〉14v
是胃（謂）重央（殃），	一〈四度〉38v
是胃（謂）威（滅）名。	一〈四度〉40v
是胃（謂）逆陰陽之命。	一〈四度〉40v
是胃（謂）道紀。	一〈四度〉42v
是胃（謂）柔弱。	一〈四度〉45v
是故長久。	一〈四度〉45v
是胃（謂）失道，	一〈四度〉45v
是以守天地之極，	一〈論〉52v
是胃謂（謂）得天。	一〈亡論〉59v
是胃（謂）失天。	一〈亡論〉60^
【是】胃（謂）後命。	一〈亡論〉60^
是胃（謂）危根。	一〈亡論〉61^
逆順是守。	一〈論約〉66v
是故萬舉不失理，	一〈論約〉69v
是必爲福。	一〈名理〉74v
是非有分，	一〈名理〉74v
是胃（謂）廢（究）理。	一〈名理〉75v
是胃（謂）得天；	一〈名理〉77^
守道是行，	一〈名理〉77v
是以能爲天下宗。	二〈立命〉78^
其明者以爲法而微道是行。	二〈觀〉83^
是口口贏陰布德，	二〈觀〉84v
夫是故使民毋人執，	二〈觀〉86v
是故爲人主者，	二〈觀〉87^
時反是守。	二〈觀〉89v
怒若不發浸廩者是爲癰疽。	二〈五正〉93v
黃帝於是辭其國大夫，	二〈五正〉93v
黃帝於是出其鏘鉞，	二〈五正〉94v

是以有晦有明，	二〈果童〉96v
果童於是衣褐而穿，	二〈果童〉98v
吾將遂是其逆而僇（戮）其身，	二〈正亂〉102v
而微道是行。	二〈姓爭〉109v
於是出其鏘鉞，	二〈正亂〉104^
心欲是行，	二〈正亂〉106^
是以僇受其刑。	二〈姓爭〉111v
是胃（謂）雄節；	二〈雌雄節〉112^
是胃（謂）雌節。	二〈雌雄節〉112v
是胃（謂）積英（殃）。	二〈雌雄節〉113^
是胃（謂）積德。	二〈雌雄節〉113^
是恒備雌節存也。	二〈雌雄節〉113v
是恒備雄節存也。	二〈雌雄節〉114^
是恒備雌節存也。	二〈雌雄節〉114^
是恒備雄節存也。	二〈雌雄節〉114v
是胃（謂）方（妨）生。	二〈雌雄節〉114v
是胃（謂）凶節，	二〈雌雄節〉115^
是胃（謂）散德。	二〈雌雄節〉115^
是胃（謂）承祿。	二〈雌雄節〉115v
【是謂吉】節，	二〈雌雄節〉116^
是胃（謂）綺德。	二〈雌雄節〉116^
是必有成功。	二〈兵容〉117v
夫是故龜（讒）民皆退，	二〈成法〉121v
是胃（謂）大凶。	二〈三禁〉125^
是故王公慎令，	二〈三禁〉126^
是故以一國戉（攻）天下，	二〈本伐〉128^
是以方行不留。	二〈本伐〉129v
天下名軒執口士於是虛。	二〈前道〉130v
是故君子卑身以從道，	二〈前道〉130v
道是之行。	二〈前道〉134^
道是之行。	二〈前道〉134^
是故言者心之符【也】，	二〈行守〉136^
是我俞（愈）靜，	二〈 ？ 〉141^
是我无爲，	二〈 ？ 〉141^
是以生禍。	三〈 稱 〉149v
是胃（謂）身薄。	三〈 稱 〉161^
是故上道高而不可察也，	四〈道原〉169v
是胃（謂）能精。	四〈道原〉171v
是胃（謂）察稽知〇極。	四〈道原〉172^

星

日月星辰之期，	一〈四度〉43^
列星有數，	一〈 論 〉49v
日月星晨（辰）有數，	一〈論約〉65v
星辰雲氣，	四〈道原〉170v

柔

柔弱者无罪而幾，	一〈四度〉45^
是胃（謂）柔弱。	一〈四度〉45^
以剛爲柔者栝（活），	一〈名理〉73v
以柔爲剛者伐。	一〈名理〉73v
重柔者吉，	一〈名理〉73v
會剛與柔，	二〈 觀 〉83v
柔剛相成，	二〈 觀 〉83v
剛柔陰陽，	二〈姓爭〉111^
人道剛柔，	二〈三禁〉125v
柔不足寺（恃）。	二〈三禁〉125v
柔身以寺（恃）之時。	二〈前道〉131^
柔節先定。	二〈順道〉138^
卑約生柔。	二〈順道〉138^
所生乃柔。	二〈順道〉138v
柔節先定，	三〈 稱 〉166v
柔弱而不可化。	四〈道原〉171^

枯

枯骨何能爭矣。	二〈五正〉93v

流；（游）

人埶者流之四方，	一〈國次〉13^
散流相成，	二〈 觀 〉89v
周流四國，	二〈果童〉99^
康沉而流面（湎）者亡。	二〈三禁〉125v
流之死亡。	三〈 稱 〉149v
魚得而流（游），	四〈道原〉169^

湎；（溢）

聲湎（溢）於實，	一〈四度〉40v
上湎者死，	一〈亡論〉58v
下湎者刑。	一〈亡論〉58v
功湎（溢）於天，	一〈論約〉66v
建於地而湎（溢）於天，	一〈名理〉71v
逆則上湎（溢）而不知止者亡。	一〈名理〉77^
驕湎（溢）好爭，	二〈行守〉134v

為

不知所爲用。	一〈道法〉2^
以不足爲有餘。	一〈道法〉2v
无不自爲刑（形）名聲號矣。	一〈道法〉4^

至知（智）者爲天下稽。	一〈道法〉4v
以禍爲福，	一〈道法〉5v
物自爲舍。	一〈道法〉8^
物自爲名。	一〈道法〉8^
物自爲正。	一〈道法〉8^
而弗爲主。	一〈道法〉8v
然后可以爲天下正。	一〈道法〉9^
連爲什伍，	一〈君正〉16v
爲人主，	一〈六分〉29v
萬民和輯而樂爲其主上用，	一〈六分〉30^
能爲國則能爲主，	一〈六分〉23^
能爲國則能爲主，	一〈六分〉23^
能爲家則能爲父。	一〈六分〉23^
能爲家則能爲父。	一〈六分〉23^
天爲之稽。	一〈四度〉36v
身危爲僇（戮），	一〈四度〉39^
順爲經紀，	一〈四度〉39v
爲若又（有）事，	一〈四度〉40^
毋爲虛聲。	一〈四度〉40v
王公執口以爲天下正。	一〈四度〉44v
不能爲謀。	一〈四度〉46v
天之所以爲物命也。	一〈論〉51^
審三名以爲萬事口，	一〈論〉53^
知虛實動靜之所爲。	一〈論〉53^
爲亂首，	一〈亡論〉58v
爲怨媒，	一〈亡論〉59^
下邪恒以地界爲私者口。	一〈亡論〉61^
反爲禍門，	一〈亡論〉61^
外內爲一，	一〈亡論〉64^
爲若得天，	一〈論約〉67v
以剛爲柔者栝（活），	一〈名理〉73v
以柔爲剛者伐。	一〈名理〉73v
是必爲福，	一〈名理〉74v
非必爲材（灾）。	一〈名理〉74v
以法爲符。	一〈名理〉74v
交相爲央（殃），	一〈名理〉77v
作自爲象（像），	二〈立命〉78^
是以能爲天下宗。	二〈立命〉78v
口口口口口以爲天下正，	二〈觀〉82^
爲之若何？	二〈觀〉82^
群群口口口口口爲一困，	二〈觀〉82v
今始判爲兩，	二〈觀〉82v
分爲陰陽。	二〈觀〉82v
離爲O四【時】，	二〈觀〉83^
口口口口口口口口因以爲常，	二〈觀〉83^
其明者以爲法而微道是行。	二〈觀〉83^
春夏爲德，	二〈觀〉85v

秋冬爲刑。	二〈觀〉85v
是故爲人主者，	二〈觀〉87^
怒若不發浸廩者是爲癰疽。	二〈五正〉93v
爲之若何？	二〈果童〉95v
以天爲父，	二〈果童〉98^
以地爲母。	二〈果童〉98^
豐而【爲】口，	二〈正亂〉100^
口而爲既，	二〈正亂〉100^
予之爲害，	二〈正亂〉100^
致而爲費，	二〈正亂〉100^
緩而爲口。	二〈正亂〉100^
收而爲之咎。	二〈正亂〉100v
爲之若何？	二〈正亂〉101v
交爲之備，	二〈正亂〉101v
勒（剝）其口革以爲干侯，	二〈正亂〉104v
充其胃以爲鞠（鞠）。	二〈正亂〉105^
憋爲地桯。	二〈正亂〉106v
爲之若何？	二〈姓爭〉107^
其明者以爲法，	二〈姓爭〉109^
時反以爲幾（機）。	二〈姓爭〉109v
反爲之客。	二〈姓爭〉109v
人反爲之【客】。	二〈姓爭〉110^
乃不爲福，	二〈雌雄節〉113^
時爲之庸，	二〈兵容〉117^
胡爲而无長？	二〈成法〉122^
有爲利者，	二〈本伐〉127^
有爲義者，	二〈本伐〉127^
所胃（謂）爲利者，	二〈本伐〉127v
所胃（謂）爲爲義者，	二〈本伐〉127v
所胃（謂）爲爲義者，	二〈本伐〉128^
怒必有爲也。	二〈本伐〉129^
其爲之若何？	二〈順道〉137v
不爲亂首，	二〈順道〉139v
不爲宛（怨）謀（媒），	二〈順道〉139v
是我无爲。	二〈？〉141^
·即（聖）人不爲始，	三〈稱〉144v
不爲得，	三〈稱〉144v
故以人之自爲，	三〈稱〉147^
立爲口王。	三〈稱〉149^
雷口爲車隆隆以爲馬。	三〈稱〉152v
雷口爲車隆隆以爲馬。	三〈稱〉152v
因地以爲齎（資），	三〈稱〉152v
因民以爲師。	三〈稱〉152v
爲者弗居，	三〈稱〉153^
·日爲明，	三〈稱〉154v
月爲晦。	三〈稱〉154^

虎狼爲孟（猛）可揗，	三〈 稱 〉155^
舉而爲同。	三〈 稱 〉157^
舉而爲異。	三〈 稱 〉157^
弗爲而自成，	三〈 稱 〉157^
膚既爲膚，	三〈 稱 〉157v
勳既爲勳，	三〈 稱 〉157v
‧善爲國者，	三〈 稱 〉161^
虛同爲一，	四〈道原〉168^
无爲其素也，	四〈道原〉169v
顯明弗能爲名，	四〈道原〉170^
廣大弗能爲刑（形），	四〈道原〉170^
道弗爲益少；	四〈道原〉170v
道弗爲益多。	四〈道原〉170v
可爲民命，	四〈道原〉172v
不爲治勸，	四〈道原〉173^
不爲亂解（懈）。	四〈道原〉173^
夫爲一而不化。	四〈道原〉173v

甚

吾甚患之，	二〈姓爭〉107^
用力甚少，	二〈順道〉140v

畏

日不知畏人，	一〈道法〉 2v
【六年而】民畏敬，	一〈君正〉15^
則民畏敬。	一〈君正〉15v
吾畏天愛地親【民】，	二〈立命〉79^
吾畏天愛【地】親民，	二〈立命〉79v

界

下邪恒以地界爲私者口。	一〈亡論〉61^

皆

五逆皆成，	一〈國次〉14^
內外皆逆，	一〈四度〉38v
內外皆順，	一〈四度〉39^
【八】正皆失，	一〈 論 〉47v
禍皆反自及也。	一〈亡論〉59^
過（禍）皆反自及也。	一〈亡論〉60v
外內皆朕（勝）則君孤直（特）。	一〈亡論〉63^
三者皆動於度之外而欲成功者也，	一〈名理〉73^
國皆危亡。	一〈名理〉77v
與之皆斷。	二〈 觀 〉90^
與之皆斷。	二〈兵容〉117v
夫是故毚（讒）民皆退，	二〈成法〉121v
皆閱一空。	二〈成法〉123v
皆有兵道。	二〈本伐〉127^
人皆以之，	四〈道原〉169^

人皆用之，	四〈道原〉169v
皆取生，	四〈道原〉170v
皆反焉，	四〈道原〉170v

皇

刑德皇皇，	二〈 觀 〉86^
刑德皇皇，	二〈 觀 〉86^
刑德皇皇，	二〈姓爭〉108v
刑德皇皇，	二〈姓爭〉108v
天德皇皇，	二〈姓爭〉109^
天德皇皇，	二〈姓爭〉109^
皇后屯曆（歷）吉凶之常，	二〈雌雄節〉112^
昔者皇天使馮（鳳）下道一言而止。	二〈成法〉121^

盈

天將不盈其命而重其刑。	一〈亡論〉59v
大盈多（終）天地之間而莫知其名。	一〈名理〉71v
而盈口无匡。	二〈 觀 〉86^
單（戰）數盈六十而高陽未夫，	二〈正亂〉101^
盈其寺，	二〈正亂〉102^
單（戰）盈才（哉）。	二〈正亂〉104^
【‧】不士（仕）於盛盈之國，	三〈 稱 〉147^
不嫁子於盛盈之家，	三〈 稱 〉147v
神微周盈，	四〈道原〉168^
盈四海之內，	四〈道原〉168v
周襲而不盈。	四〈道原〉171v

相

賢不宵（肖）不相放（妨）。	一〈道法〉 7^
以奇相御。	一〈道法〉 7v
黨別【者】口內相功（攻）。	一〈國次〉13v
衣備（服）不相綸（逾）。	一〈君正〉18^
名功相抱（孚），	一〈四度〉45v
名功不相抱（孚），	一〈四度〉45v
達於名實【相】應，	一〈 論 〉53^
名實不相應則定，	一〈 論 〉57^
名實不相應則靜（爭）。	一〈 論 〉57v
逆順相功（攻）。	一〈論約〉67v
兩逆相功（攻），	一〈名理〉77v
交相爲央（殃）。	一〈名理〉77v
牝牡相求，	二〈 觀 〉83v
柔剛相成，	二〈 觀 〉83v
日月相望，	二〈 觀 〉86^
散流相成，	二〈 觀 〉89v
靜作相養，	二〈果童〉97^

德瘧（虐）相成。	二〈果童〉97^
相與則成。	二〈果童〉97^
謀相復頃（傾）。	二〈姓爭〉107^
日月相望，	二〈姓爭〉108v
刑德相養，	二〈姓爭〉109^
兩相養，	二〈姓爭〉111^
時相成。	二〈姓爭〉111^
四鄉（向）相枹（抱），	二〈成法〉123^
疑則相傷，	三〈 稱 〉148v
雜則相方。	三〈 稱 〉149^
昆弟相居，	三〈 稱 〉155v
不能相順。	三〈 稱 〉155v
胡不來相教順弟兄茲，	三〈 稱 〉155v
・兩虎相爭，	三〈 稱 〉161^

禺（遇）

以禺（遇）之（蚩）尤，	二〈五正〉94v
黃帝身禺（遇）之（蚩）尤，	二〈正亂〉104^

秋

秋稿（毫）成之，	一〈道法〉 3^
秋冬爲刑。	二〈 觀 〉85v
春陽秋陰。	三〈 稱 〉164v

穿

果童於是衣褐而穿，	二〈果童〉99^

紀

順爲經紀，	一〈四度〉39v
是胃（謂）道紀。	一〈四度〉42^
天地之紀也。	一〈論約〉66^
逆順无紀，	二〈 觀 〉81v
今吾欲得逆順之紀，	二〈 觀 〉82^
民无亂紀。	二〈成法〉121^
民无亂紀。	二〈成法〉122^
耶（聖）人麋論天地之紀，	三〈 稱 〉147v

約

怀（倍）約則窘（窘）。	一〈四度〉40^
約而倍之，	一〈亡論〉64v
外約不信，	一〈亡論〉65^
卑約生柔。	二〈順道〉138^

美

美亞（惡）不匿其請（情），	一〈四度〉43v
美亞（惡）有名，	一〈四度〉44^
有美有亞（惡）。	二〈果童〉96v
合之而涅於美，	二〈前道〉133v

胥

胥備自生。	二〈正亂〉103^
胥雄節之窮而因之。	二〈順道〉139^
胥時而用貳（資），	三〈 稱 〉164^

胃；（謂）

是胃（謂）失道。	一〈道法〉 6^
是胃（謂）天功。	一〈國次〉10^
O是胃（謂）口逆以芒（荒），	一〈國次〉11^
是胃（謂）天功。	一〈國次〉12v
此胃（謂）五逆，	一〈國次〉13v
是胃（謂）過極失當。	一〈國次〉14v
胃（謂）之文，	一〈君正〉19^
胃（謂）之武。	一〈君正〉19^
此胃（謂）亡國。	一〈六分〉24v
此之胃（謂）頸（頹）國。	一〈六分〉24^
君臣易立（位）胃（謂）之逆，	一〈四度〉35v
賢不宵（肖）並立胃（謂）之亂，	一〈四度〉36^
動靜不時胃（謂）之逆，	一〈四度〉36^
生殺不當胃（謂）之暴。	一〈四度〉36^
君臣當立（位）胃（謂）之靜，	一〈四度〉37^
賢不宵（肖）當立（位）胃（謂）之正，	一〈四度〉37^
動靜參於天地胃（謂）之文。	一〈四度〉37^
誅口時當胃（謂）之武。	一〈四度〉37v
是胃（謂）重央（殃），	一〈四度〉38v
是胃（謂）威（滅）名。	一〈四度〉40v
是胃（謂）逆陰陽之命。	一〈四度〉41^
是胃（謂）道紀。	一〈四度〉42^
胃（謂）之武。	一〈四度〉44v
是胃（謂）柔弱。	一〈四度〉45^
是胃（謂）失道，	一〈四度〉45v
此之胃（謂）七法。	一〈 論 〉51^
胃（謂）之物。	一〈 論 〉51^
物各口口口口胃（謂）之理。	一〈 論 〉51v
胃（謂）之口。	一〈 論 〉51v
胃（謂）之失理。	一〈 論 〉51v
胃（謂）之逆。	一〈 論 〉51v
胃（謂）之死國，	一〈 論 〉56^
反此之胃（謂）順之所在，	一〈 論 〉56^
胃（謂）之生國，	一〈 論 〉56^
是胃（謂）得天。	一〈亡論〉59v
是胃（謂）失天。	一〈亡論〉60^
【是】胃（謂）後命。	一〈亡論〉60^
是胃（謂）危根。	一〈亡論〉61^
內立（位）朕（勝）胃（謂）之塞，	一〈亡論〉62v
此胃（謂）一雍（壅）。	一〈亡論〉63^

從外令中胃（謂）之口，	一〈亡論〉	63v
此胃（謂）二雍（壅）。	一〈亡論〉	63v
外立（位）朕（勝）胃（謂）之償，	一〈亡論〉	62v
此胃（謂）重雍（壅），	一〈亡論〉	63v
此胃（謂）三雍（壅）。	一〈亡論〉	64^
此胃（謂）【三凶】。	一〈亡論〉	64^
胃（謂）之襦傳。	一〈亡論〉	64v
胃（謂）之達刑。	一〈亡論〉	65^
胃（謂）之亂首。	一〈亡論〉	65^
胃（謂）之怨媒。	一〈亡論〉	65^
之胃（謂）有道。	一〈論約〉	69v
是胃（謂）麃（麂）理。	一〈名理〉	75^
是胃（謂）得天；	一〈名理〉	77^
充其胃以爲鞫（鞠）。	二〈正亂〉	104v
是胃（謂）雄節；	二〈雌雄節〉 112^
是胃（謂）雌節。	二〈雌雄節〉 112v
是胃（謂）積英（殃）。	二〈雌雄節〉 113^
是胃（謂）積德。	二〈雌雄節〉 113v
是胃（謂）方（妨）生。	二〈雌雄節〉 114v
是胃（謂）凶節，	二〈雌雄節〉 115^
是胃（謂）散德。	二〈雌雄節〉 115^
是胃（謂）承祿。	二〈雌雄節〉 115v
【是謂吉】節，	二〈雌雄節〉 116^
是胃（謂）綺德。	二〈雌雄節〉 116^
是胃（謂）大凶。	二〈三禁〉	125^
所胃（謂）爲利者，	二〈本伐〉	127^
所胃（謂）爲爲義者，	二〈本伐〉	127v
所胃（謂）義也。	二〈本伐〉	128^
所胃（謂）行忿者，	二〈本伐〉	128v
所胃（謂）義也。	二〈前道〉	130^
胃（謂）之誣。	二〈行守〉	136v
其言胃（謂）何？	三〈 稱 〉	143^
胃（謂）外其膚而內其勮。	三〈 稱 〉	157^
是胃（謂）身薄。	三〈 稱 〉	161^
是胃（謂）能精。	四〈道原〉	171v
是胃（謂）察稽知O極。	四〈道原〉	172^

胡

胡爲而无長？	二〈成法〉	122^
胡不來相教順弟兄茲，	三〈 稱 〉	155v

致

致而爲費，	二〈正亂〉	100v

苛

苛事，	一〈君正〉	21^
苛而不已，	二〈行守〉	135v

苦

投之苦酭（醢），	二〈正亂〉	105^

若；（諾）

若號令發，	一〈君正〉	17^
爲若又（有）事，	一〈四度〉	40^
爲若得天，	一〈論約〉	67v
若（諾）者，	一〈名理〉	73v
已若（諾）不信，	一〈名理〉	74^
已若（諾）必信，	一〈名理〉	74^
其事若不成，	一〈名理〉	77^
其事若果成，	一〈名理〉	77^
爲之若何？	二〈 觀 〉	82^
牝牡若刑（形）。	二〈 觀 〉	83v
時若□□□□□□□□，	二〈 觀 〉	83v
若何？	二〈五正〉	91^
若何？	二〈五正〉	92^
屈吾身若何？	二〈五正〉	92v
勿爭若何？	二〈五正〉	93^
怒若不發浸廩者是爲癰疽。	二〈五正〉	93v
爲之若何？	二〈果童〉	95v
兩若有名，	二〈果童〉	97^
因之若成。	二〈果童〉	97v
險若得平，	二〈果童〉	98^
□之若何？	二〈正亂〉	99v
爲之若何？	二〈正亂〉	101v
爲之若何？	二〈姓爭〉	107^
逆順若成。	二〈姓爭〉	109^
其事若易成。	二〈姓爭〉	111^
若夫人事則无常。	二〈姓爭〉	111^
正若有名，	二〈成法〉	120^
合若有刑（形），	二〈成法〉	120^
王公若知之，	二〈前道〉	131^
其爲之若何？	二〈順道〉	137v
若此者其民勞不□，	二〈順道〉	139^
若此者，	二〈順道〉	140v
・時若可行，	三〈 稱 〉	149^
【時】若未可，	三〈 稱 〉	149^
國若不危，	三〈 稱 〉	159v
家若不亂，	三〈 稱 〉	160^

英（殃）

是胃（謂）積英（殃）。	二〈雌雄節〉113^

要

千言有要，	二〈成法〉123^
得事之要，	四〈道原〉173v

計

計歲，	二〈立命〉79^

貞

貞良而亡，	三〈 稱 〉154v

負

負井（缾）而遧。	二〈果童〉99^

軍

以居軍口，	二〈前道〉134^

述；（術）

然而不知王述（術），	一〈六分〉30v
其口【不】知王述（術）者，	一〈六分〉31v

郎（廊）

處其郎（廊）廟，	一〈國次〉11^

重

輕重不稱，	一〈道法〉 6^
如此而有（又）不能重士而師有道，	一〈六分〉33^
輕縣國而重士，	一〈六分〉33v
故國重而身安；	一〈六分〉34^
是胃（謂）重央（殃），	一〈四度〉39^
權衡之稱曰輕重不爽，	一〈四度〉43^
不重地則失其根。	一〈 論 〉46v
【重地】則得其根。	一〈 論 〉47v
天將不盈其命而重其刑。	一〈亡論〉59v
此胃（謂）重雍（壅），	一〈亡論〉64^
重柔者吉，	一〈名理〉73v
重剛者威（滅）。	一〈名理〉73v
如衡之不臧（藏）重與輕。	一〈名理〉76^
重逆口口，	一〈名理〉77^
重時而无光，	二〈 觀 〉89^
有口口口重，	二〈果童〉97v
凶憂重至，	二〈雌雄節〉113^
有（又）重有功，	二〈兵容〉119^
重國陽，	三〈 稱 〉165^
規（蚑）行僥（嶢）重（動），	四〈道原〉170v

降

天將降央（殃）。	一〈國次〉10v
天將降央（殃）；	一〈六分〉26v
天降二央（殃）。	一〈亡論〉59v
儋（戮）降人，	一〈亡論〉60^

面

南面而立。	一〈六分〉29v
飲食喜樂而不面（湎）康，	一〈六分〉31^
飲食喜樂則面（湎）康，	一〈六分〉32^
方四面，	二〈立命〉78^
康沉而流面（湎）者亡。	二〈三禁〉125v

革

勒（剺）其口革以爲干侯，	二〈正亂〉104v

風

故巢居者察風，	三〈 稱 〉145^

食

衣食足而刑伐（罰）必也。	一〈君正〉18v
飲食喜樂而不面（湎）康，	一〈六分〉30v
飲食喜樂則面（湎）康，	一〈六分〉31v
規規生食與繼。	二〈 觀 〉84v
不食不人，	二〈 觀 〉84v
所以食之也。	二〈 觀 〉85v
侍（待）地而食。	二〈果童〉98^
營行氣（乞）食。	二〈果童〉99^

首

爲亂首，	一〈亡論〉59^
胃（謂）之亂首。	一〈亡論〉65^
黔首乃生。	二〈姓爭〉107^
黔首乃生。	二〈姓爭〉108^
故言寺首，	二〈行守〉136v
不爲亂首，	二〈順道〉139v
首變者凶。	三〈 稱 〉144^

俓（徑）

俓（徑）遂淩節，	二〈三禁〉125^

柜（矩）

柜（矩）之內曰【方】，	一〈四度〉42v
右執柜（矩），	二〈五正〉91v

枹（抱）

四鄉（向）相枹（抱），	二〈成法〉123^

紃

何以知紃之至，	二〈成法〉122v

奘

扇蜚（飛）奘動，	一〈論〉48v

苐

苐苐陽陽，	二〈兵容〉118v
苐苐陽陽，	二〈兵容〉118v

苴

草苴復榮。	二〈觀〉89^

邾

不以兵邾，	二〈順道〉139v

恒

天地有恒常，	一〈道法〉6v
萬民有恒事，	一〈道法〉6v
貴賤有恒立（位），	一〈道法〉6v
畜臣有恒道，	一〈道法〉6v
使民有恒度。	一〈道法〉6v
天地之恒常，	一〈道法〉6v
萬民之恒事，	一〈道法〉7^
貴賤之恒立（位），	一〈道法〉7^
畜臣之恒道，	一〈道法〉7^
使民之恒度，	一〈道法〉7v
變恒過度。	一〈道法〉7v
下邪恒以地界爲私者口。	一〈亡論〉61^
然后參之於天地之恒道，	一〈論約〉69^
絑（佻）長而非恒者，	一〈名理〉73^
以觀无恒善之法，	二〈觀〉80v
地有恒常。	二〈果童〉96^
毋失吾恒刑，	二〈正亂〉106v
先者恒凶，	二〈雌雄節〉113v
後者恒吉。	二〈雌雄節〉113v
是恒備雌節存也。	二〈雌雄節〉113v
是恒備雄節存也。	二〈雌雄節〉114^
是恒備雌節存也。	二〈雌雄節〉114^
是恒備雄節存也。	二〈雌雄節〉114v
行非恒者，	二〈三禁〉124v
天有恒日，	二〈三禁〉126v
非心之恒也，	二〈本伐〉128v
天有恒榦，	二〈行守〉134v
地有恒常。	二〈行守〉134v
刑（形）恒自定，	二〈？〉141^

O事恒自□（施），	二〈？〉141^
恒不同廷。	三〈稱〉143v
·世恒不可，	三〈稱〉149v
恒无之初，	四〈道原〉168^
恒一而止。	四〈道原〉168^

晉（悟）

其主不晉（悟）則社稷殘。	一〈六分〉23v

耴（聖）

耴（聖）人故載。	一〈國次〉10^
故唯耴（聖）人能盡天極，	一〈國次〉11v
故耴（聖）人之伐殴（也），	一〈國次〉12^
□耴（聖）之人弗留，	一〈六分〉32v
雖有耴（聖）人，	一〈四度〉46^
耴（聖）人之事。	二〈觀〉89v
耴（聖）人不巧，	二〈觀〉89v
耴（聖）人正以侍（待）天，	二〈觀〉89v
耴（聖）人因而成之。	二〈兵容〉117^
耴（聖）人之功，	二〈兵容〉117^
耴（聖）人不達刑，	二〈兵容〉117v
耴（聖）【人】舉事也，	二〈前道〉129v
·耴（聖）人不爲始，	三〈稱〉144v
耴（聖）人嚷論天地之紀，	三〈稱〉147v
不聽耴（聖）慧之慮，	三〈稱〉160v
故唯耴（聖）人能察无刑（形），	四〈道原〉171^
耴（聖）王用此，	四〈道原〉172^

堯（鏡）

人則視（示）堯（鏡），	二〈觀〉81^

叚（暇）

國家不叚（暇），	二〈本伐〉127v

胜（姓）

胜（姓）生已定，	二〈姓爭〉108^

晃

晃濕共（恭）僉（儉），	二〈順道〉138^

刹

中請（情）不刹執一毋求。	二〈順道〉138v

紓

紓也，	二〈？〉141v

十　畫

乘

萬乘【之】主□□希不自此始，	二〈本伐〉128^

倍

約而倍之，	一〈亡論〉64v
賞不倍。	三〈 稱 〉151v

倚

二曰倚名法而亂，	一〈 論 〉55^
高而倚者倗（崩）。	三〈 稱 〉155^

俱

因與俱行。	一〈國次〉10v
俱與天下用兵，	一〈六分〉31^
俱與天下用兵，	一〈六分〉32^
與天俱見，	一〈 論 〉52v

倉

多如倉粟。	一〈道法〉 5^

兼

兼之而勿擅，	一〈國次〉10^
兼人之國。	一〈國次〉11^
兼人之國，	一〈國次〉12^
兼愛无私，	一〈君正〉22v
而兼復（覆）載而无私也，	一〈六分〉29^
其□□□唯王者能兼復（覆）載天下，	一〈六分〉35v
兼有天下。	二〈果童〉95v
兼 之徒也。	二〈雌雄節〉112v
唯余一人兼有天下，	二〈成法〉119v
即兼始逆矣。	二〈本伐〉129^
大國【得之以】并兼天下，	二〈前道〉133v
・利不兼，	三〈 稱 〉151v

冥

其裻冥冥，	一〈道法〉 1v
其裻冥冥，	一〈道法〉 1v
故同出冥冥，	一〈道法〉 2v
故同出冥冥，	一〈道法〉 2v

剛

輮（柔）剛。	一〈道法〉 7^
□□□□□地之剛（綱），	一〈國次〉14^
剛正而□者□□而不廄。	一〈四度〉45^
以剛為柔者栝（活），	一〈名理〉73v
以柔為剛者伐。	一〈名理〉73v
重剛者威（減）。	一〈名理〉73v
會剛與柔。	二〈 觀 〉83v
柔剛相成，	二〈 觀 〉83v
剛柔陰陽，	二〈姓爭〉111^
人道剛柔，	二〈三禁〉125v
剛不足以，	二〈三禁〉125v
剛強而虎質者丘，	二〈三禁〉125v

卿

三卿。	二〈立命〉79^

原

神明之原也。	一〈名理〉70^
道有原而无端，	二〈前道〉133v
四〈道原〉	四〈道原〉篇名 174^

員；（圓）

規之內曰員（圓），	一〈四度〉42v
後世既員，	二〈果童〉98v

夏

夏起大土功，	一〈亡論〉61^
春夏為德，	二〈 觀 〉85v
夏陽冬陰。	三〈 稱 〉164v

孫

子孫不殖。	二〈雌雄節〉115^
【子孫則殖】，	二〈雌雄節〉116^
至其子孫必行焉。	三〈 稱 〉159^

害

生有害，	一〈道法〉 1v
動有害，	一〈道法〉 2^
事有害，	一〈道法〉 2^
言有害，	一〈道法〉 2v
化則能明德徐（除）害。	一〈 論 〉54v
予之為害，	二〈正亂〉100v
除民之所害，	二〈成法〉124^
亦无大害焉。	二〈本伐〉127v

家

觀家觀父，	一〈六分〉23^
能為家則能為父。	一〈六分〉23^
吾國家俞（愈）不定，	二〈五正〉91^
國家不定。	二〈姓爭〉110^
國家有幸，	二〈兵容〉118v
國家无幸，	二〈兵容〉118v
其國家以危，	二〈兵容〉119^
國家幾矣。	二〈三禁〉124v
國家不叚（暇），	二〈本伐〉127v
長利國家社稷，	二〈前道〉130^
國家之幸也。	二〈前道〉131^

乃可國家。	二〈前道〉133^
國家得之以寧。	二〈前道〉133^
不嫁子於盛盈之家，	三〈 稱 〉147^
家必亂。	三〈 稱 〉160^
家若不亂，	三〈 稱 〉160^

宮

·宮室過度，	三〈 稱 〉152v

宵（肖）

賢不宵（肖）不相放（妨）。	一〈道法〉 7^
巽（選）練賢不宵（肖）有別殹（也）。	一〈君正〉 16v
賢不宵（肖）衰（差）也。	一〈君正〉 18^
賢不宵（肖）並立胃（謂）之亂，	一〈四度〉 35v
賢不宵（肖）當立（位）胃（謂）之正，	一〈四度〉 37^
以賢下不宵（肖），	一〈四度〉 42^
起賢廢不宵（肖），	二〈本伐〉128^

容

〈兵容〉	二〈兵容〉章名 119v

射

使人射之，	二〈正亂〉104v

師

國中有師；	一〈六分〉 27^
如此而有（又）不能重士而師有道，	一〈六分〉 33^
其實師也。	三〈 稱 〉145v
因民以爲師。	三〈 稱 〉152v
師陽役陰。	三〈 稱 〉166^

庫

諸（儲）庫臧（藏）兵之國，	二〈本伐〉126v

弱

以強下弱，	一〈四度〉 42^
柔弱者无罪而幾，	一〈四度〉 45^
是胃（謂）柔弱。	一〈四度〉 45^
動則能破強興弱，	一〈 論 〉 54^
用國而侍（恃）其強者弱。	一〈亡論〉 59^
守弱節而堅之，	二〈順道〉139^
弱則聽，	三〈 稱 〉154^
弱者強，	三〈 稱 〉156v
柔弱而不可化。	四〈道原〉171^

徒

涅之徒也。	二〈雌雄節〉 112v
兼之徒也。	二〈雌雄節〉 112v

不能徒怒，	二〈本伐〉128v
戴根之徒，	四〈道原〉170v

徐；（除）

化則能明德徐（除）害。	一〈 論 〉 54v
安徐正靜，	二〈順道〉138^
地【之】德安徐正靜，	三〈 稱 〉166v

恐

吾恐或用之以亂天下。	二〈成法〉119v

息

四時不息。	一〈國次〉 10^
岐（蚑）行喙息，	一〈 論 〉 48v

悔

將令之死而不得悔，	二〈正亂〉101^

扇

扇蜚（飛）耎動，	一〈 論 〉 48v

挾

不挾陳。	二〈 ？ 〉142^

時

日不時。	一〈道法〉 2^
日時而口。	一〈道法〉 2^
四時、	一〈道法〉 7^
四時不息。	一〈國次〉 10^
時也。	一〈君正〉 18^
天有死生之時，	一〈君正〉 19^
宜之生在時，	一〈君正〉 19v
時之用在民，	一〈君正〉 19v
須時而樹，	一〈君正〉 20^
毋奪民時，	一〈君正〉 21^
動靜不時胃（謂）之逆，	一〈四度〉 36^
誅口時當胃（謂）之武。	一〈四度〉 37v
四時之度，	一〈四度〉 43^
因天時，	一〈四度〉 44v
不順【四時之度】而民疾。	一〈 論 〉 47^
順四【時之度】口口口而民不口疾。	一〈 論 〉 47v
則四時有度，	一〈 論 〉 50^
動靜不時，	一〈 論 〉 55^
四時有度，	一〈論約〉 65v
三時成功，	一〈論約〉 66^
一時刑殺，	一〈論約〉 66^
四時時而定，	一〈論約〉 66^
四時時而定，	一〈論約〉 66^
四時代正，	一〈論約〉 66v
靜作无時，	二〈 觀 〉 81v

静作之時,	二〈觀 〉82^
離爲〇四【時】,	二〈觀 〉83^
時若□□□□□□□□□,	二〈觀 〉83v
時挃三樂,	二〈觀 〉87^
毋逆天時。	二〈觀 〉87^
夫並時以養民功,	二〈觀 〉87v
其時贏而事絀,	二〈觀 〉88^
其時絀而事贏,	二〈觀 〉88v
重時而无光,	二〈觀 〉89^
時反是守。	二〈觀 〉89v
當天時,	二〈觀 〉90^
時至矣,	二〈五正〉93^
反義逆時,	二〈五正〉95^
反義逆時,	二〈正亂〉105v
時反以爲幾（機）。	二〈姓爭〉109v
爭（静）作得時,	二〈姓爭〉110^
時静不静,	二〈姓爭〉110^
静作得時,	二〈姓爭〉110v
静作失時,	二〈姓爭〉110v
時相成。	二〈姓爭〉111^
時爲之庸,	二〈兵容〉117^
因時秉□,	二〈兵容〉117^
因天時,	二〈兵容〉117v
柔身以寺（待）之時。	二〈前道〉131^
上知天時,	二〈前道〉132^
不志（識）四時,	二〈順道〉137v
而天開以時,	二〈順道〉137v
天逆其時,	二〈順道〉140^
其時庸也。	三〈 稱 〉146^
困不擇時。	三〈 稱 〉146v
·時若可行,	三〈 稱 〉149^
【時】若未可,	三〈 稱 〉149^
·時極未至,	三〈 稱 〉150^
毋非時而榮。	三〈 稱 〉153v
非時而榮則不果。	三〈 稱 〉153v
其時未能也,	三〈 稱 〉159^
·寒時而獨暑,	三〈 稱 〉162^
暑時而獨寒,	三〈 稱 〉162^
主樹以知與治合積化以知時,	三〈 稱 〉164^
【四】時日月,	四〈道原〉170v

朕;（勝）

人強朕（勝）天,	一〈國次〉10v
天反朕（勝）人,	一〈國次〉10v
則朕（勝）強適（敵）。	一〈君正〉16^
則守固單（戰）朕（勝）之道也。	一〈君正〉20v
單（戰）朕（勝）而令不□□,	一〈六分〉32^

危不朕（勝）,	一〈亡論〉62^
內立（位）朕（勝）胃（謂）之塞,	一〈亡論〉62v
外立（位）朕（勝）胃（謂）之價,	一〈亡論〉62v
外內皆朕（勝）則君孤直（特）。	一〈亡論〉63^
單（戰）朕（勝）不報,	二〈順道〉140v
單（戰）朕（勝）於外,	二〈順道〉140v
所以朕合之也。	三〈 稱 〉148v
·敬朕（勝）怠,	三〈 稱 〉162^
敢朕（勝）疑。	三〈 稱 〉162^

案

愼案其眾,	二〈順道〉140^
案法而治則不亂。	三〈 稱 〉144^

根

命曰外根,	一〈六分〉25v
上下无根,	一〈六分〉26^
【臣】失其處則下无根,	一〈六分〉27^
臣不失處則下有根,	一〈六分〉24^
事之根也。	一〈四度〉39v
不重地則失其根。	一〈 論 〉47^
【重地】則得其根。	一〈 論 〉47v
是胃（謂）危根。	一〈亡論〉61^
戴根之徒,	四〈道原〉170v

桐（恫）

憂桐（恫）而窘（宭）之,	二〈正亂〉100v

桀（傑）

能收天下豪桀（傑）票（驃）雄,	一〈君正〉22^

氣

寺（待）地氣之發也,	二〈觀 〉84^
童（重）陰〇長夜氣閉地繩（孕）者,	二〈觀 〉85^
怒者血氣也,	二〈五正〉93^
營行氣（乞）食。	二〈果童〉99^
氣者心之浮也。	二〈行守〉136v
星辰雲氣,	四〈道原〉170v

浸

【黃帝】令力黑浸行伏匿,	二〈觀 〉80v
怒若不發浸廩者是爲癰疽。	二〈五正〉93v

海

下施之四海。	二〈成法〉120v
【以】桮（探）四海,	二〈成法〉121v
施於四海。	二〈成法〉122v
夫達望四海,	二〈成法〉123^
盈四海之內,	四〈道原〉168v

浮

氣者心之浮也。	二〈行守〉136v

浴（谷）

專利及削浴（谷）以大居者虛。	二〈三禁〉126^

涅；〈淫〉（熱）

以欲涅〈淫〉恤（溫）,	二〈正亂〉100^
涅〈淫〉恤（溫）蚤口口日天佑,	二〈正亂〉101^
涅〈淫〉恤（溫）口失,	二〈正亂〉100^
寒涅（熱）燥濕,	二〈姓爭〉110v
合之而涅於美,	二〈前道〉133v

狼

虎狼爲孟（猛）可揹,	三〈稱〉155^

珠

黃金珠玉臧（藏）積,	一〈四度〉46^

畜

畜臣有恒道,	一〈道法〉6v
畜臣之恒道,	一〈道法〉7^
今余欲畜而正之,	二〈果童〉95v
今余欲畜而正之,	二〈果童〉98^

留；（流）

口耵（聖）之人弗留,	一〈六分〉32v
周留（流）四國,	二〈觀〉80v
毋留（流）吾醋（醢）,	二〈正亂〉105v
留（流）醋（醢）,	二〈正亂〉105v
是以方行不留。	二〈本伐〉129v

疾

陽竊者疾,	一〈國次〉13v
失人則疾。	一〈四度〉36v
不順【四時之度】而民疾。	一〈論〉47^
順四【時之度】口口口而民不口疾。	一〈論〉47v
疾役可發澤,	三〈稱〉153^

疽

怒若不發浸廩者是爲癰疽。	二〈五正〉93v

益

非益而損,	三〈稱〉144^
道弗爲益少;	四〈道原〉170v
道弗爲益多。	四〈道原〉170v

破

國危破亡。	一〈國次〉11v
在中國破,	一〈六分〉25^
在小國破。	一〈六分〉25v
在強國破,	一〈六分〉26^
在強國破,	一〈六分〉27^
國危破亡。	一〈四度〉39^
動則能破強興弱,	一〈論〉54^

神

則无所逃其神。	一〈道法〉5^
孰知其神。	一〈道法〉5v
不天天則失其神,	一〈論〉46v
【天天則得其神】,	一〈論〉47v
精則神。	一〈論〉52^
至神之極,	一〈論〉52^
神明之原也。	一〈名理〉70^
神明者,	一〈名理〉70^
故曰神。	一〈名理〉71^
神明者,	一〈名理〉71^
羊（祥）於鬼神,	二〈前道〉129v
與神同口。	二〈行守〉134v
傷國之神。	三〈稱〉155v
神微周盈,	四〈道原〉168^

笑

至樂不笑。	三〈稱〉152^

素

故能至素至精,	一〈道法〉9^
寧則素,	一〈論〉52^
素則精,	一〈論〉52^
无爲其素也,	四〈道原〉169v

索

反索之无刑（形）,	一〈道法〉6^
·行曾（憎）而索愛,	三〈稱〉154^
行母（侮）而索敬,	三〈稱〉154v
弗索得也。	四〈道原〉173^
索之未无,	四〈道原〉174^

耆（嗜）

耆（嗜）欲无窮死,	三〈稱〉156^

脂

爭者外脂膚也。	二〈五正〉93^

能

口能自引以繩,	一〈道法〉1v
任能毋過其所長。	一〈道法〉7v
故唯執【道】者能上明於天之反,	一〈道法〉8^
故能至素至精,	一〈道法〉8v
故唯耵（聖）人能盡天極,	一〈國次〉11v
能用天當。	一〈國次〉11v

不能盡民之力。	一〈君正〉21v
能收天下豪桀（傑）票（驃）雄，	一〈君正〉22^
能爲國則能爲主，	一〈六分〉23^
能爲國則能爲主，	一〈六分〉23^
能爲家則能爲父。	一〈六分〉23^
能爲家則能爲父。	一〈六分〉23^
如此而有（又）不能重士而師有道，	一〈六分〉33^
其口口口唯王者能兼復（覆）載天下，	一〈六分〉35v
任能毋過其所長，	一〈四度〉44^
不能爲謀。	一〈四度〉46v
動則能破強興弱，	一〈論〉54^
化則能明德徐（除）害。	一〈論〉54v
救人而弗能存，	一〈亡論〉61^
故能立天子，	一〈論約〉69v
莫能見知，	一〈名理〉71v
能與（舉）曲直，	一〈名理〉75v
能與（舉）冬（終）始。	一〈名理〉75v
故能循名廄（究）理。	一〈名理〉75v
故執道者能虛靜公正，	一〈名理〉76^
是以能爲天下宗。	二〈立命〉78v
吾句（苟）能親觀而興賢，	二〈立命〉80^
后能慎勿爭乎？	二〈五正〉93^
后能去四者，	二〈五正〉93v
枯骨何能爭矣。	二〈五正〉93v
不能並立；	二〈姓爭〉110v
莫能守一。	二〈成法〉122v
孰能治此？	二〈成法〉123v
乃能操正以正奇，	二〈成法〉123v
鮮能冬（終）之，	二〈本伐〉128v
不能徒怒，	二〈本伐〉128v
行於不能。	二〈順道〉139^
明埶不能。	二〈順道〉139^
能一乎？	二〈？〉141v
能止乎？	二〈？〉141v
能毋有己，	二〈？〉141v
能自擇而尊理乎？	二〈？〉141v
我无不能應。	二〈？〉142^
有身弗能葆（保），	三〈稱〉143v
何國能守？	三〈稱〉143v
弗能令者弗得有。	三〈稱〉145v
天下弗能亡也。	三〈稱〉150^
天下弗能存也。	三〈稱〉150^
人莫能代。	三〈稱〉150v

不能相順。	三〈稱〉155v
離則不能，	三〈稱〉155v
其時未能也，	三〈稱〉159^
天弗能復（覆），	四〈道原〉168v
地弗能載。	四〈道原〉168v
能適規（蚑）僥（蟯）。	四〈道原〉169v
顯明弗能爲名，	四〈道原〉170^
廣大弗能爲刑（形），	四〈道原〉170^
萬物莫之能令。	四〈道原〉170^
精微之所不能至，	四〈道原〉171^
稽極之所不能過。	四〈道原〉171^
故唯耶（聖）人能察无刑（形），	四〈道原〉171^
能聽无【聲】。	四〈道原〉171^
后能大虛。	四〈道原〉171v
是胃（謂）能精。	四〈道原〉171v
明者固能察極，	四〈道原〉172^
知人之所不能知，	四〈道原〉172^
人服人之所不能得。	四〈道原〉172^
信能无欲，	四〈道原〉172v

脊

屈其脊，	二〈正亂〉106^

草

草苴復榮。	二〈觀〉89^
草蓯可淺林，	三〈稱〉153^

茲；（滋，萌，慈）

乃夢（萌）者夢（萌）而茲（孳）者茲（孳），	二〈觀〉84^
乃夢（萌）者夢（萌）而茲（孳）者茲（孳），	二〈觀〉84^
民【乃】蕃茲（滋）。	二〈觀〉87v
茲（慈）惠以愛人，	二〈順道〉138^
胡不來相教順弟兄茲，	三〈稱〉156^

蚤

涅（淫）恤（溢）蚤口口曰天佑，	二〈正亂〉101^

衰

衰者復昌。	一〈國次〉9v
賢不宵（肖）衰（差）也。	一〈君正〉18^
盛而衰，	一〈四度〉41v
爭不衰，	二〈姓爭〉110^

財

利其齎（資）財，	一〈國次〉11^
布其齎（資）財，	一〈國次〉12^
則財生。	一〈君正〉20^
賤財而貴有知（智），	一〈六分〉34^

故功得而財生；	一〈六分〉	34^
凡萬物群財（材），	一〈名理〉	73^
地成以財。	二〈順道〉	137v
地有【財】而不憂民之貧也。	三〈 稱 〉	158v

起

以其有事起之則天下聽，	一〈 論 〉	56v
夏起大土功，	一〈亡論〉	61v
必審觀事之所始起，	一〈論約〉	68v
乃知奮起。	一〈名理〉	75^
闔冉乃上起黃帝曰：	二〈五正〉	94^
賢人減（咸）起，	二〈成法〉	121v
起賢廢不宵（肖），	二〈本伐〉	128^
禍乃將起。	三〈 稱 〉	151^
明而起。	三〈 稱 〉	154^

軒

天下名軒執□士於是虛。	二〈前道〉	130^

辱

其死辱翳（也）。	三〈 稱 〉	146v

逆

曰逆，	一〈道法〉	2^
逆順死生。	一〈道法〉	8^
○是胃（謂）□逆以芒（荒），	一〈國次〉	11v
此胃（謂）五逆。	一〈國次〉	14^
五逆皆成，	一〈國次〉	14^
有六逆：	一〈六分〉	23^
命曰逆成，	一〈六分〉	25^
六順六逆□存亡【興壞】之分也。	一〈六分〉	28^
君臣易立（位）胃（謂）之逆，	一〈四度〉	35v
動靜不時胃（謂）之逆，	一〈四度〉	36^
逆則失本，	一〈四度〉	36^
逆則失天，	一〈四度〉	36^
逆用於外，	一〈四度〉	38v
逆治其內，	一〈四度〉	38v
內外皆逆，	一〈四度〉	38v
怀（倍）逆合當，	一〈四度〉	40^
是胃（謂）逆陰陽之命。	一〈四度〉	41^
已逆陰陽，	一〈四度〉	41^
有（又）逆其立（位）。	一〈四度〉	41^
逆順同道而異理，	一〈四度〉	41v
審知逆順，	一〈四度〉	42^
逆順有刑（形），	一〈四度〉	44^
胃（謂）之逆。	一〈 論 〉	51^
逆順各自命也，	一〈 論 〉	51v
察逆順以觀于朝（霸）王危王之理，	一〈 論 〉	53^
則天地之道逆矣。	一〈 論 〉	55v

則內理逆矣。	一〈 論 〉	55v
逆之所在，	一〈 論 〉	55v
逆順有理，	一〈 論 〉	56^
逆節不成，	一〈亡論〉	59v
逆節果成，	一〈亡論〉	59v
二曰行逆德。	一〈亡論〉	64^
逆順是守。	一〈論約〉	66v
逆則死，	一〈論約〉	67^
逆順相功（攻）。	一〈論約〉	67v
逆節始生，	一〈論約〉	68^
逆順有立（位）。	一〈論約〉	69^
故有逆成，	一〈名理〉	71v
故有逆刑。	一〈名理〉	72^
逆則上洫（溢）而不知止者亡。	一〈名理〉	76v
重逆□□，	一〈名理〉	77^
兩逆相功（攻），	一〈名理〉	77v
毋逆天時。	二〈 觀 〉	87^
逆順无紀，	二〈 觀 〉	81v
今吾欲得逆順之紀，	二〈 觀 〉	81v
以寺（待）逆兵。	二〈五正〉	92^
反義逆時，	二〈五正〉	95^
逆順有類。	二〈正亂〉	102v
其逆事乃始。	二〈正亂〉	102v
吾將遂是其逆而僇（戮）其身，	二〈正亂〉	102v
逆天者亡。	二〈姓爭〉	108^
毋逆天道，	二〈姓爭〉	108^
逆順若成。	二〈姓爭〉	109^
反義逆時，	二〈正亂〉	105v
逆天之極，	二〈兵容〉	119^
毋逆土毋逆土功。	二〈三禁〉	125^
毋逆土毋逆土功。	二〈三禁〉	125^
即兼始逆矣。	二〈本伐〉	129^
逆節夢（萌）生，	二〈行守〉	135^
以寺（待）逆節所窮。	二〈順道〉	140^
天逆其時。	二〈順道〉	140v
以其逆也。	三〈 稱 〉	162v

退

名進實退，	一〈四度〉	45v
進退有常，	一〈 論 〉	49v
退而无名。	一〈論約〉	67^
夫是故龜（讒）民皆退，	二〈成法〉	121v
非進而退。	三〈 稱 〉	144^

逃

則无所逃迹匿正矣。	一〈道法〉	4^
則无所逃其神。	一〈道法〉	5^

五邪乃逃，	二〈成法〉121v

除

除民之所害，	二〈成法〉124^

飢

見□□□□飢，	二〈本伐〉127v

馬

雷□爲車隆隆以爲馬。	三〈 稱 〉152v

骨

枯骨何能爭矣。	二〈五正〉 93v
腐其骨肉，	二〈正亂〉105^
其誰骨當之。	二〈行守〉135^

高

高【下】不敵（蔽）其刑（形），	一〈四度〉 43v
陰謀□□□□□□□□□高陽，	二〈正亂〉 99v
纍而高之，	二〈正亂〉100v
單（戰）數盈六十而高陽未夫，	二〈正亂〉101^
高陽問力黑曰：	二〈姓爭〉106v
不【墮】高，	二〈三禁〉125^
天亞（惡）高，	二〈行守〉135^
高而不已，	二〈行守〉135v
地制高下，	三〈 稱 〉149^
聚□隋（墮）高增下，	三〈 稱 〉153v
高而倚者偏（崩）。	三〈 稱 〉155^
是故上道高而不可察也。	四〈道原〉170^

鬼

羊（祥）於鬼神，	二〈前道〉129v
鬼且人。	二〈前道〉134^

悟（浩）

悟（浩）彌无刑（形），	一〈道法〉 9^

栝（活）

以剛爲柔者栝（活），	一〈名理〉 73v
商（猾）闕（瘚）而栝（活），	三〈 稱 〉155^

涅

涅之徒也。	二〈雌雄節〉112v

衾

·減衣衾，	三〈 稱 〉153^

迴

男女畢迴，	二〈五正〉 91v
迴同大虛。	四〈道原〉168^

大迴无名。	四〈道原〉168v

迹

則无所逃迹匿正矣。	一〈道法〉 4^

威（滅）

在小國威（滅）。	一〈六分〉 26v
又（有）者威（滅）亡。	一〈六分〉 26v
在小國威（滅）。	一〈六分〉 27^
是胃（謂）威（滅）名。	一〈四度〉 40v
三曰強主威（滅）而无名。	一〈 論 〉 55v
一國而服（備）六危者威（滅），	一〈亡論〉 57v
重剛者威（滅）。	一〈名理〉 73v
亡刑（形）成於內而舉失於外者威（滅）。	一〈名理〉 76v

窘（窘）

怀（倍）約則窘（窘）	一〈四度〉 40^
則事窘（窘）於內而舉窘（窘）於【外】。	一〈 論 〉 47^
則事窘（窘）於內而舉窘（窘）於【外】。	一〈 論 〉 47^
憂桐（恫）而窘（窘）之，	二〈正亂〉100v

戕（誅）

舉兵而戕（誅）之，	二〈本伐〉127v

軒

軒其力，	二〈正亂〉102^

劋（剝）

劋（剝）其口革以爲干侯，	二〈正亂〉104^

啚

行之啚（熙），	二〈行守〉136^
精靜不啚（熙）。	四〈道原〉168^

十一畫

僞

詐僞不生，	一〈君正〉 18v
請（情）僞有實，	一〈四度〉 44^
盡知請（情）僞而不惑，	一〈 論 〉 53v
則請（情）僞密矣。	一〈 論 〉 56v
三名察則盡知請（情）僞而【不】惑矣。	一〈 論 〉 57^

偃

一曰正名一曰立（位）而偃，	一〈 論 〉 54v
【·】□□不埶偃兵，	三〈 稱 〉147v

偶

獨立不偶，	四〈道原〉170^

勒

因而勒之，	二〈 觀 〉 82^

務

弗務及也。	四〈道原〉173^

動

生必動，	一〈道法〉 2^
動有害，	一〈道法〉 2^
動有事，	一〈道法〉 2^
動之靜之，	一〈君正〉 17v
動靜不時胃（謂）之逆，	一〈四度〉 36^
周𨞕（遷）動作，	一〈四度〉 36v
動靜參於天地胃（謂）之文。	一〈四度〉 37^
動也。	一〈四度〉 39v
【動靜】之立（位），	一〈四度〉 43v
不應動靜之化，	一〈 論 〉 47^
【應動靜之化】，	一〈 論 〉 48^
扇蜚（飛）耎動，	一〈 論 〉 48v
動靜有立（位），	一〈 論 〉 50^
知虛實動靜之所爲，	一〈 論 〉 53^
動則能破強興弱，	一〈 論 〉 54^
動靜不時，	一〈 論 〉 55^
動舉必正。	一〈亡論〉 60^
動舉而不正，	一〈亡論〉 60^
動而 O 不可化也。	一〈名理〉 71^
動而靜而不移，	一〈名理〉 71^
動而不化，	一〈名理〉 71^
三者皆動於度之外而欲成功者也，	一〈名理〉 73^
動作循名，	二〈姓爭〉111^
動作爽名。	二〈姓爭〉111v
兵不可動。	二〈兵容〉116v
靜翳不動，	二〈 ？ 〉141^

匿

則无所逃迹匿正矣。	一〈道法〉 4^
美亞（惡）不匿其請（情），	一〈四度〉 43v
【黃帝】令力黑浸行伏匿，	二〈 觀 〉 80v

參

參以天當，	一〈道法〉 4v
參之於天地，	一〈六分〉 28v
參（三）者參用之，	一〈六分〉 29^
參（三）者參用之，	一〈六分〉 29^
動靜參於天地胃（謂）之文。	一〈四度〉 37^
參於天地，	一〈四度〉 38^
然后參之於天地之恒道，	一〈論約〉 69^
前參後參，	二〈立命〉 78^
前參後參，	二〈立命〉 78^
左參右參，	二〈立命〉 78^
左參右參，	二〈立命〉 78^
賤立（位）履參，	二〈立命〉 78^
參 O □□□□□□□□□□之，	二〈兵容〉117^
數舉參（三）者，	三〈 稱 〉143v
・天下有參（三）死：	三〈 稱 〉156^

商（猖）

商（猖）闕（獗）而栝（活），	三〈 稱 〉155^

問

黃帝問閹冉曰：	二〈五正〉 90v
黃帝【問四】輔曰：	二〈果童〉 95^
力黑問□□□□□□□□□□□□驕□陰謀	二〈正亂〉 99^
高陽問力黑曰：	二〈姓爭〉107^
黃帝問力黑，	二〈成法〉119v
請問天下有成法可以正民者？	二〈成法〉120^
請問天下猷（猶）有一虖（乎）？	二〈成法〉121^
黃帝問力黑曰：	二〈順道〉137^

唯

唯虛无有。	一〈道法〉 3^
故唯執【道】者能上明於天之反，	一〈道法〉 8^
故唯耶（聖）人能盡天極，	一〈國次〉 11v
其□□□唯王者能兼復（覆）載天下，	一〈六分〉 35v
唯公无私，	一〈名理〉 75^
唯余一人□乃肥（配）天，	二〈立命〉 78v
唯余一人，	二〈果童〉 95v
唯余一人兼有天下，	二〈成法〉119v
夫唯一不失，	二〈成法〉122v
唯（雖）无大利，	二〈本伐〉127v
心唯（雖）忿，	二〈本伐〉128v
唯目之瞻。	二〈行守〉136^
唯□所在。	三〈 稱 〉150v
唯（雖）居必路。	三〈 稱 〉153^
故唯耶（聖）人能察无刑（形），	四〈道原〉171^

國

國失其次，	一〈國次〉 9^
國不遂亡。	一〈國次〉 9v
必虛（墟）其國。	一〈國次〉 10^
兼人之國。	一〈國次〉 11^
脩其國郭，	一〈國次〉 11^
國危破亡。	一〈國次〉 11v
兼人之國，	一〈國次〉 12^
一〈國次〉	一〈國次〉章名 14v
國无盜賊，	一〈君正〉 18v
國有死生之正（政）。	一〈君正〉 19^

國有亂兵，	一〈六分〉	24v
此胃（謂）亡國。	一〈六分〉	24v
在強國削，	一〈六分〉	25^
在中國破，	一〈六分〉	25^
在小國亡。	一〈六分〉	25^
國將不寧；	一〈六分〉	25^
在強國危，	一〈六分〉	25^
在中國削，	一〈六分〉	25v
在小國破。	一〈六分〉	25v
在強國憂，	一〈六分〉	25v
在中國危，	一〈六分〉	25v
在小國削。	一〈六分〉	26^
國將大損；	一〈六分〉	26^
在強國破，	一〈六分〉	26^
在中國亡，	一〈六分〉	26^
在小國威（滅）。	一〈六分〉	26^
國无小大，	一〈六分〉	26v
國中有師；	一〈六分〉	27^
在強國破，	一〈六分〉	27^
在中國亡，	一〈六分〉	27^
在小國威。	一〈六分〉	27^
凡觀國，	一〈六分〉	27^
主不失其立（位）則國【有本】，	一〈六分〉	27^
國憂而存。	一〈六分〉	27v
其國安。	一〈六分〉	27v
其國強，	一〈六分〉	28^
其國朝（霸）昌。	一〈六分〉	28^
觀國者觀主，	一〈六分〉	22v
能爲國則能爲主，	一〈六分〉	23^
凡觀國，	一〈六分〉	23^
其國不安。	一〈六分〉	23v
其主失立（位）則國无本，	一〈六分〉	23v
【國】憂而存。	一〈六分〉	24^
主失立（位）則國芒（荒），	一〈六分〉	24^
此之胃（謂）頸（頹）國。	一〈六分〉	24^
則國富而民□□□□□□，	一〈六分〉	31v
則國貧而民芒（荒）。	一〈六分〉	32v
則國人之國已（矣）。	一〈六分〉	33^
則國人之國已（矣）。	一〈六分〉	33^
輕縣國而重士，	一〈六分〉	33v
故國重而身安；	一〈六分〉	33v
可安一國。	一〈四度〉	38^
國危破亡。	一〈四度〉	39^
大則國亡，	一〈四度〉	41^
以何國不克。	一〈四度〉	42^
觀則知死生之國，	一〈論〉	54^
胃（謂）之死國，	一〈論〉	56^
胃（謂）之生國，	一〈論〉	56^
生國養之。	一〈論〉	56^
有國將昌，	一〈論〉	57v
一國而服（備）六危者威（滅），	一〈亡論〉	57v
一國而服（備）三不辜者死，	一〈亡論〉	58^
一國之君而服（備）三壅者，	一〈亡論〉	58^
守國而侍（恃）其地險者削，	一〈亡論〉	59^
用國而侍（恃）其強者弱。	一〈亡論〉	59^
國受兵而不知固守，	一〈亡論〉	60v
危國亡土。	一〈亡論〉	61^
以此有國，	一〈亡論〉	63^
則危都國。	一〈亡論〉	63v
國乃更。	一〈亡論〉	64^
抹（昧）一國之利者，	一〈亡論〉	64v
受一國之禍。	一〈亡論〉	64v
有國將亡，	一〈亡論〉	65^
國乃无主。	一〈論約〉	67v
无主之國，	一〈論約〉	67v
亂生國亡。	一〈論約〉	67v
國舉襲虛，	一〈名理〉	77^
國危有央（殃）。	一〈名理〉	77^
國皆危亡。	一〈名理〉	77v
立國，	二〈立命〉	79^
周留（流）四國，	二〈觀〉	80v
吾國家俞（愈）不定，	二〈五正〉	91^
何患於國？	二〈五正〉	91v
黃帝於是辭其國大夫，	二〈五正〉	93v
周流四國，	二〈果童〉	99^
國家不定。	二〈姓爭〉	110^
國家有幸，	二〈兵容〉	118v
國家无幸，	二〈兵容〉	118v
其國家以危，	二〈兵容〉	119^
國家幾矣。	二〈三禁〉	124v
諸（儲）庫臧（藏）兵之國，	二〈本伐〉	127^
國家不段（暇），	二〈本伐〉	127v
是故以一國戉（攻）天下，	二〈本伐〉	128^
長利國家社稷，	二〈前道〉	130^
壹言而利國者，	二〈前道〉	130v
國士也。	二〈前道〉	130v
國之幸也。	二〈前道〉	131^
國大人眾，	二〈前道〉	131^
強國也。	二〈前道〉	131^
故王者不以幸治國，	二〈前道〉	132^
治國固有前道，	二〈前道〉	132^
乃可國家。	二〈前道〉	133^
國得之以寧。	二〈前道〉	133^
小國得之以守其野，	二〈前道〉	133^

大國【得之以】并兼天下。	二〈前道〉133^
以居國其國昌。	二〈前道〉134^
以居國其國昌。	二〈前道〉134^
其國乃不遂亡。	二〈行守〉135^
何國能守？	三〈稱〉143v
【·】不士（仕）於盛盈之國，	三〈稱〉147^
·有國存，	三〈稱〉150^
有國將亡，	三〈稱〉150^
傷國之神。	三〈稱〉155v
亂國反行焉。	三〈稱〉159^
其國必危。	三〈稱〉159v
國若不危，	三〈稱〉159v
·善爲國者，	三〈稱〉161^
亡國之禍□□□□□□□□□	三〈稱〉162^
大國陽，	三〈稱〉164v
小國陰。	三〈稱〉165^
重國陽，	三〈稱〉165^
輕國陰。	三〈稱〉165^

堅

古之堅者，	二〈前道〉134^
守弱節而堅之，	二〈順道〉139^
堅強而不撌，	四〈道原〉171^

埤（卑）

·埤（卑）而正者增，	三〈稱〉155^

基

亂之基也。	一〈四度〉46^
養亂之基，	一〈四度〉46^

執

故執道者，	一〈道法〉1^
故執道者之觀於天下殹（也），	一〈道法〉3v
无執殹（也），	一〈道法〉3v
故唯執【道】者能上明於天之反，	一〈道法〉8^
主執度，	一〈六分〉28^
主上者執六分以生殺，	一〈六分〉28v
執道循理，	一〈四度〉39^
王公執口以爲天下正。	一〈四度〉44v
天執一，	一〈論〉48^
天執一以明三。	一〈論〉49^
執此道也。	一〈論〉52v
執六枋（柄）以令天下，	一〈論〉52v
故執道者之觀於天下也，	一〈論約〉68v
故執道者之觀於天下，	一〈名理〉75^
故執道者能虛靜公正，	一〈名理〉76^
執虛信。	二〈立命〉79v
執虛信。	二〈立命〉79v

執（蟄）虫不出，	二〈觀〉88^
執（蟄）虫發聲，	二〈觀〉88v
左執規，	二〈五正〉91v
右執柜（矩），	二〈五正〉91v
左右執規，	二〈五正〉91v
使人執之，	二〈正亂〉105^
天下名軒執口士於是虛。	二〈前道〉130^
中請（情）不剌執一毋求。	二〈順道〉138v
抱道執度，	四〈道原〉173^

婦

取（娶）婦姓（生）子陽，	三〈稱〉165v

婢

不使婢（嬖）妾疑焉。	三〈稱〉148v

孰；（熟）

孰知其神。	一〈道法〉5v
孰知其極。	一〈道法〉5v
然則五穀溜孰（熟），	二〈觀〉87^
孰能治此？	二〈成法〉123v

宿

宿陽脩刑，	二〈觀〉85^

密

富密察於萬物之所終始，	一〈道法〉8v
則請（情）僞密矣。	一〈論〉56^

專

專利及削浴（谷）以大居者虛。	二〈三禁〉126^

將

天將降央（殃）。	一〈國次〉10v
國將不寧；	一〈六分〉25^
將與禍閵（鄰）；	一〈六分〉25v
國將大損；	一〈六分〉26^
天將降央（殃）；	一〈六分〉26v
有國將昌，	一〈論〉57v
天將不盈其命而重其刑。	一〈亡論〉59v
有國將亡，	一〈亡論〉65^
如此者舉事將不成。	二〈觀〉88v
如此者舉事將不行。	二〈觀〉89^
將令之死而不得悔，	二〈正亂〉101^
【吾】將因其事，	二〈正亂〉101v
吾將遂是其逆而僇（戮）其身，	二〈正亂〉102v
我將觀其往事之卒而朵焉，	二〈正亂〉103^
必得將有賞。	二〈雌雄節〉113^
大祿將極。	二〈雌雄節〉113v

滑（猾）民將生，	二〈成法〉119v
近則將之，	二〈行守〉135^
地將絕之。	二〈行守〉135v
人將殺之。	二〈行守〉135v
有人將來，	二〈行守〉136^
有物將來，	三〈稱〉143^
有國將亡，	三〈稱〉150^
禍乃將起。	三〈稱〉151^
・有宗將興，	三〈稱〉154v
有宗將壞，	三〈稱〉154v
後將反㐌（施）。	三〈稱〉156v

巢

故巢居者察風，	三〈稱〉145^

常

天地有恒常，	一〈道法〉6v
天地之恒常，	一〈道法〉6v
變故亂常，	一〈國次〉14^
无□□□□□□□□□□□不失其常者，	一〈論〉49^
進退有常，	一〈論〉49v
常有法式，	一〈論約〉66^
不循天常，	一〈論約〉68^
□□□□□□□□□□□因以爲常，	二〈觀〉83^
地有恒常。	二〈果童〉96^
合□□常，	二〈果童〉96v
若夫人事則无常。	二〈姓爭〉111v
變故易常。	二〈姓爭〉111v
皇后屯曆（歷）吉凶之常，	二〈雌雄節〉112^
循之而有常。	二〈前道〉133v
地有恒常。	二〈行守〉134v
常後而不失體（體），	二〈順道〉138^

康

飲食喜樂而不面（湎）康，	一〈六分〉31^
飲食喜樂則面（湎）康，	一〈六分〉32^
康沉而流面（湎）者亡。	二〈三禁〉125v

庸

時爲之庸，	二〈兵容〉117^
其時庸也。	三〈稱〉146^

庶

O 不使庶孽疑焉。	三〈稱〉148v

強

人強朕（勝）天，	一〈國次〉10v
則朕（勝）強適（敵）。	一〈君正〉16^
雖強大不王。	一〈六分〉23^
在強國削，	一〈六分〉25^
在強國危，	一〈六分〉25^
在強國憂，	一〈六分〉25v
在強國破，	一〈六分〉26^
在強國破，	一〈六分〉27^
其國強，	一〈六分〉28^
地廣人眾兵強，	一〈六分〉30^
武則強。	一〈四度〉37v
強則威行。	一〈四度〉37v
以強下弱，	一〈四度〉42^
【強生威】，	一〈論〉52^
動則能破強興弱，	一〈論〉54^
三曰強主威（滅）而无名。	一〈論〉55^
用國而侍（恃）其強者弱。	一〈亡論〉59^
剛強而虎質者丘，	二〈三禁〉125v
強以行之，	二〈前道〉131^
強國也。	二〈前道〉131^
・強則令，	三〈稱〉154^
弱者強，	三〈稱〉156v
堅強而不撌，	四〈道原〉171^

得

引得失以繩，	一〈道法〉1^
三年而民有得，	一〈君正〉14v
則民有得。	一〈君正〉15v
【有】得者，	一〈君正〉16v
不得子之用。	一〈君正〉21v
三者備則事得矣。	一〈君正〉22^
主得【位】臣楅（輻）屬者，王。	一〈六分〉28^
故功得而財生；	一〈六分〉34^
安得本，	一〈四度〉37v
治則得人，	一〈四度〉37v
明則得天，	一〈四度〉37v
何人不得。	一〈四度〉42^
【天天則得其神】，	一〈論〉47v
【重地】則得其根。	一〈論〉47v
【則事】得於內，	一〈論〉48^
而得舉得於外。	一〈論〉48^
而得舉得於外。	一〈論〉48^
是胃謂（謂）得天。	一〈亡論〉59v
爲若得天，	一〈論約〉67v
乃得名理之誠。	一〈名理〉76v
是胃（謂）得天；	一〈名理〉77^
今吾欲得逆順之紀，	二〈觀〉81v
得天之微，	二〈觀〉83v
交得其志。	二〈觀〉87v

內刑（型）已得，	二〈五正〉92^
險若得平，	二〈果童〉98^
將令之死而不得悔，	二〈正亂〉101^
爭（靜）作得時，	二〈姓爭〉110^
靜作得時，	二〈姓爭〉110v
夫雄節以得，	二〈雌雄節〉112v
必得將有賞。	二〈雌雄節〉113^
夫雄節而數得，	二〈雌雄節〉113^
【以求不得】，	二〈雌雄節〉115^
以求則得，	二〈雌雄節〉115v
繇（由）不得已。	二〈本伐〉129^
繇（由）不得已，	二〈本伐〉129^
小夫得之以成，	二〈前道〉133^
國家得之以寧。	二〈前道〉133^
小國得之以守其野，	二〈前道〉133^
大國【得之以】并兼天下。	二〈前道〉133^
得而勿失。	二〈行守〉136^
得而勿以。	二〈行守〉136^
欲知得失請（情），	二〈？〉141^
不爲得，	三〈稱〉144v
弗能令者弗得有。	三〈稱〉145v
兵者不得已而行。	三〈稱〉147v
既得其極，	三〈稱〉150^
不得言外。	三〈稱〉151^
不得言【大】。	三〈稱〉151^
得所欲而止。	三〈稱〉151v
父弗得子。	三〈稱〉154v
君弗得臣。	三〈稱〉154v
·得焉者不受其賜。	三〈稱〉157v
令不得與死者從事。	三〈稱〉159v
鳥得而蜚（飛），	四〈道原〉169^
魚得而流（游），	四〈道原〉169^
獸得而走，	四〈道原〉169^
萬物得之以生，	四〈道原〉169^
百事得之以成。	四〈道原〉169^
人服人之所不能得。	四〈道原〉172^
上虛下靜而道其正。	四〈道原〉172v
弗索得也。	四〈道原〉173^
得道之本，	四〈道原〉173v
得事之要，	四〈道原〉173v
得之所以。	四〈道原〉174^

從

萬物之所從生。	一〈道法〉1v
莫知其所從生。	一〈道法〉3^
故知禍福之所從生。	一〈道法〉6^
一年從其俗，	一〈君正〉14v
一年從其俗，	一〈君正〉15^
則天下從矣。	一〈君正〉19v
而莫知其所從來。	一〈六分〉35^
必從本始，	一〈四度〉39v
從中令外【謂之】惑，	一〈亡論〉63^
從外令中胃（謂）之口，	一〈亡論〉63^
從中外周，	一〈亡論〉63v
三遂絕從，	二〈兵容〉118^
三遂絕從，	二〈兵容〉118^
是故君子卑身以從道，	二〈前道〉130v
以隋（隨）天地之從（縱）。	二〈順道〉140^
【·】奇從奇，	三〈稱〉143v
正從正，	三〈稱〉143v
環（還）復其從，	三〈稱〉150v
毋從我冬（終）始。	三〈稱〉152^
令不得與死者從事。	三〈稱〉159v

御；（馭）

以奇相御。	一〈道法〉7v
則守御（馭）之備具矣。	一〈君正〉22^
毋御死以生，	一〈四度〉40v
古（怙）其勇力之御，	三〈稱〉161^

患

受天下之患。	一〈亡論〉64v
何【患】不定。	二〈五正〉91^
何患天下？	二〈五正〉91v
何患於國？	二〈五正〉91v
子勿患也。	二〈正亂〉100^
子勿患也。	二〈正亂〉101^
吾甚患之，	二〈姓爭〉107^
勿憂勿患，	二〈姓爭〉107v
其下栽（教）患禍。	三〈稱〉161v

授

授之以其名，	四〈道原〉173^

挣（爭）

男女挣（爭）威，	一〈六分〉24v
兵單（戰）力挣（爭），	一〈六分〉35^
規（蚑）僥（蟯）畢挣（爭）。	二〈姓爭〉107v

敝；（蔽）

毋土敝。	一〈國次〉12v
土敝者天加之以兵，	一〈國次〉13^
土敝者亡地，	一〈國次〉13v

不敢斂（蔽）其主。	一〈六分〉29v
不敢斂（蔽）其上。	一〈六分〉29v
高【下】不斂（蔽）其刑（形），	一〈四度〉43v
力地毋陰斂。	二〈 觀 〉86v
陰斂者土芒（荒），	二〈 觀 〉86v

敖（傲）

憲敖（傲）驕居（倨），	二〈雌雄節〉112^

救

救人而弗能存，	一〈亡論〉61^
部（踣）而救弗也。	二〈正亂〉101^

教

胡不來相教順弟兄茲，	三〈 稱 〉155v

敗

或以敗，	一〈道法〉 3^

啟

啟然不台（怠），	二〈正亂〉100^

斬

百姓斬木荆（刈）新（薪）而各取富焉。	三〈 稱 〉158v

族

百族不親其事，	一〈 論 〉55v

晝

晝陽夜陰。	三〈 稱 〉164v

晨（辰）

日月星晨（辰）有數，	一〈論約〉65v

晦

晦明、	一〈道法〉 7^
則壹晦壹明，	一〈 論 〉49v
无晦无明，	二〈 觀 〉82v
是以有晦有明，	二〈果童〉96^
刑晦而德明，	二〈姓爭〉109^
月爲晦。	三〈 稱 〉154^
【·】天有明而不憂民之晦也。	三〈 稱 〉158^
未有明晦。	四〈道原〉168^

望

日月相望，	二〈 觀 〉86^
上於博望之山，	二〈五正〉94^
日月相望，	二〈姓爭〉108v
望失其當，	二〈姓爭〉108v
夫達望四海，	二〈成法〉123^

侍（恃）表而望則不惑，	三〈 稱 〉144^

欲

曰欲，	一〈道法〉 2^
心欲是行，	一〈國次〉14^
三曰縱心欲。	一〈亡論〉64^
三者皆動於度之外而欲成功者也，	一〈名理〉73^
今余欲畜而正之，	二〈果童〉95v
今余欲畜而正之，	二〈果童〉98^
今吾欲得逆順之紀，	二〈 觀 〉81v
吾欲布施五正，	二〈五正〉90v
吾欲屈吾身，	二〈五正〉92v
以欲涅〈淫〉恤（溢），	二〈正亂〉100^
心欲是行，	二〈正亂〉106^
欲知得失請（情），	二〈 ？ 〉141^
苞（弛）欲傷法。	三〈 稱 〉143v
·心之所欲則志歸之，	三〈 稱 〉145^
志之志之所欲則力歸之。	三〈 稱 〉145^
得所欲而止。	三〈 稱 〉151v
耆（嗜）欲无窮死，	三〈 稱 〉156^
信能无欲，	四〈道原〉172v

殺

生殺，	一〈道法〉 7^
罪殺不赦殹（也）。	一〈君正〉16v
因天之殺也以伐死，	一〈君正〉19^
主上者執六分以生殺，	一〈六分〉28v
生殺不當胃（謂）之暴。	一〈四度〉36^
極陽以殺，	一〈四度〉40v
極陽殺於外，	一〈四度〉41^
大殺服民，	一〈亡論〉60^
一曰妄殺殺賢。	一〈亡論〉62v
一曰妄殺殺賢。	一〈亡論〉62v
二曰殺服民。	一〈亡論〉62v
上殺父兄，	一〈亡論〉65^
一時刑殺，	一〈論約〉66^
一生一殺，	一〈論約〉66v
人將殺之。	二〈行守〉135v
直人殺。	二〈行守〉137^

淺

〇淺口以力，	三〈 稱 〉150^
草蓯可淺林，	三〈 稱 〉153^

清

雪霜復清，	二〈 觀 〉88^

淵

乃深伏於淵，	二〈五正〉92^

深

深而不可則（測）也。	四〈道原〉170^
深微，	四〈道原〉173^

焉

有天焉，	一〈六分〉29^
有人焉，	一〈六分〉29^
又（有）地焉。	一〈六分〉29^
物曲成焉。	一〈六分〉35v
焉止焉始？	二〈五正〉90v
焉止焉始？	二〈五正〉90v
我將觀其往事之卒而朵焉，	二〈正亂〉103^
寺（待）其來【事】之逢刑（形）而私（和）焉，	二〈正亂〉103v
亦无大害焉。	二〈本伐〉127v
【不】使諸侯疑焉。	三〈 稱 〉148v
○不使庶孽疑焉。	三〈 稱 〉148v
不使婢（嬖）妾疑焉。	三〈 稱 〉148v
·得焉者不受其賜。	三〈 稱 〉157v
【百】姓辟（闢）其戶牖而各取昭焉。	三〈 稱 〉158^
天无事焉。	三〈 稱 〉158^
百姓斬木荆（刈）新（薪）而各取富焉。	三〈 稱 〉158v
地亦无事焉。	三〈 稱 〉158v
亂國反行焉。	三〈 稱 〉159^
至其子孫必行焉。	三〈 稱 〉159^
反制焉。	三〈 稱 〉159^
皆反焉。	四〈道原〉170v

爽

擅制更爽，	一〈國次〉14^
權衡之稱曰輕重不爽，	一〈四度〉43^
不爽不代（忒），	一〈論約〉66^
擅制更爽，	二〈正亂〉106^
動作爽名。	二〈姓爭〉111v
爽事，	二〈三禁〉124v
爽則損命，	二〈三禁〉126v

理

臣循理者，	一〈六分〉28^
執道循理，	一〈四度〉39v
必中天理。	一〈四度〉40^
逆順同道而異理，	一〈四度〉42^
其主道離人理，	一〈四度〉45^
物各口口口口胃（謂）之理。	一〈 論 〉51^
理之所在，	一〈 論 〉51^

胃（謂）之失理。	一〈 論 〉51v
失理之所在，	一〈 論 〉51v
察逆順以觀于朝（霸）王危王之理，	一〈 論 〉53^
則內理逆矣。	一〈 論 〉55v
逆順有理，	一〈 論 〉56^
凡犯禁絕理，	一〈亡論〉57v
興兵失理，	一〈亡論〉59v
命日絕理。	一〈亡論〉61v
犯禁絕理，	一〈亡論〉61v
【人】事之理也。	一〈論約〉66v
人事之理也。	一〈論約〉67^
理則成，	一〈論約〉67^
是故萬舉不失理，	一〈論約〉69v
名口口口循名廄（究）理之所之，	一〈名理〉74v
審察名理名多（終）始，	一〈名理〉75^
是胃（謂）廄（究）理。	一〈名理〉75^
口見正道循理，	一〈名理〉75v
故能循名廄（究）理。	一〈名理〉75v
乃得名理之誠。	一〈名理〉76v
一〈名理〉	一〈名理〉章名77^
一之理，	二〈成法〉122v
能自擇而尊理乎？	二〈 ？ 〉141v
察地之理，	三〈 稱 〉147v
正亂者失其理，	三〈 稱 〉159^
制人而失其理，	三〈 稱 〉159^

畢

男女畢迵，	二〈五正〉91v
規（蚑）僥（蟯）畢挣（爭）。	二〈姓爭〉107v

異

逆順同道而異理，	一〈四度〉42^
道異者其事異。	二〈五正〉92v
道異者其事異。	二〈五正〉92v
弗異而異，	三〈 稱 〉157^
弗異而異，	三〈 稱 〉157^
舉而爲異。	三〈 稱 〉157^

盛

盛而衰，	一〈四度〉41v
【·】不士（仕）於盛盈之國，	三〈 稱 〉147^
不嫁子於盛盈之家，	三〈 稱 〉147^

眾

地廣人眾兵強，	一〈六分〉30^
眾之所死也。	二〈本伐〉128^
國大人眾，	二〈前道〉131^

不廣（曠）其眾，	二〈順道〉139v
慎案其眾，	二〈順道〉140^
寡不辟（避）眾死。	三〈稱〉156^

祥

有祥□□□□□弗受，	二〈兵容〉118^

票（剽）

能收天下豪桀（傑）票（剽）雄，	一〈君正〉22^

祭

過正曰詭□□□□祭乃反。	三〈稱〉166v

移

靜而不可移也。	一〈名理〉70v
動而靜而不移，	一〈名理〉71^

符

言之符也。	一〈名理〉73v
以法爲符。	一〈名理〉74v
是故言者心之符【也】，	二〈行守〉136^

絀

其時贏而事絀，	二〈觀〉88^
其時絀而事贏，	二〈觀〉88v
贏絀變化，	三〈稱〉156v

細

文德廏（究）於輕細，	一〈六分〉30^
細事不察，	三〈稱〉151^

組

不可法組。	二〈成法〉119v

終（參「冬」）

富密察於萬物之所終始，	一〈道法〉8v

脩

脩其國郭，	一〈國次〉11^
宿陽脩刑，	二〈觀〉85^
正名脩刑，	二〈觀〉88^
三者既脩，	二〈三禁〉124v
不脩佴（恥），	三〈稱〉150v

莫

莫知其所從生。	一〈道法〉3^
王天下而天下莫知其所以。	一〈六分〉33v
故令行天下而莫敢不聽，	一〈六分〉35^
而莫知其所從來。	一〈六分〉35^
莫見其刑（形），	一〈名理〉71v
大盈冬（終）天地之間而莫知其名。	一〈名理〉71v

莫能見知，	一〈名理〉71v
莫循天德，	二〈姓爭〉107^
莫能守一。	二〈成法〉122v
其如莫存。	二〈？〉141v
人莫能代。	三〈稱〉150v
萬物莫以。	四〈道原〉168^
莫知其名。	四〈道原〉169v
莫見其刑（形）。	四〈道原〉169v
萬物莫之能令。	四〈道原〉170^

荷（苛）

人亞（惡）荷（苛）。	二〈行守〉135v

處

无處也，	一〈道法〉3v
處其郎（廊）廟，	一〈國次〉11^
臣不失處則下有根，	一〈六分〉24^
臣失處則令不行，	一〈六分〉24^
臣不失處，	一〈六分〉25v
臣失處，	一〈六分〉26^
【臣】失其處則下无根，	一〈六分〉27v
入與處。	一〈四度〉37^
外內之處，	一〈四度〉43v
士不失其處，	一〈四度〉44^
處狂惑之立（位）處不吾（悟），	一〈四度〉45^
處狂惑之立（位）處不吾（悟），	一〈四度〉45^
不處外內之立（位），	一〈論〉47^
【處】外【內之位】，	一〈論〉47v
而外內有處。	一〈論〉50^
存亡興壞有處。	一〈論約〉69v
處於度之內而見於度之外者也。	一〈名理〉70^
處於度之【內】者，	一〈名理〉70^
處於度之內者，	一〈名理〉70v
則處於度之內也。	一〈名理〉74^
日月不處，	二〈正亂〉100^
穴處者知雨，	三〈稱〉145v
處而處。	三〈稱〉152v
處而處。	三〈稱〉152v

〔術〕（參「述」）

知王【術】者，	一〈六分〉30v

規

規之內曰員（圓），	一〈四度〉42v
規規生食與繼。	二〈觀〉84v
規規生食與繼。	二〈觀〉84v
左執規，	二〈五正〉91v
左右執規，	二〈五正〉91v
規（蚑）僥（蟯）畢挣（爭）。	二〈姓爭〉107v

訟

能適規（蚑）僥（蟯）。	四〈道原〉169^
規（蚑）行僥（蟯）重（動），	四〈道原〉170v

訟

【其】下闚果訟果，	三〈 稱 〉161v
大（太）下不闚不訟有（又）不果。	三〈 稱 〉161v

責

責道以並世，	二〈前道〉131^

貧

則國貧而民芒（荒）。	一〈六分〉 32v
【貴】賤必諶貧富又（有）等。	二〈果童〉 98v
以視（示）貧賤之極。	二〈果童〉 99^
貧者則穀。	二〈雌雄節〉115v
地有【財】而不憂民之貧也。	三〈 稱 〉158v

赦

罪殺不赦殹（也）。	一〈君正〉 17^

通

乃通天地之精，	四〈道原〉171v
通同而无間，	四〈道原〉171v

連

連爲什伍，	一〈君正〉 16v
先人之連（烈）。	三〈 稱 〉155^

部（踣）

部（踣）而救弗也。	二〈正亂〉101^

郭

脩其國郭，	一〈國次〉 11^
隋（墮）其郭城，	一〈國次〉 12^
而侍（恃）其城郭之固，	三〈 稱 〉160v

都

則危都國。	一〈亡論〉 63v

野

小國得之以守其野，	二〈前道〉133^
不謀削人之野，	二〈順道〉140^

閉

童（重）陰O長夜氣閉地繩（孕）者，	二〈 觀 〉 85^

陳

尺寸已陳，	一〈道法〉 5^
不挾陳。	二〈 ？ 〉142^

陰

亡陰竊，	一〈國次〉 12v
【陰竊】者土地芒（荒），	一〈國次〉 13^
陰竊者几（飢），	一〈國次〉 13v
極陰以生，	一〈四度〉 40v
是胃（謂）逆陰陽之命。	一〈四度〉 41^
極陰生於內。	一〈四度〉 41^
已逆陰陽，	一〈四度〉 41^
未有陰陽。	二〈 觀 〉 82v
陰陽未定，	二〈 觀 〉 82v
分爲陰陽。	二〈 觀 〉 82v
是□□贏陰布德，	二〈 觀 〉 85^
童（重）陰O長夜氣閉地繩（孕）者，	二〈 觀 〉 85^
力地毋陰敝。	二〈 觀 〉 86v
陰敝者土芒（荒），	二〈 觀 〉 86v
陰節復次，	二〈 觀 〉 88^
雪霜復清，	二〈 觀 〉 88^
有陰有陽。	二〈果童〉 96v
陰陽備，	二〈果童〉 97^
力黑問□□□□□□□□□□驕□陰謀	二〈正亂〉 99v
陰謀□□□□□□□□□高陽，	二〈正亂〉 99v
刑陰而德陽，	二〈姓爭〉109^
剛柔陰陽，	二〈姓爭〉111^
善陰陽□□□□□□□□□	二〈前道〉132^
陰謀不羊（祥），	二〈行守〉134v
不辨陰陽，	二〈順道〉137v
不陰謀，	二〈順道〉139v
·陽親而陰亞（惡），	三〈 稱 〉157^
·凡論必以陰陽□大義。	三〈 稱 〉164v
天陽地陰。	三〈 稱 〉164v
春陽秋陰。	三〈 稱 〉164v
夏陽冬陰。	三〈 稱 〉164v
晝陽夜陰。	三〈 稱 〉164v
小國陰。	三〈 稱 〉165^
輕國陰。	三〈 稱 〉165^
有事陽而无事陰。	三〈 稱 〉165^
信（仲）者陰者屈者陰。	三〈 稱 〉165^
信（仲）者陰者屈者陰。	三〈 稱 〉165^
主陽臣陰。	三〈 稱 〉165^
上陽下陰。	三〈 稱 〉165^
男陽【女陰】。	三〈 稱 〉165^
【父】陽【子】陰。	三〈 稱 〉165v
兄陽弟陰。	三〈 稱 〉165v
長陽少【陰】。	三〈 稱 〉165v
貴【陽】賤陰。	三〈 稱 〉165v
達陽窮陰。	三〈 稱 〉165v
有喪陰。	三〈 稱 〉165v
制人者制於人者陰。	三〈 稱 〉166^

客陽主人陰。	三〈稱〉166^
師陽役陰。	三〈稱〉166^
言陽黑（默）陰。	三〈稱〉166^
予陽受陰。	三〈稱〉166^
諸陰者法地，	三〈稱〉166v
在陰不腐，	四〈道原〉168v
天地陰陽，	四〈道原〉170^
刑微而德章。	二〈姓爭〉109v

章

憲古章物不實者死，	二〈三禁〉125v
名殸（聲）章明。	二〈順道〉140v

頃（傾）

謀相復頃（傾）。	二〈姓爭〉107^
非德必頃（傾）。	二〈姓爭〉109^

魚

魚得而流（游），	四〈道原〉169^

鳥

鳥得而蜚（飛），	四〈道原〉169^

埶

毋故埶，	一〈國次〉12v
人埶者流之四方，	一〈國次〉13^
人埶者失民，	一〈國次〉13v
夫是故使民毋人埶，	二〈觀〉86v
人埶者摋兵。	二〈觀〉87^
明埶不能。	二〈順道〉139^
【·】囗囗不埶偠兵，	三〈稱〉147v
不埶用兵。	三〈稱〉147v

凌

伩（徑）遂凌節，	二〈三禁〉125^

离（離）

群臣离（離）志；	一〈六分〉24v

翏

新故不翏，	二〈？〉142^

虖（乎）

請問天下獻（猶）有一虖（乎）？	二〈成法〉121^

殹（也）

而明曲直者殹（也）。	一〈道法〉1^
生法而弗敢犯殹（也），	一〈道法〉1^
故執道者之觀於天下殹（也），	一〈道法〉3v
无執殹（也），	一〈道法〉3v
无執殹（也），	一〈道法〉3v
无私殹（也）。	一〈道法〉3v
故耵（聖）人之伐殹（也），	一〈國次〉12^
俗者順民心殹（也）。	一〈君正〉16^
發禁拕（弛）關市之正（征）殹（也），	一〈君正〉16v
巽（遷）練賢不宵（肖）有別殹（也）。	一〈君正〉16v
罪殺不赦殹（也）。	一〈君正〉17^
民死節殹（也）。	一〈君正〉17^

罨（遷）

周罨（遷）動作，	一〈四度〉36v

桯

憼爲地桯。	二〈正亂〉106v

莛

大莛（庭）氏之有天下也，	二〈順道〉137^
大莛（庭）之有天下也，	二〈順道〉137v

殸（聲）

名殸（聲）章明。	二〈順道〉140v

栽（救）

其下栽（救）患禍。	三〈稱〉161v

十二畫

傳

傳一心。	二〈立命〉78^

備

衣備（服）不相綸（逾），	一〈君正〉18^
父母之行備，	一〈君正〉21v
三者備則事得矣。	一〈君正〉22^
則守御（禦）之備具矣。	一〈君正〉22^
朝（霸）主積甲士而正（征）不備（服），	一〈六分〉34v
六枋（柄）備則王矣。	一〈論〉54v
地物乃備。	二〈觀〉89v
陰陽備，	二〈果童〉97^
交爲之備，	二〈正亂〉101v
胥備自生。	二〈正亂〉103^
是恒備雌節存也。	二〈雌雄節〉114^
是恒備雄節存也。	二〈雌雄節〉114^
是恒備雌節存也。	二〈雌雄節〉114^
是恒備雄節存也。	二〈雌雄節〉114v

勞

若此者其民勞不囗，	二〈順道〉139^

博

上於博望之山，	二〈五正〉94^

厥

厥身不壽，	二〈雌雄節〉115^
厥身【則壽】，	二〈雌雄節〉116^

喜

飲食喜樂而不面（湎）康，	一〈六分〉30v
飲食喜樂則面（湎）康，	一〈六分〉32^

喪

有喪陰。	三〈 稱 〉165v

單（戰）

然后可以守單（戰）矣。	一〈君正〉17v
則守固單（戰）朕（勝）之道也。	一〈君正〉20v
單（戰）朕（勝）而令不口口，	一〈六分〉32^
兵單（戰）力掙（爭），	一〈六分〉35^
單（戰）不克。	一〈亡論〉63^
單（戰）才（哉），	二〈五正〉94^
單（戰）數盈六十而高陽未夫，	二〈正亂〉101^
單（戰）盈才（哉）。	二〈正亂〉104^
以單（戰）則克。	二〈雌雄節〉115v
單（戰）視（示）不敢，	二〈順道〉139^
單（戰）朕（勝）不報，	二〈順道〉140v
單（戰）朕（勝）於外，	二〈順道〉140v
以單（戰）不克。	三〈 稱 〉161^

喙

岐（跂）行喙息，	一〈 論 〉48v

報

單（戰）朕（勝）不報，	二〈順道〉140v
・諸侯不報仇，	三〈 稱 〉150v

壹

壹道同心，	一〈君正〉17^
則壹晦壹明，	一〈 論 〉49v
則壹晦壹明，	一〈 論 〉50^
壹朵壹禾（和），	二〈正亂〉103v
壹朵壹禾（和），	二〈正亂〉103v
壹言而利之者，	二〈前道〉130v
壹言而利國者，	二〈前道〉130v
言之壹，	二〈行守〉136^

行之壹，	二〈行守〉136^

媒

爲怨媒，	一〈亡論〉59^
胃（謂）之怨媒。	一〈亡論〉65^

寒

寒涅（熱）燥濕，	二〈姓爭〉110v
・天制寒暑，	三〈 稱 〉149^
・寒時而獨暑，	三〈 稱 〉161v
暑時而獨寒，	三〈 稱 〉162^

富

富密察於萬物之所終始，	一〈道法〉 8v
則民富，	一〈君正〉20^
民富則有佴（恥），	一〈君正〉20^
則國富而民口口口口口，	一〈六分〉31v
【貴】賤必諶貧富又（有）等。	二〈果童〉98v
富者則昌，	二〈雌雄節〉115v
百姓斬木刲（刈）新（薪）而各取富焉。	三〈 稱 〉158v

尊

能自擇而尊理乎？	二〈 ？ 〉141v

巽（選）

巽（選）練賢不宵（肖）有別殹（也）。	一〈君正〉16v

幾；（機）

柔弱者无罪而幾，	一〈四度〉45^
時反以爲幾（機）。	二〈姓爭〉109v
幾於死亡。	二〈雌雄節〉113^
國家幾矣。	二〈三禁〉124v

廄；（究）

必廄而上九，	一〈君正〉17^
文德廄（究）於輕細，	一〈六分〉30^
剛正而口者口口而不廄，	一〈四度〉45v
名口口口循名廄（究）理之所之，	一〈名理〉74v
是胃（謂）廄（究）理。	一〈名理〉75^
故能循名廄（究）理。	一〈名理〉75v
廄（究）數而止。	三〈 稱 〉154^

復

絕而復屬，	一〈道法〉 5v
亡而復存，	一〈道法〉 5v
死而復生，	一〈道法〉 5v
衰者復昌。	一〈國次〉 9v

而兼復（覆）載而无私也，	一〈六分〉 29^
其口口口唯王者能兼復（覆）載天下，	一〈六分〉 35v
冬（終）而復始。	一〈論約〉 66v
陰節復次，	二〈 觀 〉 88^
地尤復收。	二〈 觀 〉 88^
雪霜復清，	二〈 觀 〉 88^
陽節復次，	二〈 觀 〉 88v
草苴復榮。	二〈 觀 〉 89^
謀相復頃（傾）。	二〈姓爭〉107^
循名復一，	二〈成法〉120v
循名復一，	二〈成法〉122^
環（還）復其從，	三〈 稱 〉150v
天弗能復（覆），	四〈道原〉168v

循

臣循理者，	一〈六分〉 28^
執道循理，	一〈四度〉 39v
不循天常，	一〈論約〉 68^
名口口口循名廄（究）理之所之，	一〈名理〉74v
口見正道循理，	一〈名理〉 75 v
故能循名廄（究）理。	一〈名理〉 75 v
行法循口口口牝牡，	二〈 觀 〉 83^
莫循天德，	二〈姓爭〉107^
動作循名，	二〈姓爭〉111^
循名復一，	二〈成法〉120v
循名復一，	二〈成法〉122^
循之而有常。	二〈前道〉133v
敵則循繩而爭。	三〈 稱 〉154^

惑

然后見知天下而不惑矣。	一〈道法〉 1v
處狂惑之立（位）處不吾（悟），	一〈四度〉45^
見知不惑。	一〈 論 〉 52v
三名察則盡知請（情）偽而【不】惑矣。	一〈 論 〉 57v
盡知請（請）偽而不惑，	一〈 論 〉 53v
從中令外【謂之】惑，	一〈亡論〉 63^
則知（智）大惑矣。	一〈名理〉74^
見知不惑，	一〈名理〉75^
侍（恃）表而望則不惑，	三〈 稱 〉144^
・惑而極（亟）反（返）。	三〈 稱 〉159v
上用口口而民不麋（迷）惑。	四〈道原〉172v

惠；（慧）

| 主惠臣忠者， | 一〈六分〉 27v |

【威】生惠（慧），	一〈 論 〉 52^
惠（慧）生正，	一〈 論 〉 52^
茲（慈）惠以愛人，	二〈順道〉138^

提

| 身提鼓鞄（枹）， | 二〈五正〉 94v |
| 提正名以伐， | 三〈 稱 〉151v |

握

| 握一以知多， | 二〈成法〉124^ |
| 握少以知多； | 四〈道原〉173v |

敢

生法而弗敢犯殹（也），	一〈道法〉 1^
法立而弗敢廢【也】。	一〈道法〉 1^
不敢敝（蔽）其主。	一〈六分〉 29v
不敢敝（蔽）其上。	一〈六分〉 29v
故令行天下而莫敢不聽，	一〈六分〉 35^
弗敢以先人。	二〈順道〉138v
立於不敢，	二〈順道〉139^
單（戰）視（示）不敢，	二〈順道〉139^
敢朕（勝）疑。	三〈 稱 〉162^

散

散其子女，	一〈國次〉 12^
散流相成，	二〈 觀 〉 89v
是胃（謂）散德。	二〈雌雄節〉115^

景（影）

| 如景（影）之隋（隨）刑（形）， | 一〈名理〉76^ |

暑

・天制寒暑，	三〈 稱 〉149^
・寒時而獨暑，	三〈 稱 〉162^
暑時而獨寒，	三〈 稱 〉162^

曾；（增，憎）

| 不曾（增）下， | 二〈三禁〉125^ |
| ・行曾（憎）而索愛， | 三〈 稱 〉154^ |

期

| 日月星辰之期， | 一〈四度〉 43^ |
| 天之期也。 | 一〈 論 〉 50v |

棺

| 泊（薄）棺椁， | 三〈 稱 〉153^ |

欺

| 欺其主者死。 | 三〈 稱 〉144v |

殘

其主不眚（聖）則社稷殘。	一〈六分〉23v

殖

子孫不殖。	二〈雌雄節〉115^
【子孫則殖】，	二〈雌雄節〉116^

減

賢人減（成）起，	二〈成法〉121v
·減衣衾，	三〈 稱 〉153^

焦

在陽不焦。	四〈道原〉169^

然

然后見知天下而不惑矣。	一〈道法〉 1v
然后可以為天下正。	一〈道法〉 9^
然后可以守單（戰）矣。	一〈君正〉17v
然而不知王述（術），	一〈六分〉30v
然后口口口口口口口之中无不口口矣。	一〈 論 〉48v
然后帝王之道成。	一〈 論 〉53v
然后參之於天地之恒道，	一〈論約〉69^
然則五穀溜孰（熟），	二〈 觀 〉87^
啓然不台（怠），	二〈正亂〉100^
天制固然。	二〈姓爭〉107v
力黑日：然。	二〈成法〉120^
力黑日：然。	二〈成法〉121^

番（翻）

番（播）于下土，	二〈三禁〉126^

發

四年而發號令，	一〈君正〉14v
四年發號令，	一〈君正〉15v
發禁拕（弛）關市之正（征）殹（也）。	一〈君正〉16v
若號令發，	一〈君正〉17^
號令發必行，	一〈君正〉17v
寺（待）地氣之發也，	二〈 觀 〉84^
執（蟄）虫發聲，	二〈 觀 〉89^
怒若不發浸廩者是為癰疽。	二〈五正〉93v
事成勿發，	二〈正亂〉103^
疾役可發澤，	三〈 稱 〉153^

盜

國无盜賊，	一〈君正〉18v
毋口盜量（糧）。	三〈 稱 〉156v
口盜量（糧），	三〈 稱 〉156v

短

尺寸之度日小大短長，	一〈四度〉42v
短者長，	三〈 稱 〉156v

童

童（重）陰 O 長夜氣閉地繩（孕）者，	二〈 觀 〉85^
果童對日：	二〈果童〉95v
絲（由）果童始。	二〈果童〉98v
果童於是衣褐而穿，	二〈果童〉98v
〈果童〉	二〈果童〉章名99^

等

貴賤等也。	一〈君正〉18^
【貴】賤必諶貧富又（有）等。	二〈果童〉98v
下其等而遠其身。	三〈 稱 〉151^
不下其德等，	三〈 稱 〉151^

粟

多如倉粟。	一〈道法〉5^

絕

絕而復屬，	一〈道法〉 5v
凡犯禁絕理，	一〈亡論〉57v
命日絕理。	一〈亡論〉61v
犯禁絕理，	一〈亡論〉61v
已者，言之絕也。	一〈名理〉74^
毋絕吾道。	二〈正亂〉105v
絕道，	二〈正亂〉105v
三遂絕從，	二〈兵容〉118^
三遂絕從，	二〈兵容〉118^
地將絕之。	二〈行守〉135v
·自光（廣）者人絕之；	三〈 稱 〉146^

善

以觀无恒善之法，	二〈 觀 〉80v
善陰陽口口口口口口口口口	二〈前道〉132^
·善為國者，	三〈 稱 〉161^
善予不爭。	三〈 稱 〉166v

肅

臣肅敬，	一〈六分〉29v

華

O 聲華口口者用也。	一〈四度〉39^
聲華實寡，	一〈亡論〉61^
色者心之華也，	二〈行守〉136v
·實穀不華，	三〈 稱 〉151v
華之屬，	三〈 稱 〉152^

虛

虛无刑（形），	一〈道法〉	1v
曰虛夸，	一〈道法〉	2v
唯虛无有，	一〈道法〉	3^
虛无有，	一〈道法〉	3^
必虛（墟）其國。	一〈國次〉	10^
毋爲虛聲。	一〈四度〉	40v
知虛實動靜之所爲，	一〈 論 〉	53^
實者視（示）【人】虛，	一〈 論 〉	56v
虛靜謹聽，	一〈名理〉	74v
故執道者能虛靜公正，	一〈名理〉	76v
國舉襲虛。	一〈名理〉	77^
執虛信。	二〈立命〉	79v
執虛信。	二〈立命〉	79v
專利及削浴（谷）以大居者虛。	二〈三禁〉	126^
天下名軒執口士於是虛。	二〈前道〉	130v
週同大虛。	四〈道原〉	168^
虛同爲一，	四〈道原〉	168^
虛其舍也。	四〈道原〉	169v
知虛之實，	四〈道原〉	171v
后能大虛。	四〈道原〉	171v
上虛下靜而道得其正。	四〈道原〉	172v

視；（示）

實者視（示）【人】虛，	一〈 論 〉	56^
不足者視（示）人有餘。	一〈 論 〉	56v
則力黑視（示）象（像），	二〈 觀 〉	80v
人則視（示）克（鏡），	二〈 觀 〉	81^
其刑視之（蚩）尤。	二〈五正〉	95^
視地於下，	二〈果童〉	96^
以視（示）貧賤之極。	二〈果童〉	99^
視之（蚩）尤共工。	二〈正亂〉	106^
以視（示）後人。	二〈正亂〉	106v
環視其央（殃）。	二〈姓爭〉	108v
單（戰）視（示）不敢，	二〈順道〉	139^

詐

詐偽不生，	一〈君正〉	18v

象（像）

作自爲象（像），	二〈立命〉	78^
則力黑視（示）象（像），	二〈 觀 〉	80v

費

費少而有功，	一〈六分〉	31^
費多而无功，	一〈六分〉	32^
致而爲費，	二〈正亂〉	100v

貴

貴賤有恒立（位），	一〈道法〉	6v
貴賤之恒立（位），	一〈道法〉	7^
貴賤有別，	一〈君正〉	18^
貴賤等也。	一〈君正〉	18^
賤財而貴有知（智），	一〈六分〉	34^
賤身而貴有道，	一〈六分〉	34^
故身貴而令行。	一〈六分〉	34^
以貴下賤，	一〈四度〉	42^
【貴】賤必謀貧富又（有）等。	二〈果童〉	98v
口口口正貴口存亡。	三〈 稱 〉	164v
貴【陽】賤陰。	三〈 稱 〉	165v
天貴正，	三〈 稱 〉	166^

貸（殆）

身薄則貸（殆）。	三〈 稱 〉	161^

辜

一國而服（備）三不辜者死，	一〈亡論〉	58^
【三】不辜：	一〈亡論〉	62v
此三不辜。	一〈亡論〉	62v

進

名進實退，	一〈四度〉	45v
進退有常，	一〈 論 〉	49v
進不氐，	二〈三禁〉	125^
非進而退。	三〈 稱 〉	144^

鄉；（向，饗）

乃分禍福之鄉（向）。	二〈雌雄節〉112^
乃知【禍福】之鄉（向）。	二〈雌雄節〉116v
口不鄉（饗）其功，	二〈兵容〉 118v
慶且不鄉（饗）其功。	二〈兵容〉 119^
四鄉（向）相枹（抱），	二〈成法〉 123^
鄉（向）者已去，	二〈 ？ 〉 142^

量

度量已具，	一〈道法〉	5v
斗石之量曰小（少）多有數。	一〈四度〉	43^
忿不量力死，	三〈 稱 〉	156^
毋口盜量（糧）。	三〈 稱 〉	156v
口盜量（糧），	三〈 稱 〉	156v

開

而天開以時，	二〈順道〉	137v

間

大盈多（終）天地之間而莫知其名。	一〈名理〉	71v

通同而无間，	四〈道原〉171v

隋；（墮，隳，隨）

隋（墮）其郭城，	一〈國次〉12^
武刃而以文隋（隨）其後，	一〈四度〉44v
德溥（薄）而功厚者隋（隳），	一〈亡論〉58v
伐本隋（隳）功，	一〈論約〉67v
如景（影）之隋（隨）刑（形），	一〈名理〉76^
如向（響）之隋（隨）聲，	一〈名理〉76^
以隋（隨）天刑。	二〈正亂〉102v
反隋（隨）以央（殃）。	二〈兵容〉118^
以隋（隨）天地之從（蹤）。	二〈順道〉140^
无隋傷道。	三〈稱〉143v
聚□隋（墮）高增下，	三〈稱〉153v

陽

毋陽竊，	一〈國次〉12v
陽竊者天奪【其光】，	一〈國次〉13^
陽竊者疾，	一〈國次〉13v
極陽以殺，	一〈四度〉40v
是胃（謂）逆陰陽之命。	一〈四度〉41^
極陽殺於外，	一〈四度〉41^
已逆陰陽，	一〈四度〉41^
未有陰陽。	二〈觀〉82v
陰陽未定，	二〈觀〉82v
分為陰陽。	二〈觀〉82v
宿陽脩刑，	二〈觀〉85^
舉事毋陽察，	二〈觀〉86v
陽察者奪光，	二〈觀〉86v
陽節復次，	二〈觀〉88v
已陽而有（又）陽，	二〈觀〉89^
已陽而有（又）陽，	二〈觀〉89^
有陰有陽。	二〈果童〉96v
陰陽備，	二〈果童〉97^
陰謀□□□□□□□□□高陽，	二〈正亂〉99v
單（戰）數盈六十而高陽未夫，	二〈正亂〉101^
高陽問力黑曰：	二〈姓爭〉107^
刑晦而德明，	二〈姓爭〉109^
剛柔陰陽，	二〈姓爭〉111^
茻茻陽陽，	二〈兵容〉118v
茻茻陽陽，	二〈兵容〉118v
善陰陽□□□□□□□□□	二〈前道〉132v
不辨陰陽，	二〈順道〉137v
・陽親而陰亞（惡），	三〈稱〉157v
・凡論必以陰陽□大義。	三〈稱〉164v
天陽地陰。	三〈稱〉164v
春陽秋陰。	三〈稱〉164v
夏陽冬陰。	三〈稱〉164v

晝陽夜陰。	三〈稱〉164v
大國陽，	三〈稱〉165^
重國陽，	三〈稱〉165^
有事陽而无事陰。	三〈稱〉165^
主陽臣陰。	三〈稱〉165^
上陽下陰。	三〈稱〉165^
男陽【女陰】。	三〈稱〉165^
【父】陽【子】陰。	三〈稱〉165v
兄陽弟陰。	三〈稱〉165v
長陽少【陰】。	三〈稱〉165v
貴【陽】賤陰。	三〈稱〉165v
達陽窮陰。	三〈稱〉165v
取（娶）婦姓（生）子陽，	三〈稱〉165v
制人者陽，	三〈稱〉165v
客陽主人陰。	三〈稱〉166^
師陽役陰。	三〈稱〉166^
言陽黑（默）陰。	三〈稱〉166^
予陽受陰。	三〈稱〉166^
諸陽者法天，	三〈稱〉166^
在陽不焦。	四〈道原〉169^
天地陰陽，	四〈道原〉170v

隆

雷□為車隆隆以為馬。	三〈稱〉152v
雷□為車隆隆以為馬。	三〈稱〉152v

雄

能收天下豪桀（傑）票（驃）雄	一〈君正〉22^
以辯（辨）雌雄之節，	二〈雌雄節〉112^
是胃（謂）雄節；	二〈雌雄節〉112^
夫雄節者，	二〈雌雄節〉112v
夫雄節以得，	二〈雌雄節〉112v
夫雄節而數得，	二〈雌雄節〉113^
是恒備雄節存也。	二〈雌雄節〉114^
是恒備雄節存也。	二〈雌雄節〉114v
凡人好用雄節，	二〈雌雄節〉114v
〈雌雄節〉	二〈雌雄節〉章名116v
刑於雄節，	二〈行守〉134v
胥雄節之窮而因之。	二〈順道〉139^

雲

星辰雲氣，	四〈道原〉170v

齜（差）

臣故齜（差）也。	三〈 稱 〉160^
子故齜（差）也。	三〈 稱 〉160v

絉（佻）

絉（佻）長而非恒者，	一〈名理〉73^

甗（愈）

吾國家甗（愈）不定，	二〈五正〉91^

揰

時揰三樂，	二〈 觀 〉87^

劗（翦）

劗（翦）其髮而建之天，	二〈正亂〉104v

醅（醯）

投之苦醅（醯），	二〈正亂〉105^
毋留（流）吾醅（醯），	二〈正亂〉105v
留（流）醅（醯），	二〈正亂〉105v

綺

是胃（謂）綺德。	二〈雌雄節〉116^

趄

趄者【也】；	二〈本伐〉129^

椁

泊（薄）棺椁，	三〈 稱 〉153^

趆（斥）

【上】下不趆（斥），	一〈君正〉17v
上下不趆者，	一〈六分〉27v

十三畫

亂

黨別者亂，	一〈國次〉13v
變故亂常，	一〈國次〉14^
不可亂也。	一〈君正〉20v
不可亂也。	一〈君正〉21^
國有亂兵，	一〈六分〉24v
主暴臣亂，	一〈六分〉26v
賢不宵（肖）並立胃（謂）之亂，	一〈四度〉36^
亂則失職，	一〈四度〉36^
亂之基也。	一〈四度〉46^
養亂之基，	一〈四度〉46^
二曰倚名法而亂，	一〈 論 〉55^
爲亂首，	一〈亡論〉59^
胃（謂）之亂首。	一〈亡論〉65^

亂生國亡。	一〈論約〉67v
後必亂而卒於无名。	一〈名理〉72v
亂積於內而稱失於外者伐。	一〈名理〉76^
毋亂民功，	二〈 觀 〉87^
反受其亂。	二〈 觀 〉90^
毋亂吾民，	二〈正亂〉105v
亂民，	二〈正亂〉105v
〈正亂〉	二〈正亂〉章名106v
反受其亂。	二〈兵容〉117v
吾恐或用之以亂天下。	二〈成法〉120^
民无亂紀。	二〈成法〉120v
民无亂紀。	二〈成法〉122^
伐亂禁暴，	二〈本伐〉128^
名奇者亂。	二〈前道〉132v
不爲亂首，	二〈順道〉139v
案法而治則不亂。	三〈 稱 〉144v
不有內亂，	三〈 稱 〉157v
內亂不至，	三〈 稱 〉157v
・諸侯有亂，	三〈 稱 〉158v
正亂者失其理，	三〈 稱 〉158v
亂國反行焉。	三〈 稱 〉159^
家必亂。	三〈 稱 〉160^
家若不亂，	三〈 稱 〉160^
失親不亂，	三〈 稱 〉160v
不爲亂解（懈）。	四〈道原〉173^

傳

襦傳，	一〈亡論〉58v
胃（謂）之襦傳。	一〈亡論〉64v
不襦不傳。	二〈 觀 〉90^
不襦傳。	二〈兵容〉117v

傷

功成而傷。	一〈四度〉38v
達刑則傷。	一〈四度〉40^
・環口傷威。	三〈 稱 〉143v
包（抱）欲傷法。	三〈 稱 〉143v
无隋傷道。	三〈 稱 〉143v
疑則相傷，	三〈 稱 〉148v
傷國之神。	三〈 稱 〉155v

僇

身危爲僇（戮），	一〈四度〉39^
僇（戮）降人，	一〈亡論〉60^
不有人僇（戮），	一〈論約〉68^
吾將遂其逆而僇（戮）其身，	二〈正亂〉102v
是以僇受其刑。	二〈姓爭〉111v

塞

命曰雝（壅）塞；	一〈六分〉25^
五曰左右比周以雝（壅）塞。	一〈亡論〉62^
內立（位）朕（勝）胃（謂）之塞，	一〈亡論〉62v

塗

塗其門，	三〈稱〉149^

嫁

不嫁子於盛盈之家，	三〈稱〉147^

微

其明者以爲法而微道是行。	二〈觀〉83^
得天之微，	二〈觀〉83v
刑微而德章。	二〈姓爭〉109^
而微道是行。	二〈姓爭〉109v
明明至微，	二〈姓爭〉109v
神微周盈，	四〈道原〉168^
精微之所不能至，	四〈道原〉171^
深微，	四〈道原〉173^

意

覈（核）中必有意。	三〈稱〉152^

愛

德者愛勉之【也】。	一〈君正〉16^
愛也。	一〈君正〉17v
兼愛无私，	一〈君正〉22v
吾畏天愛地親【民】，	二〈立命〉79^
吾畏天愛【地】親民，	二〈立命〉79v
吾愛民而民不亡，	二〈立命〉79v
吾愛地而地不兄（曠）。	二〈立命〉79v
優未愛民，	二〈觀〉89v
茲（慈）惠以愛人，	二〈順道〉138^
・行曾（憎）而索愛，	三〈稱〉154v

慎

慎辟（避）勿當。	一〈國次〉10v
慎毋【先】正，	一〈論約〉68^
后能慎勿爭乎？	二〈五正〉93^
慎戒毋法，	二〈雌雄節〉113v
是故王公慎令，	二〈三禁〉126^
慎案其眾，	二〈順道〉140^

損

國將大損；	一〈六分〉26^
爽則損命，	二〈三禁〉126v
非益而損，	三〈稱〉144^

敬

【六年而】民畏敬，	一〈君正〉15^
則民畏敬，	一〈君正〉15v
臣肅敬，	一〈六分〉29v
行母（侮）而索敬，	三〈稱〉154v
・敬朕（勝）怠，	三〈稱〉162^

新

至者乃新。	二〈？〉142^
新故不翏，	二〈？〉142^
百姓斬木荆（刈）新（薪）而各取富焉。	三〈稱〉158v

會

會剛與柔，	二〈觀〉83v
下會於地，	二〈觀〉83v
上會於天。	二〈觀〉83v
不會不繼，	二〈觀〉84v

極

孰知其極。	一〈道法〉6^
不盡天極，	一〈國次〉9v
過極失【當】，	一〈國次〉10^
必盡天極，	一〈國次〉10v
故唯耶（聖）人能盡天極，	一〈國次〉11v
是胃（謂）過極失當。	一〈國次〉14v
極陽以殺，	一〈四度〉40v
極陰以生，	一〈四度〉40v
極陽殺於外，	一〈四度〉41^
極陰生於內。	一〈四度〉41^
極而反，	一〈四度〉41^
極而【反】者，	一〈論〉50v
南北有極，	一〈論〉49^
至神之極，	一〈論〉52^
是乃守天地之極，	一〈論〉52v
盡口于四極之中，	一〈論〉52v
贏極必靜，	一〈亡論〉60^
贏極而不靜，	一〈亡論〉60^
力黑已布制建極，	二〈觀〉81^
凡諶之極，	二〈觀〉86^
以視（示）貧賤之極。	二〈果童〉99^
民生有極，	二〈正亂〉100^
凡諶之極，	二〈姓爭〉108v
過極失當，	二〈正亂〉106^
過極失當，	二〈姓爭〉111v
大祿將極。	二〈雌雄節〉113v
逆天之極，	二〈兵容〉119^
困極上下，	二〈成法〉123^

與天地同極，	二〈成法〉124^
・時極未至，	三〈 稱 〉150^
既得其極，	三〈 稱 〉150^
毋失天極，	三〈 稱 〉154^
・惑而極（亟）反（返），	三〈 稱 〉159v
稽極之所不能過。	四〈道原〉171^
明者固能察極，	四〈道原〉172^
是胃（謂）察稽知○極。	四〈道原〉172^

歲

計歲，	二〈立命〉79^

毀

伐天毀，	一〈四度〉44v
大人則毀，	二〈雌雄節〉114v
先天成則毀	三〈 稱 〉153v

溥（薄）

德溥（薄）而功厚者隓（墮），	一〈亡論〉58v

滑（猾）

滑（猾）民將生，	二〈成法〉119v

溜

然則五穀溜孰（熟），	二〈 觀 〉87^

猷（猶）

請問天下猷（猶）有一虖（乎）？	二〈成法〉121^

當

參以天當，	一〈道法〉 4v
誅禁不當，	一〈國次〉 9v
禁伐當罪當亡，	一〈國次〉 9v
禁伐當罪當亡，	一〈國次〉 9v
過極失【當】，	一〈國次〉10^
慎辟（避）勿當。	一〈國次〉10v
能用天當。	一〈國次〉11v
是胃（謂）過極失當。	一〈國次〉14v
當也。	一〈君正〉18^
誅禁當罪而不私其利，	一〈六分〉34v
生殺不當胃（謂）之暴。	一〈四度〉36^
君臣當立（位）胃（謂）之靜，	一〈四度〉37^
賢不宵（肖）當立（位）胃（謂）之正，	一〈四度〉37^
誅口時當胃（謂）之武。	一〈四度〉37v
命曰天當，	一〈四度〉39v
禁伐當罪，	一〈四度〉40^
怀（倍）逆合當，	一〈四度〉40^
當者有口	一〈四度〉41v

七法各當其名，	一〈 論 〉51^
當罪先亡。	一〈 論 〉57v
所伐不當，	一〈亡論〉59v
所伐當罪，	一〈亡論〉60v
所伐不當，	一〈亡論〉60v
伐當罪，	一〈亡論〉64v
當口口昌。	一〈亡論〉65^
以當日月之行。	二〈立命〉79^
以明其當，	二〈 觀 〉86^
當天時，	二〈 觀 〉90^
當斷不斷，	二〈 觀 〉90^
過極失當，	二〈正亂〉106^
以明其當。	二〈姓爭〉108v
望失其當，	二〈姓爭〉108v
過極失當，	二〈姓爭〉111v
昔（措）刑不當，	二〈姓爭〉111v
當斷不斷，	二〈兵容〉117v
當者受央（殃）。	二〈兵容〉118v
上下不當，	二〈本伐〉127v
其誰骨當之。	二〈行守〉135^
取予當，	三〈 稱 〉149^
取予不當，	三〈 稱 〉149v

畸（奇）

操正以政（正）畸（奇）。	四〈道原〉173v

祿

大祿將極。	二〈雌雄節〉113v
是胃（謂）承祿。	二〈雌雄節〉115v
・不受祿者，	三〈 稱 〉146v
祿泊（薄）者，	三〈 稱 〉146v

禁

誅禁不當，	一〈國次〉 9v
禁伐當罪當亡，	一〈國次〉 9v
發禁拕（弛）關市之正（征）殹（也）。	一〈君正〉16v
誅禁當罪而不私其利，	一〈六分〉34v
禁伐當罪，	一〈四度〉39v
凡犯禁絕理，	一〈亡論〉57v
名禁而不王者死。	一〈亡論〉58v
犯禁絕理，	一〈亡論〉61v
上帝以禁。	二〈正亂〉105^
毋乏吾禁，	二〈正亂〉105v
止（乏）禁，	二〈正亂〉105v
天禁之。	二〈三禁〉124v
地禁之。	二〈三禁〉124v

置

四曰聽諸侯之所廢置。	一〈亡論〉62^
置三公，	一〈論約〉69v
置君、	二〈立命〉79^
更置六直而合以信。	二〈正亂〉103^

罪

禁伐當罪當亡，	一〈國次〉9v
罪殺不赦殴（也）。	一〈君正〉16v
受罪无怨，	一〈君正〉18^
誅禁當罪而不私其利，	一〈六分〉34v
禁伐當罪，	一〈四度〉40^
柔弱者无罪而幾，	一〈四度〉45^
當罪先亡。	一〈 論 〉57v
刑无罪，	一〈亡論〉60v
所伐當罪，	一〈亡論〉60v
三曰刑无罪。	一〈亡論〉62v
伐當罪，	一〈亡論〉64v

義

反義逆時，	二〈五正〉95^
反義逆時，	二〈正亂〉105v
有爲義者，	二〈本伐〉127^
所胃（謂）爲爲義者，	二〈本伐〉128^
所胃（謂）義也。	二〈本伐〉128^
【義】者，	二〈本伐〉128^
所胃（謂）義也。	二〈前道〉130^
·有義（儀）而義（儀）則不過，	三〈 稱 〉144^
·有義（儀）而義（儀）則不過，	三〈 稱 〉144^
·凡論必以陰陽囗大義。	三〈 稱 〉164v

群

群臣离（離）志；	一〈六分〉24v
凡萬物群財（材），	一〈名理〉72v
群群囗囗囗囗囗爲一囷，	二〈 觀 〉82^
群群囗囗囗囗囗爲一囷，	二〈 觀 〉82^
萬物群至，	二〈 ？ 〉141v

葆（保）

有身弗能葆（保），	三〈 稱 〉143v

虜

其實虜也。	三〈 稱 〉146^

號

无不自爲刑（形）名聲號矣。	一〈道法〉4^
聲號已建，	一〈道法〉4^
四年而發號令，	一〈君正〉14v

四年發號令，	一〈君正〉15v
號令者，	一〈君正〉16v
若號令發，	一〈君正〉17v
號令發必行，	一〈君正〉17v
有佴（恥）則號令成俗而刑伐（罰）不犯，	一〈君正〉20^
號令成俗而刑伐（罰）不犯	一〈君正〉20v
號令闔（合）於民心，	一〈君正〉22v
號令之所出也，	一〈 論 〉46v
一者其號也，	四〈道原〉169v

蜀（獨）

廣乎蜀（獨）見，	三〈 稱 〉148^
囗囗蜀（獨）囗囗囗囗囗囗蜀（獨）在。	三〈 稱 〉148^
囗囗蜀（獨）囗囗囗囗囗囗蜀（獨）在。	三〈 稱 〉148^

裕

允地廣裕，	二〈立命〉79^

解；（懈）

一之解，	二〈成法〉122v
不爲亂解（懈）。	四〈道原〉173^

誠

乃得名理之誠。	一〈名理〉76v

誅

誅禁不當，	一〈國次〉9v
誅禁當罪而不私其利，	一〈六分〉34v
誅囗時當胃（謂）之武。	一〈四度〉37^
天誅必至。	一〈亡論〉57v
天誅必至。	一〈亡論〉61v

詭

過正曰詭囗囗囗囗祭乃反。	三〈 稱 〉166^

賊

國无盜賊，	一〈君正〉18v
·隱忌妒妹賊妾如此者，	三〈 稱 〉150v
·毋藉賊兵，	三〈 稱 〉156^
籍（藉）賊兵，	三〈 稱 〉156v

路

唯（雖）居必路。	三〈 稱 〉153^

載

耴（聖）人故載。	一〈國次〉10^

而兼復（覆）載而无私也，	一〈六分〉29^
其口口口唯王者能兼復（覆）載天下，	一〈六分〉35v
身載於前，	二〈前道〉130^
口身載於後，	二〈前道〉131^
地弗能載。	四〈道原〉168v

辟；（避，闢）

愼辟（避）勿當。	一〈國次〉10v
寡不辟（避）衆死。	三〈稱〉156^
【百】姓辟（闢）其戶牖而各取昭焉。	三〈稱〉158^

農

男農、	一〈道法〉7^

道

道生法。	一〈道法〉1^
故執道者，	一〈道法〉1^
禍福同道，	一〈道法〉3^
見知之道，	一〈道法〉3^
故執道者之觀於天下殹（也），	一〈道法〉3v
應化之道，	一〈道法〉6^
是胃（謂）失道。	一〈道法〉6^
畜臣有恒道，	一〈道法〉6v
畜臣之恒道，	一〈道法〉7v
故唯執【道】者能上明於天之反，	一〈道法〉8v
〈道法〉	一〈道法〉章名9^
天地之道，	一〈國次〉11v
壹道同心，	一〈君正〉17^
則守固單（戰）朕（勝）之道也。	一〈君正〉20v
審於行文武之道，	一〈君正〉22^
王天下者之道，	一〈六分〉29^
如此而有（又）不能重士而師有道，	一〈六分〉33^
賤身而貴有道，	一〈六分〉34^
天道不遠，	一〈四度〉36v
執道循理，	一〈四度〉39v
天地之道也，	一〈四度〉41v
逆順同道而異理，	一〈四度〉41v
是胃（謂）道紀。	一〈四度〉42v
其主道離人理，	一〈四度〉45^
是胃（謂）失道，	一〈四度〉45v
天之道也。	一〈論〉50v
物有不合於道者，	一〈論〉51v
執此道也。	一〈論〉52v
則天地之道逆矣。	一〈論〉55v
然后帝王之道成。	一〈論〉53v
天地之道也。	一〈論約〉65v
天地之道也。	一〈論約〉66^
怀（倍）天之道，	一〈論約〉67v
故執道者之觀於天下也，	一〈論約〉68v
然后參之於天地之恒道。	一〈論約〉69^
之胃（謂）有道。	一〈論約〉70^
道者，	一〈名理〉70^
故執道者之觀於天下，	一〈名理〉75^
口見正道循理，	一〈名理〉75v
故執道者能虛靜公正，	一〈名理〉76^
守道是行，	一〈名理〉77v
其明者以爲法而微道是行。	二〈觀〉83^
天道已既，	二〈觀〉89^
與天同道。	二〈觀〉89v
道同者其事同，	二〈五正〉92v
道異者其事異。	二〈五正〉92v
毋逆天道，	二〈姓爭〉108^
而微道是行。	二〈姓爭〉109v
天道環（還）於人，	二〈姓爭〉109v
毋絕吾道，	二〈正亂〉105v
絕道，	二〈正亂〉105v
夫天地之道	二〈姓爭〉110v
此天之道也。	二〈兵容〉119v
昔者皇天使馮（鳳）下道一言而止。	二〈成法〉121^
道其本也。	二〈成法〉122^
各以其道。	二〈成法〉123^
人道剛柔，	二〈三禁〉125v
天道壽壽，	二〈三禁〉126^
天之道也。	二〈三禁〉126v
皆有兵道。	二〈本伐〉127^
世兵道三，	二〈本伐〉127v
非道也。	二〈本伐〉129^
道之行也。	二〈本伐〉129v
是故君子卑身以從道，	二〈前道〉130v
責道以並世，	二〈前道〉131^
治國固有前道，	二〈前道〉132^
正道不台（殆），	二〈前道〉132v
道有原而无端，	二〈前道〉133v
道是之行。	二〈前道〉134^
知此道，	二〈前道〉134^
道是之行。	二〈前道〉134^
〈前道〉	二〈前道〉章名134^
〈順道〉	二〈順道〉章名141^
道无始而有應。	三〈稱〉143^
无隋傷道。	三〈稱〉143v
·凡變之道，	三〈稱〉144^
·天地之道，	三〈稱〉152^
口道不遠。	三〈稱〉159v

是故上道高而不可察也，	四〈道原〉170^
道弗爲益少；	四〈道原〉170v
道弗爲益多。	四〈道原〉170v
服此道者，	四〈道原〉171v
上虛下靜而道得其正。	四〈道原〉172v
得道之本，	四〈道原〉173v
抱道執度，	四〈道原〉173v
四〈道原〉	四〈道原〉篇名 174^

遂

國不遂亡。	一〈國次〉 9v
外內遂靜（爭），	一〈亡論〉63v
吾將遂是其逆而僇（戮）其身，	二〈正亂〉102v
寺（待）其來【事】之遂刑（形）而私〈和〉焉。	二〈正亂〉103v
三遂絕從，	二〈兵容〉118^
三遂絕從，	二〈兵容〉118^
俓（徑）遂淩節，	二〈三禁〉125^
其國乃不遂亡。	二〈行守〉135^

達

而中達君臣之半，	一〈道法〉 8v
達刑則傷。	一〈四度〉40^
達刑，	一〈亡論〉58v
達於名實【相】應，	一〈 論 〉53^
胃（謂）之達刑。	一〈亡論〉65^
四達自中，	二〈立命〉78^
不達天刑，	二〈 觀 〉90^
耵（聖）人不達刑，	二〈兵容〉117v
夫達望四海，	二〈成法〉123^
達陽窮陰。	三〈 稱 〉165v

過

任能毋過其所長。	一〈道法〉 7v
變恒過度。	一〈道法〉 7v
過極失【當】，	一〈國次〉10^
不過三功。	一〈國次〉11v
是胃（謂）過極失當。	一〈國次〉14v
任能毋過其所長，	一〈四度〉44^
過（禍）皆反自及也。	一〈亡論〉60v
過極失當，	二〈正亂〉105v
過極失當，	二〈姓爭〉111v
·有義（儀）而義（儀）則不過，	三〈 稱 〉144^
·宮室過度，	三〈 稱 〉152v
過正曰詭□□□□祭乃反。	三〈 稱 〉166^
稽極之所不能過。	四〈道原〉171^

雍（壅）（參「壅」，「廱」）

命曰雍（壅）塞；	一〈六分〉24v

五曰左右比周以雍（壅）塞。	一〈亡論〉62^
三雍（壅）：	一〈亡論〉62v
此胃（謂）一雍（壅）。	一〈亡論〉63^
此胃（謂）二雍（壅）。	一〈亡論〉63v

雷

雷□爲車隆隆以爲馬。	三〈 稱 〉152^

飴（怠）

几（飢）不飴（怠），	二〈順道〉139v

飾；（飭）

因而飾（飭）之，	二〈順道〉140^
至言不飾，	三〈 稱 〉151v

馳

驅騁馳獵而不禽芒（荒），	一〈六分〉30v
驅騁馳獵則禽芒（荒），	一〈六分〉31v

鼓

聽其鐘鼓，	一〈國次〉11^
棼（焚）其鐘鼓，	一〈國次〉12^
身提鼓鞄（枹），	二〈五正〉94v

傰（崩）

高而倚者傰（崩）。	三〈 稱 〉155^

僉（儉）

晃濕共（恭）僉（儉），	二〈順道〉138^

剸（專）

不剸（專）己，	三〈 稱 〉144v

榍（輻）

主得【位】臣榍（輻）屬者，王。	一〈六分〉28^

椄（揍）

【以】椄（揍）四海，	二〈成法〉121v

莢

論天下而无遺莢。	一〈論約〉69v

鉞

黃帝於是出其鏘鉞，	二〈五正〉94v
於是出其鏘鉞，	二〈正亂〉104^

睘

玩好睘好而不惑心。	一〈六分〉31^
玩好睘好則或（惑）心；	一〈六分〉32^

靽（霸）

其國靽（霸）昌。	一〈六分〉28^
靽（霸）主積甲士而正（征）不備（服），	一〈六分〉34v

夫言朝（霸）王，	一〈六分〉35^
察逆順以觀于朝（霸）王危王之理，	一〈論〉53^
朝（霸）者臣，	三〈稱〉146^
其主不晉（悟）則社稷殘。	一〈六分〉23v

綷

綷（總）凡守一，	二〈成法〉124^

十四畫

僮（動）

三曰僮（動），	一〈論〉53v

僥（蟯）

規（蚑）僥（蟯）畢掙（爭）。	二〈姓爭〉107v
能適規（蚑）僥（蟯）。	四〈道原〉169^
規（蚑）行僥（蟯）重（動），	四〈道原〉170v

墓

【死】人有墓。	三〈稱〉159v

壽

厥身不壽，	二〈雌雄節〉115^
厥身【則壽】，	二〈雌雄節〉116^
天道壽壽，	二〈三禁〉126^
天道壽壽，	二〈三禁〉126^

夢

乃夢（萌）者夢（萌）而茲（孳）者茲（孳），	二〈觀〉84^
乃夢（萌）者夢（萌）而茲（孳）者茲（孳），	二〈觀〉84^
逆節夢（萌）生，	二〈行守〉135^
濕濕夢夢，	四〈道原〉168^
濕濕夢夢，	四〈道原〉168^

奪

奪而无予，	一〈國次〉9^
陽竊者天奪【其光】，	一〈國次〉13^
毋奪民時，	一〈君正〉21^
陽察者奪光，	二〈觀〉86v
奪其戎兵，	二〈五正〉94v
天地奪之。	二〈姓爭〉110v
天固有奪有予，	二〈兵容〉118^
奪之而无予，	二〈行守〉135^
見地奪力，	二〈順道〉140^

寧

國將不寧；	一〈六分〉25^
平則寧，	一〈論〉52^
寧則素，	一〈論〉52^
以守不寧，	二〈雌雄節〉114v
以守則寧，	二〈雌雄節〉115v
國家得之以寧。	二〈前道〉133^

寡

聲華實寡，	一〈亡論〉61^
寡不辟（避）眾死。	三〈稱〉156^

實

聲洫（溢）於實，	一〈四度〉40v
請（情）偽有實，	一〈四度〉44^
名進實退，	一〈四度〉45v
知虛實動靜之所爲，	一〈論〉53^
達於名實【相】應，	一〈論〉53^
實者視（示）【人】虛，	一〈論〉56^
名實不相應則定，	一〈論〉56^
名實不相應則靜（爭）。	一〈論〉57^
聲調實合，	一〈名理〉75v
后中實而外正，	二〈五正〉91^
憲古章物不實者死，	二〈三禁〉126^
用者實，	二〈前道〉133v
其實師也。	三〈稱〉145v
其實友也。	三〈稱〉145v
其實【賓也】。	三〈稱〉146^
其實虜也。	三〈稱〉146^
·實穀不華，	三〈稱〉151v
其實屯屯。	三〈稱〉155v
知虛之實，	四〈道原〉171v

察

富密察於萬物之所終始，	一〈道法〉8v
察逆順以觀于朝（霸）王危王之理，	一〈論〉53^
三名察則事有應矣。	一〈論〉55^
三名察則盡知請（情）偽而【不】惑矣。	一〈論〉57^
審察名理名多（終）始，	一〈名理〉75^
舉事毋陽察，	二〈觀〉86v
陽察者奪光，	二〈觀〉86v
察於天地，	二〈成法〉122v
必審名察刑（形）。	二〈？〉141^
故巢居者察風，	三〈稱〉145^
察地之理，	三〈稱〉147v
細事不察，	三〈稱〉151^
是故上道高而不可察也，	四〈道原〉170^

故唯耵（聖）人能察无刑（形），	四〈道原〉171^
明者固能察極，	四〈道原〉172^
是胃（謂）察稽知O極。	四〈道原〉172^

對

果童對曰：	二〈果童〉95v
對曰：	二〈果童〉98^
對曰：	二〈五正〉90v
對曰：	二〈五正〉91^
對曰：	二〈五正〉92^
對曰：	二〈五正〉92v
對曰：	二〈五正〉93^
力黑對曰：	二〈姓爭〉107^

榮

草苴復榮。	二〈 觀 〉89^
毋非時而榮。	三〈 稱 〉153v
非時而榮則不果。	三〈 稱 〉153v

榦

夫天有榦，	二〈果童〉96^
天有恒榦，	二〈行守〉134v

疑

不擅斷疑，	二〈順道〉139v
【不】使諸侯疑焉。	三〈 稱 〉148v
O不使庶孽疑焉。	三〈 稱 〉148v
不使婢（嬖）妾疑焉。	三〈 稱 〉148v
疑則相傷，	三〈 稱 〉148v
敢朕（勝）疑。	三〈 稱 〉162^

瘧（虐）

德瘧（虐）无刑，	二〈 觀 〉81v
德瘧（虐）相成。	二〈果童〉97^

盡

不盡天極，	一〈國次〉 9v
必盡天極，	一〈國次〉 10v
故唯耵（聖）人能盡天極，	一〈國次〉 11v
不能盡民之力。	一〈君正〉21v
盡口于四極之中，	一〈 論 〉52v
盡知請（請）僞而不惑，	一〈 論 〉53v
三名察則盡知請（情）僞而【不】惑矣。	一〈 論 〉 57^

福

禍福同道，	一〈道法〉 3^
以禍爲福，	一〈道法〉 5v
故知禍福之所從生。	一〈道法〉 6^
乃定禍福死生存亡興壞之所在。	一〈論約〉69^
是必爲福。	一〈名理〉74v

乃分禍福之鄉（向）。	二〈雌雄節〉112^
乃不爲福，	二〈雌雄節〉113^
乃知【禍福】之鄉（向）。	二〈雌雄節〉116^
乃可以知天地之禍福。	二〈成法〉124^
福生於內。	二〈順道〉140v
不辭福，	三〈 稱 〉144v

禍

禍福同道，	一〈道法〉 3^
以禍爲福，	一〈道法〉 5v
故知禍福之所從生。	一〈道法〉 6^
將與禍閵（鄰）；	一〈六分〉25v
禍反【自】及也。	一〈亡論〉58^
禍皆反自及也。	一〈亡論〉59^
其禍五之。	一〈亡論〉60v
其禍什之。	一〈亡論〉60v
反爲禍門，	一〈亡論〉61^
禍及於身。	一〈亡論〉62^
受一國之禍。	一〈亡論〉64v
乃定禍福死生存亡興壞之所在。	一〈論約〉69^
禍及其身。	一〈名理〉72^
禍必反口口口。	一〈名理〉73^
禍材（災）廢立，	一〈名理〉75v
乃分禍福之鄉（向）。	二〈雌雄節〉112^
凡彼禍難也，	二〈雌雄節〉113v
乃知【禍福】之鄉（向）。	二〈雌雄節〉116^
乃可以知天地之禍福。	二〈成法〉124^
是以生禍。	三〈 稱 〉149v
禍乃將起。	三〈 稱 〉151^
其下栽（救）患禍。	三〈 稱 〉161v
亡國之禍口口口口口口口口口	三〈 稱 〉162^

種

種樹失地之宜，	一〈 論 〉 55^

稱

日不稱，	一〈道法〉 2^
稱以權衡，	一〈道法〉 4v
輕重不稱，	一〈道法〉 6v
權衡之稱曰輕重不爽，	一〈四度〉43^
亂積於內而稱失於外者伐。	一〈名理〉76v
審其名以稱斷之。	三〈 稱 〉164^

三〈稱〉	三〈稱〉篇名 167^

端

道有原而无端,	二〈前道〉133v
端正勇,	二〈順道〉138^
毋見其端。	三〈稱〉149^

箬

帝箬之明（盟）,	二〈五正〉95^

精

故能至素至精,	一〈道法〉 9^
精公无私而賞罰信,	一〈君正〉21^
素則精,	一〈論〉52^
精則神。	一〈論〉52^
精靜不配（熙）。	四〈道原〉168^
精微之所不能至,	四〈道原〉171^
乃通天地之精,	四〈道原〉171v
是胃（謂）能精。	四〈道原〉171v
后口精明。	四〈道原〉173v

罰

精公无私而賞罰信,	一〈君正〉21^

翟

不及而翟,	一〈四度〉45^
翟其上者危。	三〈稱〉144v

聞

吾聞天下成法,	二〈成法〉120v

聚

聚口隋（墮）高增下,	三〈稱〉153^

腐

腐其骨肉,	二〈正亂〉105^
在陰不腐,	四〈道原〉168v

臧（藏）

黃金珠玉臧（藏）積,	一〈四度〉46^
如衡之不臧（藏）重與輕。	一〈名理〉76^
諸（儲）庫臧（藏）兵之國,	二〈本伐〉127^
我不臧（藏）故,	二〈？〉142^

與

因與俱行。	一〈國次〉10v
將與禍鄰（鄰）;	一〈六分〉25v
俱與天下用兵,	一〈六分〉31^
俱與天下用兵	一〈六分〉32^
口口口空口與天口口,	一〈六分〉32v

天下弗與。	一〈六分〉33^
入與處,	一〈四度〉37^
出與反。	一〈四度〉37^
則與天地總矣。	一〈論〉48^
與天俱見,	一〈論〉52v
伐其與而口口口,	一〈名理〉72^
能與（舉）曲直,	一〈名理〉75v
能與（舉）冬（終）始。	一〈名理〉75v
如衡之不臧（藏）重與輕。	一〈名理〉76^
會剛與柔。	二〈觀〉83v
規規生食與繼。	二〈觀〉84v
无與守地;	二〈觀〉84v
无與守天。	二〈觀〉84v
而正之以刑與德。	二〈觀〉85v
在刑與德。	二〈觀〉86^
與天同道。	二〈觀〉89v
與之皆斷。	二〈觀〉90^
相與則成。	二〈果童〉97^
在刑與德。	二〈姓爭〉108v
天地與之。	二〈姓爭〉110^
天地與之。	二〈姓爭〉110v
與之皆斷。	二〈兵容〉117v
與天地同極,	二〈成法〉124^
與民同事,	二〈行守〉134v
與神同口。	二〈行守〉134v
奇與正,	三〈稱〉143v
弗與犯難。	三〈稱〉146v
令不得與死者從事。	三〈稱〉159v
主樹以知與治合積化以知時,	三〈稱〉164^

誣

曰自誣,	一〈道法〉 2v
胃（謂）之誣。	二〈行守〉136v

誥

誥誥作事,	三〈稱〉152^
誥誥作事,	三〈稱〉152v

豪

能收天下豪桀（傑）栗（驃）雄,	一〈君正〉22^

賓

則天下賓矣。	一〈君正〉22^
其實【賓也】。	三〈稱〉146^

輔

黃帝【問四】輔曰:	二〈果童〉95v

‧不用輔佐之助，	三〈 稱 〉160v

輕

輕重不稱，	一〈道法〉 6^
文德廡（究）於輕細，	一〈六分〉 30^
輕縣國而重士，	一〈六分〉 33v
權衡之稱曰輕重不爽，	一〈四度〉 43^
如衡之不臧（藏）重與輕。	一〈名理〉 76^
任百則輕。	二〈果童〉 97v
輕國陰。	三〈 稱 〉165^

遠

天道不遠，	一〈四度〉 36v
遠近之稽？	二〈成法〉122v
遠則行之。	二〈行守〉135^
遠其德。	三〈 稱 〉150^
下其等而遠其身。	三〈 稱 〉151^
不遠其身，	三〈 稱 〉151^
口道不遠。	三〈 稱 〉159v

雌

以辯（辨）雌雄之節，	二〈 雌雄節 〉112^
是胃（謂）雌節。	二〈雌雄節〉112v
雌節者，	二〈雌雄節〉112v
雌節以亡，	二〈雌雄節〉113^
雌節而數亡，	二〈雌雄節〉113^
是恒備雌節存也。	二〈雌雄節〉114^
是恒備雌節存也。	二〈雌雄節〉114^
凡人好用【雌節】，	二〈雌雄節〉115^
〈雌雄節〉	二〈雌雄節〉章名116v
此地之度而雌之節也。	三〈 稱 〉166v

摐

人埶者摐兵。	二〈 觀 〉 87^

蜚（飛）

扇蜚（飛）耎動，	一〈 論 〉 48v
鳥得而蜚（飛），	四〈道原〉169^

褧

其褧冥冥，	一〈道法〉 1v

鞄（枹）

身提鼓鞄（枹），	二〈五正〉 94v

雍（壅）（參「壅」）

此胃（謂）重雍（壅），	一〈亡論〉 64^
此胃（謂）三雍（壅）。	一〈亡論〉 64^

綏（接）

外內交綏（接），	二〈五正〉 91^

嘼（旌）

名曰之（蚩）尤之嘼（旌）。	二〈正亂〉104v

十五畫

增

聚□隋（墮）高增下，	三〈 稱 〉153v
‧埤（卑）而正者增，	三〈 稱 〉155^

〔墮〕

不【墮】高，	二〈三禁〉125^

審

審於行文武之道，	一〈君正〉 22^
審知四度，	一〈四度〉 38^
審知逆順，	一〈四度〉 42^
審三名以爲萬事口，	一〈 論 〉 53^
必審觀事之所始起，	一〈論約〉 68v
審其刑（形）名。	一〈論約〉 68v
必審其名。	一〈名理〉 74^
審察名理名冬（終）始，	一〈名理〉 75^
必審名察刑（形）	二〈 ？ 〉141^
審其名以稱斷之。	三〈 稱 〉164^

履

賤立（位）履參，	二〈立命〉 78^

廢

法立而弗敢廢【也】。	一〈道法〉 1^
功成不廢，	一〈國次〉 12v
功成而不廢，	一〈四度〉 39^
廢令者亡，	一〈亡論〉 58^
四曰聽諸侯之所廢置。	一〈亡論〉 62^
一立一廢，	一〈論約〉 66v
禍材（災）廢立，	一〈名理〉 75v
起賢廢不宵（肖），	二〈本伐〉128^

廟

處其郎（廊）廟，	一〈國次〉 11^

廣；（曠）

地廣人眾兵強，	一〈六分〉 30^
允地廣裕，	二〈立命〉 79^

地亞（惡）廣，	二〈行守〉135v
廣而不已，	二〈行守〉135v
不廣（曠）其眾，	二〈順道〉139v
廣乎蜀（獨）見，	三〈　稱　〉147v
廣大弗能為刑（形），	四〈道原〉170^
廣大，	四〈道原〉173^

德

二年用其德，	一〈君正〉14v
二年用其德，	一〈君正〉15^
德者愛勉之【也】。	一〈君正〉16^
受賞无德，	一〈君正〉18^
无母之德，	一〈君正〉21v
則天地之德也。	一〈君正〉21v
正以明德，	一〈六分〉28v
文德廄（究）於輕細，	一〈六分〉30^
王天下者有玄德，	一〈六分〉33^
化則能明德徐（除）害。	一〈　論　〉54v
德溥（薄）而功厚者隋（墮），	一〈亡論〉58v
二曰行逆德。	一〈亡論〉64^
德瘧（虐）无刑，	二〈　觀　〉81v
是口口贏陰布德，	二〈　觀　〉85^
而正之以刑與德。	二〈　觀　〉85v
春夏為德，	二〈　觀　〉85v
先德後刑以養生。	二〈　觀　〉85v
在刑與德。	二〈　觀　〉86^
刑德皇皇，	二〈　觀　〉86^
先德後刑，	二〈　觀　〉87v
地俗德以靜，	二〈果童〉96v
德瘧（虐）相成。	二〈果童〉97^
莫循天德，	二〈姓爭〉107^
在刑與德。	二〈姓爭〉108v
刑德皇皇，	二〈姓爭〉108v
天德皇皇，	二〈姓爭〉108v
非德必頃（傾）。	二〈姓爭〉109^
刑德相養，	二〈姓爭〉109^
刑晦而德明，	二〈姓爭〉109^
刑晦而德明，	二〈姓爭〉109^

刑微而德章。	二〈姓爭〉109^
德則无有，	二〈姓爭〉111v
是胃（謂）積德。	二〈雌雄節〉113v
是胃（謂）散德。	二〈雌雄節〉115^
是胃（謂）綺德。	二〈雌雄節〉116^
故德積者昌，	二〈雌雄節〉116^
口口口正德，	二〈順道〉138v
好德不爭。	二〈順道〉138v
而隱於德。	三〈　稱　〉150v
遠其德。	三〈　稱　〉150v
不下其德等，	三〈　稱　〉151v
地【之】德安徐正靜，	三〈　稱　〉166v

慶

慶且不鄉（饗）其功。	二〈兵容〉119^

慧

不聽耶（聖）慧之慮，	三〈　稱　〉160v

慮

不聽耶（聖）慧之慮，	三〈　稱　〉160v

憂

【國】憂而存。	一〈六分〉24^
在強國憂，	一〈六分〉25v
國憂而存。	一〈六分〉27v
憂桐（恫）而君（窘）之，	二〈正亂〉100v
勿憂勿患，	二〈姓爭〉107v
凶憂重至，	二〈雌雄節〉113^
憂存故也。	三〈　稱　〉145^
憂之則口，	三〈　稱　〉145v
【‧】天有明而不憂民之晦也。	三〈　稱　〉158^
地有【財】而不憂民之貧也。	三〈　稱　〉158v

敵

誰敵（適）繇（由）始？	二〈果童〉98^
敵者O生爭，	二〈姓爭〉108^
立正敵（嫡）者，	三〈　稱　〉148v
敵則循繩而爭。	三〈　稱　〉154^

數

斗石之量曰小（少）多有數。	一〈四度〉43^

數之稽也。	一〈論〉49v
列星有數,	一〈論〉49v
日月星晨（辰）有數,	一〈論約〉66^
數日,	二〈立命〉79^
單（戰）數盈六十而高陽未夫,	二〈正亂〉101^
夫雄節而數得,	二〈雌雄節〉113^
雌節而數亡,	二〈雌雄節〉113^
不數日月,	二〈順道〉137v
數舉參（三）者,	三〈稱〉143v
瘛（瘛）數而止。	三〈稱〉154^

暴

主暴臣亂,	一〈六分〉26v
生殺不當胃（謂）之暴。	一〈四度〉36^
【暴】則失人。	一〈四度〉36^
伐亂禁暴,	二〈本伐〉128^

樂

萬民和輯而樂爲其主上用,	一〈六分〉30^
飲食喜樂而不面（湎）康,	一〈六分〉30v
飲食喜樂則面（湎）康,	一〈六分〉32^
女樂玩好燔材,	一〈四度〉46^
時挲三樂,	二〈觀〉87^
至樂不笑。	三〈稱〉152^

牖

| 【百】姓辟（闢）其戶牖而各取昭焉。 | 三〈稱〉158^ |

稿（毫）

| 秋稿（毫）成之, | 一〈道法〉3^ |

穀

然則五穀溜孰（熟）,	二〈觀〉87^
孟穀乃蕭（肅）,	二〈觀〉88^
貧者則穀。	二〈雌雄節〉115v
·實穀不華,	三〈稱〉151v

稽

至知（智）者爲天下稽。	一〈道法〉4v
天爲之稽。	一〈四度〉36v
用之稽也。	一〈四度〉43^
天之稽也。	一〈四度〉43v
地之稽也。	一〈四度〉43v
人之稽也。	一〈四度〉44^
【度之稽也】。	一〈論〉49^

數之稽也。	一〈論〉49v
信之稽也。	一〈論〉49v
見知之稽也。	一〈名理〉71^
而稽之男女。	二〈果童〉96^
太山之稽曰：	二〈正亂〉99v
【太】山之稽曰：	二〈正亂〉101v
天稽環周,	二〈姓爭〉110^
大（太）山之稽曰：	二〈正亂〉104^
遠近之稽？	二〈成法〉122v
稽極之所不能過。	四〈道原〉171^
是胃（謂）察稽知О極。	四〈道原〉172^

稷

則社稷大匡。	一〈國次〉9^
其主不晉（悟）則社稷殘。	一〈六分〉23v
社稷以匡,	二〈兵容〉119^
長利國家社稷,	二〈前道〉130^

窮

其法死亡以窮。	二〈五正〉95^
窮而反（返）矣。	二〈本伐〉128v
則无窮。	二〈本伐〉129^
胥雄節之窮而因之。	二〈順道〉139^
以寺（待）逆節所窮。	二〈順道〉140^
耆（嗜）欲无窮死,	三〈稱〉156^
達陽窮陰。	三〈稱〉165v

練

| 巽（選）練賢不宵（肖）有別殹（也）。 | 一〈君正〉16v |

緩

| 緩而爲口。 | 二〈正亂〉100v |

罷

| 罷（彼）必正人也, | 二〈成法〉123v |

膚

爭者外脂膚也。	二〈五正〉93^
胃（謂）外其膚而內其勮。	三〈稱〉157^
膚既爲膚,	三〈稱〉157v
膚既爲膚,	三〈稱〉157v

蔽

| 命曰蔽光。 | 一〈亡論〉63v |

蔥（總）

| 萬【言】有蔥（總）。 | 二〈成法〉123v |

褐

| 果童於是衣褐而穿, | 二〈果童〉98v |

談

談臥三年以自求也。	二〈五正〉94^

請（情）

美亞（惡）不匿其請（情），	一〈四度〉43v
請（情）僞有實，	一〈四度〉44^
盡知請（請）僞而不惑，	一〈 論 〉53v
則請（情）僞密矣。	一〈 論 〉56^
三名察則盡知請（情）僞而【不】惑矣。	一〈 論 〉57^
請問天下有成法可以正民者？	二〈成法〉120^
請問天下猷（猶）有一虖（乎）？	二〈成法〉121^
中請（情）不刲執一册求。	二〈順道〉138v
欲知得失請（情），	二〈 ？ 〉141^

諸

四曰聽諸侯之所廢置。	一〈亡論〉62^
諸（儲）庫臧（藏）兵之國，	二〈本伐〉126v
諸侯百里，	三〈 稱 〉148^
【不】使諸侯疑焉。	三〈 稱 〉148v
·諸侯不報仇，	三〈 稱 〉150v
·諸侯有亂，	三〈 稱 〉158v
諸陽者法天，	三〈 稱 〉166^
諸陰者法地，	三〈 稱 〉166v

調

聲調實合，	一〈名理〉75v

誰

誰敵（適）繇（由）始？	二〈果童〉98^
其誰骨當之。	二〈行守〉135^

論

二曰論，	一〈 論 〉53v
論則知存亡興壞之所在，	一〈 論 〉54^
論天下而无遺萊。	一〈論約〉69v
一〈 論 〉	一〈 論 〉章名57v
一〈亡論〉	一〈亡論〉章名65v
耵（聖）人橐論天地之紀，	三〈 稱 〉147v
·凡論必以陰陽囗大義。	三〈 稱 〉164v

賞

受賞无德，	一〈君正〉18^
精公无私而賞罰信，	一〈君正〉21^
以賞囗，	一〈六分〉28v
多中者賞。	二〈正亂〉104v
多中者賞。	二〈正亂〉105^
必得將有賞。	二〈雌雄節〉113^
賞不倍。	三〈 稱 〉151v

賦

三年无賦斂，	一〈君正〉15v
賦斂有度，	一〈君正〉20^
節賦斂，	一〈君正〉21^

賤

貴賤有恒立（位），	一〈道法〉6v
貴賤之恒立（位），	一〈道法〉7^
貴賤有別，	一〈君正〉18^
貴賤等也。	一〈君正〉18^
賤財而貴有知（智），	一〈六分〉34^
賤身而貴有道，	一〈六分〉34^
以貴下賤，	一〈四度〉42^
【貴】賤必諶貧富又（有）等。	二〈果童〉98v
以視（示）貧賤之極。	二〈果童〉99^
貴【陽】賤陰。	三〈 稱 〉165v

賢

賢不宵（肖）不相放（妨）。	一〈道法〉7^
以封賢者，	一〈國次〉12v
巽（選）練賢不宵（肖）有別殹（也）。	一〈君正〉16v
賢不宵（肖）衰（差）也。	一〈君正〉18^
賢不宵（肖）並立胃（謂）之亂，	一〈四度〉35v
賢不宵（肖）當立（位）胃（謂）之正，	一〈四度〉37^
以賢下不宵（肖），	一〈四度〉42^
一曰妄殺殺賢。	一〈亡論〉62v
吾句（苟）能親親而興賢，	二〈立命〉80^
賢人減（成）起，	二〈成法〉121v
起賢廢不宵（肖），	二〈本伐〉128^
古之賢者，	二〈前道〉134^

賜

·得焉者不受其賜。	三〈 稱 〉158^

質

昔者黃宗質始好信，	二〈立命〉78^
剛強而虎質者丘，	二〈三禁〉125v

踐

踐立（位）履參，	二〈立命〉78^

適；（敵，嫡）

則朕（勝）強適（敵）。	一〈君正〉16^
適（嫡）子父，	一〈六分〉24v

<table>
<tr><td>天下无適（敵）。</td><td>一〈六分〉30^</td></tr>
<tr><td>適者，</td><td>一〈 論 〉50v</td></tr>
<tr><td>一曰適（嫡）子父。</td><td>一〈亡論〉61v</td></tr>
<tr><td>而適（敵）者生爭，</td><td>二〈 觀 〉86^</td></tr>
<tr><td>能適規（蚑）僥（蟯）。</td><td>四〈道原〉169^</td></tr>
</table>

遷

周遷而无功。	一〈論約〉68^

閱

皆閱一空。	二〈成法〉123v

養

因天之生也以養生，	一〈君正〉19^
養亂之基，	一〈四度〉46^
變則伐死養生，	一〈 論 〉54v
生國養之。	一〈 論 〉56^
養死伐生，	一〈論約〉68^
養其所以死，	一〈名理〉72^
【弗】養則不生。	二〈 觀 〉84v
先德後刑以養生。	二〈 觀 〉85v
夫並時以養民功，	二〈 觀 〉87v
靜作相養，	二〈果童〉97^
刑德相養，	二〈姓爭〉109^
兩相養，	二〈姓爭〉111^

餘

以不足爲有餘。	一〈道法〉2v
以有餘守，	一〈君正〉18v
不足者視（示）人有餘。	一〈 論 〉56v
先人餘央（殃）。	三〈 稱 〉155^

髮

劋（宵）其髮而建之天，	二〈正亂〉104v

齒

戴角者无上齒。	三〈 稱 〉151v

攈

堅強而不攈，	四〈道原〉171^

槫（轉）

槫（轉）則不失諱（韙）非之□，	一〈 論 〉54^

緰（逾）

衣備（服）不相緰（逾），	一〈君正〉18^

蓯

草蓯可淺林，	三〈 稱 〉153^

憼

憼爲地桯。	二〈正亂〉106v

頸（頹）

至靜者耵（聖）。	一〈道法〉4v
此之胃（謂）頸（頹）國。	一〈六分〉24^

償

六曰父兄黨以償。	一〈亡論〉62^
外立（位）朕（勝）胃（謂）之償，	一〈亡論〉63^

犆

弗因无犆也。	三〈 稱 〉152v

勮

胃（謂）外其膚而內其勮。	三〈 稱 〉157^
勮既爲勮。	三〈 稱 〉157v
勮既爲勮。	三〈 稱 〉157v

箹

使甘其箹。	二〈正亂〉106^

十六畫

器

一曰好凶器。	一〈亡論〉64^

壅 （參「雍」）

一國之君而服（備）三壅者，	一〈亡論〉58^
毋壅民明。	二〈三禁〉125^

奮

乃知奮起。	一〈名理〉75^
奮其戎兵。	二〈正亂〉104^

憲

憲敖（傲）驕居（倨），	二〈雌雄節〉112^
憲古章物不實者死，	二〈三禁〉125v

〔戰〕 （參「單」）

【以戰不】克。	二〈雌雄節〉115^

擅

兼之而勿擅，	一〈國次〉10^
而毋擅天功。	一〈國次〉11^
擅制更爽，	一〈國次〉14^
一人主擅主，	一〈亡論〉63v
擅制更爽，	二〈正亂〉106^
其上帝未先而擅興兵，	二〈正亂〉106^
不擅斷疑，	二〈順道〉139v
不擅作事，	二〈順道〉140^

擇

能自擇而尊理乎？	二〈？〉141v
困不擇時。	三〈稱〉146v
擇（釋）法而用我。	三〈稱〉149v

操

乃能操正以正奇，	二〈成法〉123v
操正以政（正）畸（奇）。	四〈道原〉173v

樹

須時而樹，	一〈君正〉20^
種樹失地之宜，	一〈論〉55^
主樹以知與治合積化以知時，	三〈稱〉164^

澤

夫地有山有澤，	二〈果童〉96v
疾役可發澤，	三〈稱〉153^

獨

有□□獨知□□□□，	一〈六分〉33v
·寒時而獨暑，	三〈稱〉162^
獨立不偶，	四〈道原〉170^
暑時而獨寒，	三〈稱〉162^

積

朝（霸）主積甲士而正（征）不備（服），	一〈六分〉34v
黃金珠玉臧（藏）積，	一〈四度〉46^
亂積於內而稱失於外者伐。	一〈名理〉76v
是胃（謂）積英（殃）。	二〈雌雄節〉113^
是胃（謂）積德。	二〈雌雄節〉113v
故德積者昌，	二〈雌雄節〉116^
【殃】積者亡。	二〈雌雄節〉116^
觀其所積，	二〈雌雄節〉116^
積者積而居，	三〈稱〉164^
積者積而居，	三〈稱〉164^
主樹以知與治合積化以知時，	三〈稱〉164^

縣

輕縣國而重士，	一〈六分〉33v
【縣】之下曰正，	一〈四度〉42v

興

六順六逆□存亡【興壞】之分也。	一〈六分〉28^
則存亡興壞可知也。	一〈論〉52^
論則知存亡興壞之所在，	一〈論〉54^
動則能破強興弱，	一〈論〉54^
興兵失理，	一〈亡論〉59^
存亡興壞有處。	一〈論約〉69^
乃定禍福死生存亡興壞之所在，	一〈論約〉69^
吾句（苟）能親親而興賢，	二〈立命〉80^
其上帝未先而擅興兵，	二〈正亂〉106^
·有宗將興，	三〈稱〉154v

蕃

民【乃】蕃茲（滋）。	二〈觀〉87v

蕭（肅）

孟穀乃蕭（肅），	二〈觀〉88^

衡

稱以權衡，	一〈道法〉4v
平衡而止。	一〈道法〉6^
權衡之稱曰輕重不爽，	一〈四度〉43^
如衡之不臧（藏）重與輕。	一〈名理〉76^

親

則民親上。	一〈君正〉22v
臣不親其主，	一〈論〉55v
下不親其上，	一〈論〉55v
百族不親其事，	一〈論〉55v
伐其本而離其親。	一〈名理〉72^
吾畏天愛地親【民】，	二〈立命〉79^
吾畏天愛【地】親民，	二〈立命〉79v
吾句（苟）能親親而興賢，	二〈立命〉80^
吾句（苟）能親親而興賢，	二〈立命〉80^
昆弟之親尚可易戈（哉）。	三〈稱〉156v
·陽親而陰亞（惡），	三〈稱〉157^
親臾存也，	三〈稱〉160^
【失親必】危。	三〈稱〉160^
失親不亂。	三〈稱〉160v

諱（韙）

槫（轉）則不失諱（韙）非之□，	一〈論〉54^

謀

謀臣【在】外立（位）者，	一〈六分〉25^
其O謀臣在外立（位）者，	一〈六分〉23v
不能爲謀。	一〈四度〉46v
三曰謀臣【離】其志。	一〈亡論〉61v
力黑問□□□□□□□□□驕□陰謀	二〈正亂〉99v
陰謀□□□□□□□□□高陽，	二〈正亂〉99v
謀相復頃（傾）。	二〈姓爭〉107^
陰謀不羊（祥），	二〈行守〉134v

不爲宛（怨）謀（媒），	二〈順道〉139v
不陰謀，	二〈順道〉139v
不謀削人之野，	二〈順道〉139v
不謀劫人之宇。	二〈順道〉140^
不豫謀，	三〈 稱 〉144v

〔謂〕（參「胃」）

從中令外【謂之】惑，	一〈亡論〉63^

諆

不諆不定。	二〈 觀 〉86^
凡諆之極，	二〈 觀 〉86^
不諆則不可正。	二〈果童〉96^
諆□□□，	二〈果童〉98^
【貴】賤必諆貧富又（有）等。	二〈果童〉98v
不諆不定。	二〈姓爭〉108^
凡諆之極，	二〈姓爭〉108v

豫

不豫謀，	三〈 稱 〉144v

賴

萬夫賴之，	二〈前道〉130^

輯

萬民和輯而樂爲其主上用，	一〈六分〉30^

辨

不辨陰陽，	二〈順道〉137^

遺

論天下而无遺筴。	一〈論約〉69v
吾不遺亦至矣。	二〈立命〉80^

險

守國而侍（恃）其地險者削，	一〈亡論〉59^
不險則不可平。	二〈果童〉96^
險若得平，	二〈果童〉98^

靜

至正者靜，	一〈道法〉4v
至靜者耶（聖）。	一〈道法〉4v
動之靜之，	一〈君正〉17v
動靜不時胃（謂）之逆，	一〈四度〉36^
君臣當立（位）胃（謂）之靜，	一〈四度〉37^
動靜參於天地胃（謂）之文。	一〈四度〉37^
靜則安，	一〈四度〉37^
【動靜】之立（位），	一〈四度〉43v
不應動靜之化，	一〈 論 〉47^
【應動靜之化】，	一〈 論 〉48^

動靜有立（位），	一〈 論 〉50^
【正】生靜。	一〈 論 〉52^
靜則平，	一〈 論 〉52^
知虛實動靜之所爲，	一〈 論 〉53^
動靜不時，	一〈 論 〉55^
以其无事安之則天下靜。	一〈 論 〉56v
名實不相應則靜（爭）。	一〈 論 〉57^
贏極必靜，	一〈亡論〉60^
贏極而不靜，	一〈亡論〉60^
外內遂靜（爭），	一〈亡論〉63v
靜而不可移也。	一〈名理〉70v
動而靜而不移，	一〈名理〉71^
虛靜謹聽，	一〈名理〉74v
故執道者能虛靜公正，	一〈名理〉76^
人靜則靜，	二〈 觀 〉81^
人靜則靜，	二〈 觀 〉81^
靜作无時，	二〈 觀 〉81v
靜作之時，	二〈 觀 〉82^
靜以須人。	二〈 觀 〉90^
吾既正既靜，	二〈五正〉91^
地俗德以靜，	二〈果童〉97^
靜作相養，	二〈果童〉97^
下人靜之，	二〈正亂〉102^
靜以須人。	二〈正亂〉102^
時靜不靜，	二〈姓爭〉110^
時靜不靜，	二〈姓爭〉110^
靜作得時，	二〈姓爭〉110v
靜作失時，	二〈姓爭〉110v
安徐正靜，	二〈順道〉138^
是我俞（愈）靜。	二〈 ？ 〉141^
靜翳不動，	二〈 ？ 〉141^
地【之】德安徐正靜，	三〈 稱 〉166v
精靜不配（熙）。	四〈道原〉168^
上虛下靜而道得其正。	四〈道原〉172v

黔

黔首乃生。	二〈姓爭〉107^
黔首乃生。	二〈姓爭〉108^

廩

怒若不發浸廩者是爲癰疽。	二〈五正〉93v

曠

命曰上曠，	一〈六分〉24v

燔

女樂玩好燔材，	一〈四度〉46^
如燔如卒（淬），	一〈名理〉72v

癳

身必有癳（戡）。	一〈四度〉45^

輮（柔）

輮（柔）剛。	一〈道法〉 7^

闔

黃帝問闔冉曰：	二〈五正〉90v
闔冉乃上起黃帝曰：	二〈五正〉94^

閵（鄰）

將與禍閵（鄰）；	一〈六分〉25v

賨（觀）

賨（觀）前口以知反，	三〈 稱 〉163v
故口口賨（觀）今之曲直，	三〈 稱 〉164^
胥時而用賨（觀），	三〈 稱 〉164^

十七畫

優

優未愛民，	二〈 觀 〉89v

彌

恬（涫）彌无刑（形），	一〈道法〉 9^

應

應化之道，	一〈道法〉 6^
不應動靜之化，	一〈 論 〉47^
【應動靜之化】，	一〈 論 〉48^
達於名實【相】應，	一〈 論 〉53v
三名察則事有應矣。	一〈 論 〉55^
名實不相應則定，	一〈 論 〉57^
名實不相應則靜（爭）。	一〈 論 〉57^
其死必應之。	一〈名理〉73^
我无不能應。	二〈 ？ 〉142^
道无始而有應。	三〈 稱 〉143^
甌應勿言。	三〈 稱 〉149^

戲

以其民作而自戲也，	二〈正亂〉103v

戴

戴角者无上齒。	三〈 稱 〉151v
戴根之徒，	四〈道原〉170v

斂

三年无賦斂，	一〈君正〉15v
賦斂有度，	一〈君正〉20^
節賦斂，	一〈君正〉21^

毚（讒）

夫是故毚（讒）民皆退，	二〈成法〉121v

濕

寒涅（熱）燥濕，	二〈姓爭〉110v
晁濕共（恭）僉（儉），	二〈順道〉138^
濕濕夢夢，	四〈道原〉168^
濕濕夢夢，	四〈道原〉168^

營

營行氣（乞）食。	二〈果童〉99^

燥

寒涅（熱）燥濕，	二〈姓爭〉110v

環

環視其央（殃）。	二〈姓爭〉108v
天道環（還）於人，	二〈姓爭〉109v
天稽環周，	二〈姓爭〉110^
環（還）受其央（殃）。	二〈兵容〉118v
環（還）自服之，	二〈三禁〉126v
事環（還）克之。	二〈順道〉140v
·環口傷威。	三〈 稱 〉143^
天有環（還）刑，	三〈 稱 〉149^
環（還）復其從。	三〈 稱 〉150v

麋（迷）

上用口口而民不麋（迷）惑。	四〈道原〉172v

繆（穆）

繆（穆）繆（穆）天刑，	二〈姓爭〉109^
繆（穆）繆（穆）天刑，	二〈姓爭〉109^

總

則與天地總矣。	一〈 論 〉48^

縱

三曰縱心欲。	一〈亡論〉64^

翳

靜翳不動，	二〈 ？ 〉141^
其死辱翳（也）。	三〈 稱 〉146v

聲

无不自爲刑（形）名聲號矣。	一〈道法〉 4^
聲號已建，	一〈道法〉 4^
O聲華口口者用也。	一〈四度〉39^
毋爲虛聲。	一〈四度〉40v
聲洫（溢）於實，	一〈四度〉40v
聲華實寡，	一〈亡論〉61^

刑名出聲，	一〈名理〉75v	
聲調實合，	一〈名理〉75v	
如向（饗）之隋（隨）聲，	一〈名理〉76^	
執（蟄）虫發聲，	二〈 觀 〉89^	
能聽无【聲】。	四〈道原〉171^	

臨

以臨天下。	二〈正亂〉100^

舉

則事害（害）於內而舉害（害）於【外】。	一〈 論 〉47^
而得舉得於外。	一〈 論 〉48^
動舉必正。	一〈亡論〉60^
動舉而不正，	一〈亡論〉60^
是故萬舉不失理，	一〈論約〉69v
亡刑（形）成於內而舉失於外者威（滅）。	一〈名理〉76v
國舉襲虛，	一〈名理〉77v
如此者舉事將不成。	二〈 觀 〉88v
如此者舉事將不行。	二〈 觀 〉89^
舉事毋陽察，	二〈 觀 〉86v
舉兵而栽（誅）之，	二〈本伐〉127v
耴（聖）【人】舉事也，	二〈前道〉129v
數舉參（三）者，	三〈 稱 〉143v
舉而爲同。	三〈 稱 〉156v
舉而爲異。	三〈 稱 〉157v

薄

是胃（謂）身薄。	三〈 稱 〉161^
身薄則貸（殆）。	三〈 稱 〉161^

隱

而隱於德。	三〈 稱 〉150^
·隱忌妒妹賊妾如此者，	三〈 稱 〉150v

雖

雖強大不王。	一〈六分〉23^
雖 O 无成功，	一〈四度〉40^
雖有耴（聖）人，	一〈四度〉46^

霜

雪霜復清，	二〈 觀 〉88^

騁

驅騁馳獵而不禽芒（荒），	一〈六分〉30v
驅騁馳獵則禽芒（荒），	一〈六分〉31v

鮮

鮮能冬（終）之，	二〈本伐〉128v

蘪；（迷）

命曰大蘪（迷），	一〈六分〉27^
耴（聖）人蘪論天地之紀，	三〈 稱 〉147v

齛（喋）

使天下齛（喋）之。	二〈正亂〉105^

膿（體）

常後而不失膿（體），	二〈順道〉138^

十八畫

斷

以法斷之。	一〈名理〉74v
與之皆斷。	二〈 觀 〉90^
當斷不斷，	二〈 觀 〉90^
當斷不斷，	二〈 觀 〉90^
與之皆斷。	二〈兵容〉117v
當斷不斷，	二〈兵容〉117v
當斷不斷，	二〈兵容〉117v
不擅斷疑，	二〈順道〉139v
審其名以稱斷之。	三〈 稱 〉164^

歸

·心之所欲則志歸之，	三〈 稱 〉145^
志之志之所欲則力歸之。	三〈 稱 〉145^

獵

驅騁馳獵而不禽芒（荒），	一〈六分〉30v
驅騁馳獵則禽芒（荒），	一〈六分〉31v

瞻

唯目之瞻。	二〈行守〉136^

職

亂則失職，	一〈四度〉36^
失職則侵，	一〈四度〉36v

謹

虛靜謹聽，	一〈名理〉74v
謹守吾正名，	二〈正亂〉106v

豐

豐而【爲】口，	二〈正亂〉100^

轉（參「槫」）

四曰轉，	一〈 論 〉53v

闔；（合）

號令闔（合）於民心，	一〈君正〉22v
闔（合）於民心，	一〈四度〉38^

闔（合）於天地，	二〈前道〉129v

闕；（蹶）

天闕土〈之〉。	二〈行守〉135v
商（猖）闕（蹶）而栝（活），	三〈稱〉155^

離

其主道離人理，	一〈四度〉45^
三曰謀臣【離】其志。	一〈亡論〉62^
伐其本而離其親。	一〈名理〉72^
離爲O四【時】，	二〈觀〉82v
離則不能，	三〈稱〉155v
雜則相方。	三〈稱〉148v

磿（歷）

磿（歷）月，	二〈立命〉79^
皇后屯磿（歷）吉凶之常，	二〈雌雄節〉112^

藿

弗用者藿。	二〈前道〉133v

鞫（鞠）

充其胃以爲鞫（鞠）。	二〈正亂〉105^

繇（由）

如繇（由）如驕（矯），	一〈名理〉72v
誰敵（適）繇（由）始？	二〈果童〉98^
繇（由）果童始。	二〈果童〉98v
民知所繇（由）。	二〈三禁〉126v
繇（由）不得已。	二〈本伐〉129^
繇（由）不得已，	二〈本伐〉129^

癰

怒若不發浸廩者是爲癰疽。	二〈五正〉93v

㨫

天刑不㨫，	二〈正亂〉102v

十九畫

壞

六順六逆口存亡【興壞】之分也。	一〈六分〉28^
則存亡興壞可知也。	一〈論〉52^
論則知存亡興壞之所在，	一〈論〉54^
存亡興壞有處。	一〈論約〉69^
乃定禍福死生存亡興壞之所在。	一〈論約〉69^
以壞（懷）下民，	二〈成法〉121v
有宗將壞，	三〈稱〉154v

獸

獸得而走，	四〈道原〉169^

繩

引得失以繩，	一〈道法〉1^
口能自引以繩，	一〈道法〉1v
童（重）陰O長夜氣閉地繩（孕）者，	二〈觀〉85^
敵則循繩而爭。	三〈稱〉154^

辭

黃帝於是辭其國大夫，	二〈五正〉93v
不辭福，	三〈稱〉144v

鏘

黃帝於是出其鏘鉞，	二〈五正〉94v
於是出其鏘鉞，	二〈正亂〉104^

關

發禁拕（弛）關市之正（征）殹（也）。	一〈君正〉16v

難

凡彼禍難也，	二〈雌雄節〉113v
弗與犯難。	三〈稱〉146v

靡

不靡不黑，	二〈觀〉85v
逆順有類。	二〈正亂〉102v
吾或（又）使之自靡也。	二〈正亂〉103v

類

吾類天大明。	二〈立命〉79^

覈（核）

必有覈（核），	三〈稱〉152^
覈（核）中必有意。	三〈稱〉152^

齍（資）（參「齎」）

利其齍（資）財，	一〈國次〉11^
布其齍（資）財，	一〈國次〉12^

勸

男女勸勉，	一〈君正〉17v
不爲治勸，	四〈道原〉173^

孽

O不使庶孽疑焉。	三〈稱〉148v

藉

・毋藉賊兵，	三〈稱〉156^
籍（藉）賊兵，	三〈稱〉156v

二十畫

繼

規規生食與繼。	二〈觀　〉84v
不會不繼，	二〈觀　〉84v
【所】以繼之也。	二〈觀　〉85v

贏

贏極必靜，	一〈亡論〉59v
贏極而不靜，	一〈亡論〉60^
是口口贏陰布德，	二〈觀　〉85^
其時贏而事絀，	二〈觀　〉88^
其時絀而事贏，	二〈觀　〉88v
贏絀變化，	三〈稱　〉156v

鐘

| 聽其鐘鼓， | 一〈國次〉11^ |
| 燊（焚）其鐘鼓， | 一〈國次〉12^ |

黨

毋黨別。	一〈國次〉12v
黨別【者】口內相功（攻）。	一〈國次〉13^
黨別者亂，	一〈國次〉13v
六日父兄黨以儥。	一〈亡論〉62^

襦

襦傳，	一〈亡論〉58v
胃（謂）之襦傳。	一〈亡論〉64v
不襦不傳。	二〈觀　〉90^
不襦傳。	二〈兵容〉117v

驕（趨）

| 一以驕（趨）化， | 二〈成法〉123^ |

屬

絕而復屬，	一〈道法〉5v
主得【位】臣楅（輻）屬者，王。	一〈六分〉28^
華之屬，	三〈稱　〉152^

辯；（辨）

以辯（辨）雌雄之節，	二〈雌雄節〉112^
年（佞）辯用知（智），	二〈成法〉119v
年（佞）辯乃止。	二〈成法〉121v
知（智）以辯之。	二〈前道〉131^

驅

| 驅騁馳獵而不禽芒（荒）， | 一〈六分〉30v |
| 驅騁馳獵則禽芒（荒）， | 一〈六分〉31v |

廿一畫

纍

| 纍而高之， | 二〈正亂〉100v |

齎（資）（參「齎」）

| 因地以爲齎（資）， | 三〈稱　〉152v |

孿

| 負并（缾）而孿。 | 二〈果童〉99^ |

權

| 稱以權衡， | 一〈道法〉4v |
| 權衡之稱曰輕重不爽， | 一〈四度〉42v |

聽

聽其鐘鼓，	一〈國次〉11^
民无不聽，	一〈君正〉18^
則民聽令。	一〈君正〉22v
故令行天下而莫敢不聽，	一〈六分〉35^
以其有事起之則天下聽，	一〈　論〉56v
四曰聽諸侯之所廢置。	一〈亡論〉62^
虛靜謹聽，	一〈名理〉74v
弱則聽，	三〈稱　〉154v
不聽叴（聖）慧之慮，	三〈稱　〉160v
能聽无【聲】。	四〈道原〉171^

廿二畫

襲

| 國舉襲虛， | 一〈名理〉77^ |
| 周襲而不盈。 | 四〈道原〉171v |

驕；（矯）

如繇（由）如驕（矯），	一〈名理〉72v
力黑問口口口口口口口口口口驕口陰謀	二〈正亂〉99v
憲敖（傲）驕居（倨），	二〈雌雄節〉112^
驕泑（溢）好爭，	二〈行守〉134v

竊

毋陽竊，	一〈國次〉12v
亡陰竊，	一〈國次〉12v
陽竊者天奪【其光】，	一〈國次〉13^
【陰竊】者土地芒（荒），	一〈國次〉13^
陽竊者疾，	一〈國次〉13v
陰竊者几（飢），	一〈國次〉13v

廿三畫

變

變恆過度。	一〈道法〉 7v
變故亂常，	一〈國次〉 14^
五曰變，	一〈 論 〉 53v
變則伐死養生，	一〈 論 〉 54v
物化變乃生。	二〈果童〉 97^
變故易常。	二〈姓爭〉111v
・凡變之道，	三〈 稱 〉144^
首變者凶。	三〈 稱 〉144^
贏絀變化，	三〈 稱 〉156v
一度不變，	四〈道原〉169^

顯

顯明弗能爲名，	四〈道原〉170^

驚

勿驚口戒，	二〈正亂〉102v

驗

必有巧驗。	一〈道法〉 5^
口口共（恭）驗（儉），	二〈雌雄節〉112v

廿四畫

讓

立不讓，	二〈三禁〉125^

廿五畫

觀

故執道者之觀於天下殹（也），	一〈道法〉 3v
觀國者觀主，	一〈六分〉22v
觀國者觀主，	一〈六分〉22v
觀家觀父，	一〈六分〉22v
觀家觀父，	一〈六分〉23^
凡觀國，	一〈六分〉23^
凡觀國，	一〈六分〉27^
察逆順以觀于朝（霸）王危王之理，	一〈 論 〉 53^
一曰觀，	一〈 論 〉 53v
觀則知死生之國，	一〈 論 〉 54^
故執道者之觀於天下也，	一〈論約〉68v
必審觀事之所始起，	一〈論約〉68v
故執道者之觀於天下，	一〈名理〉75^
以觀无恒善之法，	二〈 觀 〉80v
觀天於上，	二〈果童〉96^
我將觀其往事之卒而朵焉，	二〈正亂〉103^
〈 觀 〉	二〈 觀 〉章名90^
觀其所積，	二〈雌雄節〉116^

廿六畫

鬮

【其】下鬮果訟果，	三〈 稱 〉161v
大（太）下不鬮不訟有（又）不果。	三〈 稱 〉161v